Kohlhammer

Annette Boeger

Psychologische Therapie- und Beratungskonzepte

Theorie und Praxis

2., aktualisierte Auflage

Verlag W. Kohlhammer

Dieses Werk einschließlich aller seiner Teile ist urheberrechtlich geschützt. Jede Verwendung außerhalb der engen Grenzen des Urheberrechts ist ohne Zustimmung des Verlags unzulässig und strafbar. Das gilt insbesondere für Vervielfältigungen, Übersetzungen, Mikroverfilmungen und für die Einspeicherung und Verarbeitung in elektronischen Systemen.

Die Wiedergabe von Warenbezeichnungen, Handelsnamen und sonstigen Kennzeichen in diesem Buch berechtigt nicht zu der Annahme, dass diese von jedermann frei benutzt werden dürfen. Vielmehr kann es sich auch dann um eingetragene Warenzeichen oder sonstige geschützte Kennzeichen handeln, wenn sie nicht eigens als solche gekennzeichnet sind.

Es konnten nicht alle Rechtsinhaber von Abbildungen ermittelt werden. Sollte dem Verlag gegenüber der Nachweis der Rechtsinhaberschaft geführt werden, wird das branchenübliche Honorar nachträglich gezahlt.

2., aktualisierte Auflage 2013

Alle Rechte vorbehalten
© 2009/2013 W. Kohlhammer GmbH Stuttgart
Umschlag: Gestaltungskonzept Peter Horlacher
Gesamtherstellung:
W. Kohlhammer Druckerei GmbH + Co. KG, Stuttgart
Printed in Germany

ISBN 978-3-17-022939-6

*Für die nachfolgende Generation von Beraterinnen:
Im Besonderen für Milena, Elena und Mia,
die ihre eigenen Fußstapfen hinterlassen werden.*

Inhalt

Vorwort 11

1 Einführung 14
  1.1 Psychotherapie und psychosoziale Beratung: Gemeinsamkeiten und Unterschiede 14
  1.2 Lässt sich das Psychotherapiekonzept auf das Beratungskonzept übertragen? 18
  1.3 Das Menschenbild in Psychotherapie und Beratung 21
  1.4 Wirkfaktoren und Merkmale von Psychotherapie und Beratung 22
    1.4.1 Der wichtigste Faktor: Die Beziehung 23

2 Eine Einführung in den psychoanalytischen Ansatz 26
  2.1 Sigmund Freud: Biographische Aspekte 26
  2.2 Das psychoanalytische Menschenbild 30
  2.3 Theoretischer Hintergrund der Psychoanalyse 32
    2.3.1 Die Persönlichkeitstheorie 33
      2.3.1.1 Das topographische Modell 33
      2.3.1.2 Das Strukturmodell 33
      2.3.1.3 Die Abwehrmechanismen 36
      2.3.1.4 Träume und Fehlleistungen 41
    2.3.2 Die Neurosentheorie 43
    2.3.3 Die psychoanalytische Entwicklungslehre 46
      2.3.3.1 Orale Phase (1. Lebensjahr): Aufbau des Bindungssystems 46
      2.3.3.2 Exkurs: Die hilflosen Helfer 48
      2.3.3.3 Exkurs: Entwicklungspsychologie 49
      2.3.3.4 Anale Phase (2. und 3. Lebensjahr): Aufbau des Autonomiesystems 50
      2.3.3.5 Ödipale Phase (4. bis 6. Lebensjahr): Aufbau der psychosexuellen und sozialen Identität 50
      2.3.3.6 Latenzphase (5./6. Lebensjahr bis zur Pubertät) 51
      2.3.3.7 Genitale Phase (Pubertät und Adoleszenz) 52
      2.3.3.8 Genitale Reife (Erwachsenenalter) 52

2.4 Wie sieht psychoanalytische Beratung/Therapie aus? 53
   2.4.1 Widerstand 54
   2.4.2 Übertragung 55
   2.4.3 Exkurs: Entwicklungspsychologie 56
   2.4.4 Gegenübertragung 56
   2.4.5 Die Arbeit an und mit der Beziehung: Asymmetrie, Abstinenzregel, Arbeitsbündnis 57
   2.4.6 Therapeutische Techniken: Deuten, Konfrontieren, Durcharbeiten 59
   2.4.7 Klientenverhalten: Wiederholen, Erinnern, Einsicht 61
   2.4.8 Das Setting 61
   2.4.9 Diagnostik in der Psychoanalyse: Das Erstgespräch . . . 62
   2.4.10 Gesprächsführung im biographischen Erstgespräch 63
   2.4.11 Wann wird die Therapie beendet? Therapieziel 63
   2.4.12 Weiterentwicklungen 64

3 Eine Einführung in den klientenzentrierten Ansatz 67
  3.1 Carl Ransom Rogers: Biographische Aspekte 67
  3.2 Das humanistische Menschenbild 70
  3.3 Theoretischer Hintergrund des klientenzentrierten Ansatzes . . . 71
   3.3.1 Die Persönlichkeitstheorie und die Störungslehre 72
     3.3.1.1 Die Aktualisierungstendenz 72
     3.3.1.2 Die Selbstaktualisierung 73
     3.3.1.3 Die Inkongruenz: Die Unvereinbarkeit von Wahrnehmung und Selbstkonzept 74
     3.3.1.4 Exkurs: Warum entwickelt der Mensch ein negatives Selbstkonzept? 75
     3.3.1.5 Exkurs: Parallelen zur Psychoanalyse und zur Entwicklungspsychologie 76
     3.3.1.6 Das Ideal einer »fully functioning person« . . . 76
  3.4 Wie sieht klientenzentrierte Beratung/Therapie aus? 78
   3.4.1 Die drei Basismerkmale einer hilfreichen Beziehung . . . 79
     3.4.1.1 Unbedingte Wertschätzung (positive Zuwendung, bedingungsfreies Akzeptieren) 79
     3.4.1.2 Empathie 82
     3.4.1.3 Echtheit/Selbstkongruenz der Beraterperson . . . 85
     3.4.1.4 Gibt es Übertragungs- und Abwehrphänomene in einer echten Beziehung? 90
     3.4.1.5 Der Beziehungsaspekt im klientenzentrierten Ansatz 91
     3.4.1.6 Selbstexploration und die Beendigung der Therapie 92
     3.4.1.7 Zum Abschluss: Ein Fallbeispiel 94

		3.4.1.8	Diagnostik im klientenzentrierten Ansatz: Das Erstgespräch	95
		3.4.1.9	Weiterentwicklungen	97

4 Eine Einführung in den systemischen Ansatz 99

- 4.1 Die Gründung und Entstehung des systemischen Ansatzes . . . 99
- 4.2 Das systemische Menschenbild 102
- 4.3 Theoretischer Hintergrund des systemischen Ansatzes 104
  - 4.3.1 Die Theorie des Systems und die Störungslehre 104
    - 4.3.1.1 Die Systemtheorie 104
    - 4.3.1.2 Die Kommunikationstheorie von Watzlawick . . 106
    - 4.3.1.3 Konstruktivismus 111
    - 4.3.1.4 Das Kommunikationsmodell von Schulz von Thun: Eine Erweiterung 113
    - 4.3.1.5 Der psychoanalytisch-systemische Ansatz nach Richter 116
    - 4.3.1.6 Das Konzept der familiären Individuation nach Stierlin 118
    - 4.3.1.7 Exkurs: Die Mehrgenerationenperspektive . . . 120
    - 4.3.1.8 Exkurs: Einfluss auf die Sozialwissenschaften . . 120
    - 4.3.1.9 Das Konzept der Kollusion nach Willi 121
- 4.4 Wie sieht systemische Beratung/Therapie aus? 123
  - 4.4.1 Therapeutische Techniken im systemischen Ansatz 125
  - 4.4.2 Weitere Interventionsstrategien 128
  - 4.4.3 Der Beziehungsaspekt: Das Arbeitsbündnis und die Allparteilichkeit 130
  - 4.4.4 Das Setting 132
  - 4.4.5 Widerstand: Wenn die Hausaufgaben nicht gemacht werden 132
  - 4.4.6 Diagnostik in der Familienberatung: Das Erstgespräch . . 132
  - 4.4.7 Exkurs Genogramm 133
  - 4.4.8 Wann wird die Therapie/Beratung beendet? 134
  - 4.4.9 Weiterentwicklungen 135
- 4.5 Die Lösungsorientierte Beratung 136
  - 4.5.1 Prinzipien der Beratungsform 136
  - 4.5.2 Techniken 137
  - 4.5.3 Phasen der Beratung 139
  - 4.5.4 Die Rolle der Beraterperson: Sich entbehrlich zu machen 140

5 Eine Einführung in den verhaltenstherapeutischen Ansatz 142

- 5.1 Gründungsväter der Verhaltenstherapie: Biographische Aspekte . 142
- 5.2 Das verhaltenstheoretische Menschenbild 146
- 5.3 Theoretischer Hintergrund der Verhaltenstherapie 151

	5.3.1	Persönlichkeitskonzept und Störungslehre	151
		5.3.1.1 Klassisches Konditionieren	151
		5.3.1.2 Exkurs: Klein Albert und das weiße Kaninchen	153
		5.3.1.3 Operantes Konditionieren	154
		5.3.1.4 Das Zwei-Faktoren-Modell: Die Kombination klassischen und operanten Lernens	158
		5.3.1.5 Modelllernen: Die soziale Lerntheorie von Bandura	158
		5.3.1.6 Kognitive Lerntheorien: Die Kognitive Wende und ihre Vertreter	161
5.4	Wie sieht verhaltensorientierte Beratung/Therapie aus?		171
	5.4.1	Verhaltensdiagnostik	172
	5.4.2	Systematische Desensibilisierung	173
	5.4.3	Operante Verstärker in der Anwendung	175
	5.4.4	Selbstsicherheitstraining	178
	5.4.5	Kognitive Umstrukturierung verzerrter Sichtweisen	180
	5.4.6	Diagnostik in der Verhaltenstherapie: Das Erstgespräch	181
	5.4.7	Bemerkungen zum Beziehungsaspekt in der Verhaltenstherapie	182
	5.4.8	Das Setting	183
	5.4.9	Gibt es in der Verhaltenstherapie Widerstand?	184
	5.4.10	Weiterentwicklungen	184

Literatur 187

Stichwortverzeichnis 195

Nachweis der Abbildungen 200

Vorwort

> »Die Wahrheit wird deutlicher durch die Vielzahl der Perspektiven,
> die sich auf einen Sachverhalt richten.«
> *Berger und Luckmann*

Die Idee zu vorliegendem Buch entwickelte sich aus der Durchführung der Einführungsvorlesung »Psychologische Beratungsansätze« für Studierende der Sozialen Arbeit. Die Vorlesung hat das Ziel, einen fundierten Überblick über Psychotherapieverfahren zu geben, und setzt kein Vorwissen voraus. Zur Vorstellung kommen die klassischen vier Richtungen: Die Psychoanalyse, der humanistische Ansatz am Beispiel der klientenzentrierten Gesprächspsychotherapie, die Verhaltenstherapie und der systemische Ansatz. Diese stellen die Grundpfeiler der Psychotherapie dar. Sie sind am weitesten verbreitet und werden aktuell diskutiert – besonders im Hinblick auf Wirksamkeit und Kassenzulassung.

Mit Blick auf die Grundlagenorientierung und den Umfang des Buches, das eine in Bezug auf die Klausurvorbereitung verträgliche Länge aufweisen sollte, war eine Einschränkung auf wesentliche Richtungen und Schwerpunkte unerlässlich. Weitere Ansätze wie etwa die aus der humanistischen Psychologie entwickelte Gestalttherapie, das Psychodrama und die Transaktionsanalyse konnten deshalb in der Darstellung nicht berücksichtigt werden.

Auch auf andere darstellenswerte Aspekte musste verzichtet werden. Das betrifft z. B. eine ausführliche historische Entwicklung der vorgestellten Ansätze sowie die Diskussion von Kontextmerkmalen von Beratung/Therapie wie etwa ethische Aspekte, die Bedeutung von Supervision, die Schweigepflicht. Dem interessierten Leser, der interessierten Leserin steht eine Vertiefung zahlreicher Themen offen. Literaturhinweise laden dazu ein.

Bei der Darstellung der vier Ansätze wurde eine vergleichende Perspektive eingenommen. Als Vergleichskriterien wurden das Menschenbild der jeweiligen Richtung, die Beziehung zwischen Beraterperson und Klient/in, die Bedeutung der Techniken und die Therapiezielsetzung gewählt. Da das Menschenbild – sowohl des jeweiligen Therapiegründers als auch der jeweiligen Therapeutin/Berater – jeden Behandlungsansatz prägt und damit den Umgang mit den Klienten/innen bestimmt, erschien eine Auseinandersetzung damit unerlässlich.

Weiterhin finden Beratung und Therapie in einem Interaktionsprozess statt bzw. werden als Interaktionsprozess definiert; der Beziehungsaspekt hat sich als sehr bedeutsam für den Therapieerfolg erwiesen. Deshalb werden alle Ansätze auch unter einer vergleichenden Thematisierung dieses Aspekts vorgestellt. Dabei wird der Interaktionsprozess unter dem Blickwinkel des aus der Psychoanalyse stammenden Konzepts der Übertragung und Gegenübertragung diskutiert, da diese als weit verbreitete Muster menschlicher Beziehungsgestaltung angesehen werden, die ebenfalls im Therapie- und Beratungsprozess eine bedeutende Rolle einnehmen.

Der Wunsch der Studierenden nach praktischer Umsetzung des Gehörten regte zur Erläuterung an zahlreichen Fallbeispielen und gelegentlichen Rollenspielen an, die das Theoretische veranschaulichen und erlebbar machen sollten. Nach diesem Vorbild ist auch das vorliegende Lehrbuch aufgebaut: Beispiele, sowohl für komplexe theoretische Begriffe als auch für Gesprächstechniken, dienen der Veranschaulichung und sollen außerdem eine kurzweilige Auseinandersetzung mit der Thematik erleichtern.

Im Text wird zwischen Beratung und Therapie bei der Wortwahl nicht unterschieden: Eine therapeutische Grundhaltung bzw. therapeutische Techniken können sowohl im beraterischen als auch im therapeutischen Kontext angewendet werden. Die meisten Therapierichtungen machen keinen Unterschied zwischen Beratung und Therapie, auch wenn kontextuelle und konzeptionelle Unterschiede zwischen beiden bestehen. Auf diese wird eingegangen.

Auch werden Forschungsergebnisse zu Wirkfaktoren im Therapieprozess dargestellt und diskutiert.

Ich würde mich freuen, wenn vorliegende Darstellung nicht nur eine kognitive, sondern auch eine persönliche Auseinandersetzung z. B. unter dem Blickwinkel der Auseinandersetzung mit dem eigenen Menschenbild als prägend für die eigene helfende Tätigkeit zur Folge hätte. Wenn weiterhin der Eindruck haften bleibt, dass der Interaktionsprozess, d. h. die Beraterin-Klientin-Beziehung, ein wesentlicher, professioneller Bestandteil einer erfolgreichen Beratung/Therapie ist, wäre ein weiteres wichtiges Ziel erreicht.

Als Zielgruppe sind Studierende und Berufstätige psycho-sozialer Arbeitsfelder angesprochen (Sozialarbeit, Pädagogik, Heilpädagogik), die sich einen fundierten Überblick über Psychotherapieverfahren verschaffen wollen. Möglicherweise dient die Auseinandersetzung als Entscheidungshilfe bei der Wahl einer Ausbildungsrichtung. Auch Psychologiestudierende, welche die gegenwärtig in der universitären Psychologie leider nur gering vorhandene Methodenvielfalt bedauern, sind herzlich dazu eingeladen, ihr Blickfeld zu erweitern.

Die (Fall)beispiele – stark abgewandelt – entstammen zum Teil eigenen Beratungs- bzw. Therapiegesprächen. Ich bin deshalb meinen ehemaligen Klienten und Klientinnen zu Dank verpflichtet, denn ohne die mit ihnen gemachten Erfahrungen wäre die Gestaltung einer solchen Vorlesung bzw. Lehrbuchs erheblich mühsamer geworden.

Danken möchte ich Frau Ute Stritzel für die Erledigung vielfältiger, mit der Herstellung des Buches verbundenen Tätigkeiten. An dieser Stelle sei an sie ein grundsätzliches Dankeschön für ihre immer freundliche, hilfsbereite und kompetente Erledigung aller Aufgaben ausgesprochen. Frau Winhuysen danke ich sehr herzlich für ihre engagierte Arbeit am Layout des Buches und für ihre kreativen Ideen. Mein Dank geht auch an den Lektor des Kohlhammer Verlags, Herrn Dr. Burkarth, für die freundliche Unterstützung.

Auf ein Glossar wurde verzichtet: Alle Fachbegriffe werden im Text erklärt und an Beispielen erläutert. Fremdworte werden weitgehend übersetzt.

Da die ständige Anwendung beider Geschlechtsformen das Lesen erschwert und überdies sich bei vorliegender Thematik sowohl auf der beraterisch-therapeutischen als auch auf der Hilfe suchenden Seite überwiegend Frauen befinden, wurde im Folgenden überwiegend die weibliche Form gewählt. Manchmal konnten auch geschlechtsneutrale Formen verwendet werden (»Beraterperson«). Männliche Leser sind selbstverständlich immer mitgemeint.

Die Ratsuchenden werden im Folgenden mit »Klient/in« bezeichnet. Dieser von Rogers eingeführte Begriff soll sowohl die Selbstverantwortung als auch die Ebenbürtigkeit der Ratsuchenden betonen. Er drückt aus, dass sie nicht »behandelt« werden wie medizinische Patienten. Der Begriff des/r Klienten/in hat sich in der Therapie- und Beratungsliteratur durchgesetzt, nur in der medizinisch dominierten Psychoanalyse nicht. Deshalb findet sich bei der Darstellung der Psychoanalyse, speziell bei der Wiedergabe von Zitaten, gelegentlich der Begriff des »Patienten«.

1 Einführung

1.1 Psychotherapie und psychosoziale Beratung: Gemeinsamkeiten und Unterschiede

Im Folgenden werden vier psychologische Grundkonzepte der Psychotherapie dargestellt (▶ Abb. 1). Gleichermaßen stellen sie auch die Grundlage psychosozialer Beratung dar.

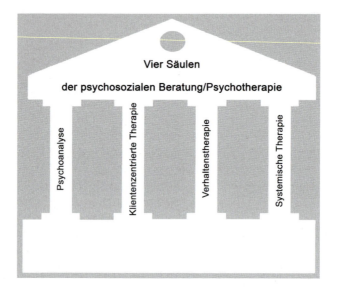

Abb. 1: Säulen der Psychotherapie und Grundlagen der psychosozialen Beratung

1. Die psychoanalytisch orientierte Beratung geht davon aus, dass weit zurückliegende, emotional berührende Erlebnisse das gegenwärtige Erleben der Klientin prägen. Individuelle Störungen liegen in der eigenen Biographie begründet. Die Beziehung zwischen Therapeutin und Klientin steht im Vordergrund.
2. Die klientenzentrierte Beratung geht von einem selbstgesteuerten, wachstumsfähigen Individuum aus. Damit die Klientin sich selbst verwirklichen kann, ist ein wachstumsförderndes Beratungsklima notwendig. Die Beraterin muss bestimmte Bedingungen schaffen (eine Atmosphäre der Akzeptanz, Empathie und Echtheit). Damit steht die Therapeutin-Klientin-Beziehung im Vordergrund.
3. Verhaltenstheoretische Beratung orientiert sich an den Lerntheorien; hiernach ist alles Verhalten gelernt und kann auch wieder verlernt bzw. modifiziert werden. Das trifft auch für bestimmte negative Denkmuster zu, die verändert werden

können. Erreichen lässt sich dies durch bestimmte Techniken. Das Symptom steht im Vordergrund.
4. Systemische Ansätze: Familienberatung. Menschen leben in sozialen Gefügen und bilden dynamische Systeme. Die Beziehungen innerhalb eines Systems sind intensiv. Sie funktionieren nach einer eigenen Dynamik und verändern sich ständig. Die Beziehungen im System stehen im Vordergrund.

Die Abgrenzung zwischen psychosozialer Beratung und Psychotherapie ist nicht einfach und erscheint teilweise widersprüchlich. Beginnen wir mit rechtlich vorgegebenen Unterschieden: Nach dem im Jahre 1998 erlassenen Psychotherapeutengesetz (PsychThG) wird Psychotherapie in der Heilkunde verortet und soll sich mit der Behandlung psychischer Störungen befassen. Die Psychotherapie – so sie als »anerkanntes« Verfahren gilt und das sind Verfahren der Psychoanalyse und der davon abgeleiteten Tiefenpsychologie sowie die Verhaltenstherapie – kann nur von approbierten Psychotherapeuten/innen durchgeführt werden und wird von den Krankenkassen erstattet. Häufig findet sie in freier Praxis statt. Die Approbation ist gekoppelt an eine Psychotherapieausbildung in den so genannten Richtlinienverfahren (siehe oben: Psychoanalyse und Verhaltenstherapie) und setzt ein Studium der Psychologie oder Medizin voraus. Psychosoziale Beratung dagegen findet im institutionellen Rahmen statt und ist in der Regel kostenfrei. Die Psychotherapie behandelt Störungen mit Krankheitswert, die Arbeitsunfähigkeit zur Folge haben. Dazu zählen u. a. neurotische Störungen und Konflikte, seelische Behinderungen als Folgezustände körperlicher Erkrankungen und Entwicklungsdefizite, falls psychodynamische Faktoren wesentlichen Anteil daran haben. Psychosoziale Beratung greift bei aktuellen Lebenskrisen, in denen die Bewältigungskapazitäten des Einzelnen überfordert sind. Manchmal ist eine Abgrenzung nicht einfach, weil etwa auch Probleme wie z. B. Partnerschaftskonflikte, Selbstwertkrisen oder Motivationsprobleme während der Ausbildung psychotherapeutisch behandelt werden. Das sind aber keine Krankheiten im eigentlichen Sinne, wie Barabas (2004, S. 1210 f) bemerkt. Eine formale Abgrenzung zwischen Störungen mit Krankheitswert und beeinträchtigenden Konflikten aus der Lebenswelt ist also bei genauerem Hinsehen nicht unbedingt eindeutig, es gibt fließende Übergänge.

Sowohl im beraterischen Kontext als auch im therapeutischen Kontext sind die gleichen Berufsgruppen anzutreffen, sofern beides im institutionellen Rahmen stattfindet. Angehörige psychosozialer Berufsgruppen können ebenfalls eine beraterische oder psychotherapeutische Ausbildung machen, allerdings ohne die Approbation zu erlangen. Eine Ausnahme stellt die Approbation zum/r Kinder- und Jugendlichentherapeuten/in dar. Diese kann auch mit dem Studienabschluss der Pädagogik oder Sozialpädagogik erworben werden.

Gemeinsamkeiten von Psychotherapie und Beratung

Psychotherapie und Beratung haben zunächst inhaltlich viele Überschneidungspunke (Engel et al. 2004, S. 36). Rein äußerlich betrachtet, wird man in beiden Kontexten häufig kaum Unterschiede feststellen.

- **Ablauf:** Es finden professionelle Gespräche über die seelische Verfassung und die persönlichen Probleme der Klientin statt. Im Rahmen eines Interaktionsprozesses soll die Ratsuchende mehr Klarheit über die eigenen Probleme und ihre Bewältigung gewinnen.
- **Interventionen:** Auch die Interventionen sind ähnlich, da sowohl Beratung als auch Psychotherapie auf die gleichen Grundkonzepte zurückgreifen.
- **Entwicklung von Ressourcen:** Sowohl in Therapie als auch in Beratung geht es immer um die Entwicklung persönlicher Ressourcen und die Stärkung der Problemlösekompetenz.
- **Asymmetrische Beziehung:** Bei beiden Interventionsformen muss von einem asymmetrischen Prozess gesprochen werden, auch wenn manche Konzepte die Gleichgewichtigkeit des Gegenübers betonen: Die ratsuchende oder therapieaufsuchende Person fühlt sich in ihrer Situation hilflos und sucht professionelle Hilfe auf.
- **Vertrauensvolle Beziehung:** Beide Formen können nur erfolgreich sein, wenn sich auf Seiten der Klientin eine vertrauensvolle Beziehung zur Beraterin/Therapeutin einstellt.
- **Freiwilligkeit:** Beratung und Therapie finden in der Regel freiwillig statt. Demzufolge ist die Klientin motiviert und veränderungsbereit. Beides kann jedoch auch staatlich verordnet werden (z. B. Therapieauflage für den Täter bei sexuellem Missbrauch oder Schwangerschaftskonfliktberatung).

Unterschiede von Psychotherapie und Beratung

- **Dauer:** Während eine Beratung eher kurzfristig angelegt ist und ca. 3–5 Sitzungen umfasst, kann eine Therapie u. U. mehrere Jahre dauern.
- **Kosten:** Die Beratung ist kostenfrei im Rahmen der psychosozialen Betreuung (Sozialgesetzgebung), die Therapie ist eine Kassenleistung und muss beantragt werden.
- **Zugangsweg:** Demzufolge ist bei der Beratung der Zugangsweg offen für jeden, das Angebot ist im Vergleich zur Therapie niederschwellig. Der Zugang zur Therapie erfolgt dagegen über ein Gutachten zur Therapiebedürftigkeit, welches von der Krankenkasse genehmigt werden muss.
- **Anwendungsfeld und Zielsetzung:** Die Bezeichnung Psychotherapie (griech.: Heilen der Seele) steht als Oberbegriff für alle Formen psychologischer Verfahren, die ohne Einsatz medikamentöser Mittel stattfinden. Sie zielen auf die Behandlung psychischer und psychosomatischer Krankheiten, Leidenszustände oder Verhaltensstörungen ab und auf eine Veränderung und Entwicklung der Persönlichkeit. Damit haben sie einen kurativen (heilenden) Anspruch.
Demgegenüber ist das Anwendungsfeld der psychosozialen Beratung erheblich weiter und umfasst zahlreiche Beratungsfelder der Pädagogik und der Sozialen Arbeit. Sie ist nicht auf Heilen ausgerichtet, sondern gibt relativ gesunden Menschen Hilfestellung bei der Auseinandersetzung mit allen Arten psychosozialer Schwierigkeiten, allgemeinen Lebensproblemen, kritischen Lebensereignissen, welche die Persönlichkeit »nicht zutiefst beeinträchtigen« (vgl. Engel et al. 2004, S. 38; Nestmann et al. 2004, S. 599; Großmaß, 2004, S. 100).

Außerdem ist psychosoziale Beratung nach Engel et al. (2004, S. 35) doppelt verortet: Sie hat nicht nur den Auftrag, anhand von professionellen Beratungsmethoden zu beraten; sie muss darüber hinaus gewünschte Informationen sachkundig erteilen.

Da sich Beratung eher mit relativ ungestörten Personen befasst (Nußbeck, 2010, S. 22), liegt der Fokus bei der Beratung ausschließlicher auf der Stärkung von Ressourcen. Beratung findet häufig unter einem rehabilitativen Aspekt (Bewältigung von Krankheit, Kompensation von Behinderungen) oder einem präventiven (vorbeugenden) Aspekt statt: In letzterem Fall sollen durch Beratungsangebote Probleme erst gar nicht entstehen. Beratung kann aber auch kurativen Charakter haben und hat in diesem Fall die größte Nähe zur Psychotherapie.

Abb. 1a: Stärkung von Ressourcen durch die Beraterperson

> **(!) Merke**
> Psychosoziale Beratung und Psychotherapie bieten auf der Basis professioneller Konzepte Hilfestellung bei der Lösung von Problemen, der Bewältigung von Krisen und dem Aufbau von Ressourcen. Die Psychotherapie als Teil des medizinischen Versorgungssystems geht dabei von einem Krankheitsmodell aus, richtet ihr Augenmerk eher auf innerpsychische Probleme (Ausnahme: Familientherapie) und zielt auf eine Änderung der Person und ihres Verhaltens. Die psychosoziale Beratung findet in vielfältigsten Tätigkeitsfeldern statt; sie betont mehr den lebensweltlichen Kontext, in dem die Konflikte entstehen. Im Gegensatz zur Psychotherapie hilft sie zusätzlich konkret durch Informationsvermittlung und ist damit direktiver. Beide Konzepte setzen den Veränderungswillen der Ratsuchenden voraus; Veränderungen können nur auf der Basis einer vertrauensvollen Beziehung stattfinden.

1.2 Lässt sich das Psychotherapiekonzept auf das Beratungskonzept übertragen?

Achtung: Liebe Leserin und lieber Leser: Dieses Kapitel fällt Ihnen leichter nach dem Studium der vier Ansätze!

Wie dargestellt, sind die Gemeinsamkeiten zwischen Beratung und Psychotherapie groß und die Übergänge fließend. Besonders, wenn Beratung unter dem kurativen Aspekt stattfindet, sind die Unterschiede gering. Wie nehmen die einzelnen Ansätze Stellung zu einer Abgrenzung zwischen beiden Konzepten?

Familientherapie und Verhaltenstherapie

Weder in der Literatur zur Familientherapie noch zur Verhaltenstherapie lassen sich Hinweise auf eine differentielle Indikation bezüglich Beratung und Therapie finden. Borg-Laufs (2004, S. 636) etwa betont die Gemeinsamkeiten hinsichtlich Beziehungsgestaltung, Technik und Durchführung zwischen verhaltensorientierter Beratung und Therapie. Allerdings lehnt er – im Einklang mit zahlreichen anderen Autoren – die Definition von Beratung als »kleine Therapie« ab und beschreibt Beratung vielmehr als erheblich weitergehend, da sie den lebensweltlichen Kontext zusätzlich stärker einbezieht. Die Bedingungen in der Umwelt, welche die Verhaltensprobleme verursachen und aufrechterhalten, müssen zusätzlich zu den individuellen Problemen verändert werden. Dies geschieht durch verhaltenstherapeutische Methoden und sozialarbeiterische Interventionen.

Psychoanalyse

Beim psychoanalytischen Ansatz steht die Beziehung zwischen Beraterin und Klientin und die bewusste und unbewusste Wahrnehmung dieser Beziehung im Mittelpunkt. Die Beachtung dieser Beziehungserwartungen schließt nach Argelander (1985, S. 168) aber keineswegs die Hilfestellung bei schwierigen Lebenssituationen aus. Rauchfleisch bezeichnet diese gleichzeitige Berücksichtigung sowohl der inneren Dynamik als auch der sozialen Realität als »bifokales« Vorgehen (Rauchfleisch, 2004, S. 90). Genau wie in Psychotherapien entstehen auch in Beratungssituationen gefühlsmäßige Übertragungen auf die Beraterperson, die auf Konflikte mit frühen Bezugspersonen zurückzuführen sind und die mit der aktuellen Situation nur wenig zu tun haben. Die Beraterperson wird damit zu einer Projektionsfläche für Ängste, Wünsche und Konflikte, die frühen Bezugspersonen gelten. Bei der Beraterperson werden ebenfalls durch das Gegenüber Gefühle ausgelöst, was als Gegenübertragung bezeichnet wird (▶ Kap. 2.4.2, 2.4.4).

Warum ist die Beachtung dieser Übertragungsvorgänge und Gegenübertragungsvorgänge auch in einer Beratungssituation, die zeitlich befristet ist und oft nur der Informationserteilung dient, sinnvoll? Zunächst entlastet das Wissen um Übertragungsprozesse die Beraterperson, sie kann gelassener mit schwierigen Interaktionen in der Beratung umgehen (Rauchfleisch, 2006, S. 168). Viele Beziehungskonflikte zwischen Beraterperson und Klientin können als Ausdruck dieser Übertragungs- und Gegenübertragungsprozesse verstanden werden. Aufgrund des Verständnisses dieser Prozesse wird es möglich, mit Beziehungskonflikten konstruktiver umzugehen. Die Beachtung von Übertragungsphänomenen sollte in allen Beratungssituationen stattfinden, unabhängig vom theoretischen Modell. Ihre Beachtung kann Beratungsabbrüche verhindern, weil übertragungsbedingte Konflikte angesprochen und bearbeitet werden.

Klientenzentrierter Ansatz

Der klassische klientenzentrierte Ansatz macht ebenfalls keinen Unterschied zwischen Beratung und Psychotherapie. Es hätte Rogers Grundeinstellung widersprochen, zwischen beiden Bereichen zu unterscheiden. Er betont vielmehr, dass die von ihm entwickelten Merkmale eines hilfreichen Gesprächs eine geeignete und hilfreiche Kommunikationsform für alle Lebensbereiche seien. Allerdings haben vereinzelt Autoren/innen versucht, das klientenzentrierte Beziehungsangebot in Bezug auf Beratung zu differenzieren und zu modifizieren (Sander, 2010; Biermann-Ratjen et al., 2003). Nach dem klientenzentrierten Therapiekonzept bestehen Störungen des Individuums aus einer Inkongruenz (Unvereinbarkeit) zwischen zwei inneren Tendenzen (▶ Kap. 3.3.1). Laut Sander (2010, S. 336 ff) geht es bei der Beratung dagegen eher um eine erlebte Inkongruenz zwischen Anforderungen aus der Umwelt und dem Eigenerleben. Dies ist z. B. der Fall, wenn Lebensereignisse als belastend wahrgenommen werden und gleichzeitig die eigenen Bewältigungskapazitäten als gering eingeschätzt werden. Bei der Beratung spielt also die Bearbeitung des Selbst der Klientin eine geringere Rolle als bei der Psychotherapie. Die Gesprächsthemen der klientenzentrierten Beratung sind demzufolge eher an den Belastungen der Außenwelt und an der Entwicklung von Handlungskompetenzen orientiert als das bei der klientenzentrierten Psychotherapie der Fall ist. Biermann-Ratjen et al. (2003, S. 195 ff) gehen einen Schritt weiter, wenn sie sogar einen Widerspruch zwischen der Rolle der Sozialarbeiterin und der klientenzentrierten Haltung herausarbeiten: Der öffentliche Auftrag, den die Sozialarbeiterin hat (z. B. ein Kind aus der Familie zu nehmen), verlangt von ihr Beurteilung,

Kontrolle und Verwaltung. Diese Aufgabe begrenzt und widerspricht den klientenzentrierten Möglichkeiten.

Ebenfalls kann der Wunsch einer Klientin nach Informationen (finanzielle Ansprüche, Umgangsrecht usw. im Scheidungsfall) eine klientenzentrierte Haltung, etwa als Widerspieglung der Gefühle, unangemessen erscheinen lassen: Die Klientin möchte Informationen haben und sich nicht mit ihren Gefühlen auseinandersetzen. Möglicherweise verbirgt sich aber hinter dem Wunsch nach Informationen der Wunsch nach Unterstützung und Hilfestellung bei der psychischen Verarbeitung der Krisensituation. Empathie würde also in diesem Fall nicht das Widerspiegeln von Gefühlen bedeuten, sondern das Verstehen, was die Klientin wirklich will und das darauf folgende Eingehen auf diesen Wunsch. Die Aufgabe der Beraterin ist es also, das Beziehungsangebot der Klientin wahrzunehmen. Darüber hinaus muss sie sich selbst und ihre eigenen Gefühle in Bezug auf die Klientin wahrnehmen. Über diese Wahrnehmung der eigenen Gefühle erhält die Sozialarbeiterin Aufschluss darüber, was die Klientin will. Nur dann kann sie nach Bierman-Ratjen et al. (2003) angemessene Hilfsangebote finden. Nichts anderes meint die Psychoanalyse mit den Prozessen der Übertragung und Gegenübertragung.

Merke
Versuche, Psychotherapiekonzepte auf Beratungsmodelle zuzuschneiden, finden sich in der Literatur nur spärlich. Insbesondere das in der Sozialarbeit verbreitete klientenzentrierte Konzept bedarf aufgrund des weiten Handlungsfeldes einiger Modifikationen. So kann eine Sozialarbeiterin einer Beratungsstelle, die bei Entscheidungskonflikten Hilfestellung gibt, eher non-direktiv vorgehen als die Kollegin vom Allgemeinen Sozialdienst, die u. U. Entscheidungen ohne Zustimmung der Klientin treffen muss. In letzterem Fall ist der für eine Beratung nötige Vertrauensaufbau sehr erschwert. Einsichtsorientierte Verfahren eignen sich dann nur bedingt, da die Sozialarbeiterin ihre non-direktive Haltung verlassen muss. Umso zentraler ist die Beachtung des Beziehungskontextes in jedwedem Beratungskontext. Hier greift das Beziehungsmodell der Übertragung und Gegenübertragung aus der Psychoanalyse, welches auch in der klientenzentrierten Literatur vorgeschlagen wird. Je eher die Beratung kurativen Charakter hat, desto eher kann die Beraterin Methoden aus der Psychotherapie anwenden, sei sie psychoanalytisch, klientenzentriert, familientherapeutisch oder verhaltensorientiert ausgerichtet. Je mehr jedoch die psycho-soziale Tätigkeit auch typische sozialarbeiterische Aufgaben umfasst, wie Informationsvermittlung oder das Treffen von Entscheidungen gegen den Willen der Klientin, desto eher ergeben sich beraterische und therapeutische Begrenzungen.

1.3 Das Menschenbild in Psychotherapie und Beratung

Mit dem Begriff Menschenbild wird die Vorstellung, das Bild, das jemand vom Wesen des Menschen hat, bezeichnet. Es enthält das Selbstbild und das Bild von anderen Menschen und besteht aus Annahmen und Überzeugungen über den Menschen, die nicht nachgewiesen sind. Zuschreibungen von Eigenschaften und Ursachen von Eigenschaften spielen dabei eine wichtige Rolle. Damit lässt sich das Menschenbild als eine subjektive Theorie, eine Alltagstheorie oder auch als Weltanschauung bezeichnen.

Menschenbilder sind »persönliche Theorien« (Fahrenberg, 2008, S. 11, S. 305), die im Gegensatz zu wissenschaftlichen Theorien weniger differenziert und ausgearbeitet sind; es sind keine wissenschaftlichen Erkenntnisse, die empirisch geprüft sind.

Auch Forscher und Forscherinnen haben ein subjektives Bild vom Menschen. Meist bildet dieses die Grundlage für Persönlichkeitstheorien, die sich z. B. fragen: Welches ist die grundlegende Natur des Menschen? Ist er ein irrationales, von unbewussten Trieben gesteuertes Wesen oder ist er selbst bestimmt und rational? Hat die Vergangenheit einen wesentlichen Einfluss auf sein gegenwärtiges Handeln oder ist der Mensch ausgerichtet auf die Zukunft? Ist sein Verhalten von der Umwelt abhängig und steuerbar oder entscheidet er selbst aufgrund von inneren Prozessen?

Alle psychologischen Theorien über den Menschen gehen davon aus, dass es wichtige Faktoren in seiner Umgebung oder innerhalb seines Organismus gibt, die sein Verhalten bestimmen. Extrempositionen, die heute nicht mehr in ihrer Ausschließlichkeit vertreten werden, nehmen Freud und Skinner ein. Während Skinner den Menschen als passives Opfer der Umwelt ansah, beschäftigte sich Freud ausschließlich mit dem, was im Inneren einer Person vorgeht. Sicher kann man sagen, dass die hier vorgestellten Menschenbilder, welche die Grundlage für die jeweilige Persönlichkeitstheorie und das jeweilige psychotherapeutische Konzept bilden, nicht ausschließlich gesehen werden können; sie stellen vielmehr Mosaikteile eines Gesamtbildes der Persönlichkeit dar.

Man kann mit Pervin (2005, S. 490) übereinstimmen, dass wir alle Persönlichkeitsforscher und -forscherinnen sind: Menschen entwickeln Theorien über Menschen und ihr Verhalten. Diese Theorien sind implizit, d. h. wir machen sie uns nicht bewusst, wir reflektieren sie nicht, sie bestimmen aber unser Verhalten. Unser individuelles Menschenbild ist biographisch begründet. Es entstammt unserer eigenen Lebenserfahrung und beruht letztlich auf den Erfahrungen mit bedeutsamen Bezugspersonen. Diese Erfahrungen sind verantwortlich für unsere Meinung über den Menschen und diese Meinung beweisen wir uns täglich selbst, indem wir ausschnitthaft nur das wahrnehmen, was in dieses Bild passt. Auch das Menschenbild einer Beraterperson stammt aus ihrer individuellen Lebenserfahrung, vielleicht wird es ergänzt durch die Berufserfahrung.

Es ist nun die Aufgabe der psychotherapeutisch/beraterisch und auch pädagogisch Tätigen, sich ihr eigenes handlungsleitendes Menschenbild, das sie als etwas ganz Selbstverständliches ansieht, bewusst zu machen und zu reflektieren. Die Reflektion über das eigene Menschenbild ist deshalb unerlässlich, weil es das professionelle Handeln bestimmt: Bin ich überzeugt davon, dass der Mensch ohne Anleitung und Kontrolle nicht zurechtkommt, weil er sonst seinen negativen Impulsen nachgibt, oder glaube ich an die positiven Wachstumskräfte im Menschen? Ein solches Nachdenken über das eigene Menschenbild führt zur Auseinandersetzung mit der eigenen Biographie, was aus weiteren Gründen sinnvoll ist: Als Beraterperson kann ich anderen Menschen nur soweit helfen, wie ich selbst mit der Lösung entsprechender Probleme in meinem eigenen Leben gekommen bin. Deshalb enthalten alle Curricula beraterischer und psychotherapeutischer Ausbildungen so genannte Selbsterfahrungseinheiten, die diese Auseinandersetzung mit sich selbst, dem eigenen Menschenbild und dem Selbstverständnis als Beraterperson ermöglichen.

1.4 Wirkfaktoren und Merkmale von Psychotherapie und Beratung

Seit den 1960er Jahren (Frank, 1961) gibt es Forschungen zur Wirksamkeit von psychotherapeutischen Methoden. Wichtige Studien aus letzter Zeit stammen von Grawe (Grawe et al. 1994; Grawe, 1995, 1999, 2000, 2011). Einen Überblick über die Forschung bieten u. a. Hautzinger und Eckert (2007). Da Psychotherapie und Beratung, insbesondere, wenn es sich um kurative Beratung handelt, zahlreiche Überschneidungen aufweisen, wird im Folgenden davon ausgegangen, dass die Befunde zu Wirkfaktoren bei Psychotherapie auch auf Beratungsprozesse zutreffen.

Eine Richtung, die nach allgemeinen, den unterschiedlichen Psychotherapierichtungen zugrunde liegenden positiven Wirkfaktoren sucht, vertritt Frank (1961). Franks These lautet, dass es nicht die Techniken selbst sind, sondern die Funktionen, die sie entfalten, welche zu positiven Wirkungen führen. Demnach bietet der Therapiekontext laut Frank Lernchancen für neues Fühlen, Denken und Handeln. Er trägt zur Hoffnung auf Besserung bei, er gewährt Erfolgserlebnisse und eine vertrauensvolle Beziehung. Grawe entwickelte auf der Basis der Auswertung zahlreicher Psychotherapiestudien ein Modell genereller, psychotherapeutischer Wirkfaktoren. Sein Modell basiert ebenfalls auf der Idee, dass positive Wirkungen auf verschiedene Weise herbeigeführt werden können und sich deshalb die verschiedenen Psychotherapiekonzepte nicht ausschließen, sondern ergänzen. Er beschreibt folgende vier wesentliche Wirkfaktoren, wobei allerdings Zusammenhänge zwischen diesen Wirkfaktoren nicht erläutert werden:

Ressourcenaktivierung
In der Therapie sollen die vorhandenen positiven Möglichkeiten, Fähigkeiten, Motivationen der Klientin herausgestellt und genutzt werden Die Klientin soll sich in ihren positiven Seiten erfahren und in diesen bestärkt werden. Der Therapie-

erfolg hängt maßgeblich davon ab, ob und in welchem Ausmaß die Klientin ihre Therapeutin als unterstützend und den Selbstwert aufbauend erlebt. Der Blick auf die Ressourcen und nicht auf die Defizite findet sich insbesondere beim lösungsorientierten Ansatz und auch in der Familientherapie.

Problemaktualisierung

Hier wird die Klientin in der therapeutischen bzw. beraterischen Situation mit ihren Problemen konfrontiert, sie muss sich mit ihnen real auseinandersetzen. Ihr eigener Beitrag zur Entstehung des Problems wird thematisiert. Beim klientenzentrierten Ansatz geschieht dies, indem die emotionalen Erfahrungen der Klientin in Worte gefasst werden. In der Psychoanalyse werden die Probleme im Rahmen der Übertragung deutlich und im weiteren Verlauf thematisiert. In der Verhaltenstherapie setzt die Klientin sich mit ihren Problemen auseinander, indem sie mit realen Angstauslösern konfrontiert wird.

Aktive Hilfe zur Problembewältigung

Die Klientin erfährt, dass sie etwas bewältigen und etwas bewirken kann. Hiermit sind konkrete Hilfen gemeint, wie sie die Verhaltenstherapie anbietet (Angstreduktionsmaßnahmen, Verstärker). Grawe (2011) bezeichnet das als bewältigungsorientierte Hilfe. Auch in der klientenzentrierten Therapie erfährt die Klientin, dass sie etwas bewirken kann, z. B. löst sie Empathie beim Gegenüber aus. In der Thematisierung der Gegenübertragung vermittelt die psychoanalytisch ausgerichtete Therapeutin ihre emotionale Reaktion, nämlich das, was die Klientin bei ihr ausgelöst hat.

Motivationale Klärung

Damit ist die Auseinandersetzung mit den Gründen für die Symptome, das Verhalten und Erleben der Klientin gemeint. Es geht weiterhin um die Klärung der Bedeutung, die das Symptom für die Klientin hat. Dieser Aspekt ist insbesondere bei den psychoanalytischen Richtungen, aber auch beim klientenzentrierten Ansatz zentral. Grawe bezeichnet diese Vorgehensweise als klärungsorientiert.

1.4.1 Der wichtigste Faktor: Die Beziehung

Als weiteren Wirkfaktor, der zugleich als der bedeutsamste angesehen wird und die vier Wirkfaktoren umschließt, nennt Grawe die therapeutische Beziehung (vgl. auch Lammers & Schneider, 2009). Dies haben sowohl der psychoanalytische als auch der klientenzentrierte Ansatz seit langem erkannt. Bei beiden ist der Beziehungsaspekt von zentraler Bedeutung.

Das Modell nach Grawe stellt zentrale Wirkmechanismen zusammen, macht allerdings keine Aussage darüber, bei welchen Störungen welcher der vier Faktoren besonders wirksam ist. Beherzigt man den Befund, dass der Beziehungsaspekt das zentrale Vehikel für den therapeutischen Erfolg ist, dann ist die Anwendung bestimmter Techniken als sekundär anzusehen und nur insoweit wirksam, wie die therapeutische Beziehung funktioniert. Das Passungsmodell von Hautzinger und Eckert (2007, S. 24) spiegelt den Zusammenhang von Wirkfaktoren und

Beziehungsaspekt sowie Zusammenhänge zwischen den Wirkfaktoren wider (▶ Abb. 2).

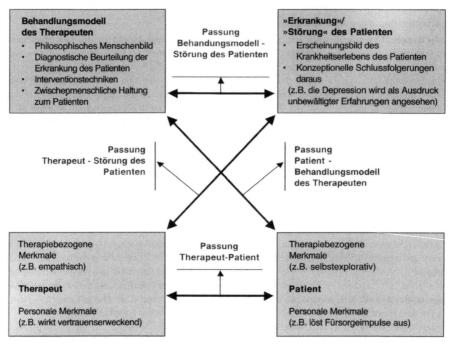

Abb. 2: Wirkfaktoren und Passungen im therapeutisch/beraterischen Prozess

Demnach ist es möglicherweise für die Klientin gar nicht ausschlaggebend, welche Art von Therapie oder Beratung sie macht. Vielmehr ist für eine erfolgreiche Therapie dann das »Passungsproblem« entscheidender: Wie gut passen Therapeutin und Klientin zusammen? Erst als zweites stellt sich die Frage: Wie gut passt die spezielle Therapiemethode zu der speziellen Klientin?

> **Merke**
> Die Diskussion um allgemeine Wirkfaktoren im Rahmen von Psychotherapie und Beratung macht deutlich, dass ein schulenspezifisches Denken nicht mehr zeitgemäß ist. Wirkungsvolle Therapien setzen eine Therapeutin/Berater:in voraus, die Ressourcen wahrnimmt und fördert, die sich mit Störungen auskennt, die weiterhin Ursachen für die Störungen berücksichtigt, klärungs- und bewältigungsorientiert arbeitet und überdies und zuallererst eine Expertin für Beziehungsaspekte ist. Allerdings bleiben zahlreiche Fragen gegenwärtig noch offen: Welche der Wirkfaktoren wirken bei welchen Klienten/innen mit welcher Störung und in welcher Kombination mit welchen anderen Wirkfaktoren am besten?

Verständnisfragen
- Arbeiten Sie einige wesentliche Gemeinsamkeiten und Unterschiede zwischen Psychotherapie und psychosozialer Beratung heraus.
- Was ist mit dem Begriff »Menschenbild« gemeint?
- Nennen Sie grundlegende Wirkfaktoren von Psychotherapie und Beratung.
- Welche Passungsprobleme beeinflussen den Erfolg einer Psychotherapie/Beratung?

Kritisch denken!
- Reflektieren Sie Ihr eigenes Menschenbild. Welche Haltung haben Sie Ihren Mitmenschen gegenüber?
- Was ist Ihre persönliche Überzeugung? Ist die Anwendung spezieller Techniken oder die Beziehung zur/zum Klientin/en bedeutsamer für den psychotherapeutischen Erfolg? Begründen Sie Ihre Meinung.

2 Eine Einführung in den psychoanalytischen Ansatz

2.1 Sigmund Freud: Biographische Aspekte

Abb. 3: Freud mit seiner Tochter Anna

Freud (1856–1939) wurde als erstes von sieben Kindern einer jüdischen Kaufmannsfamilie im heutigen Tschechien geboren. Angeblich trug er bei seiner Geburt eine »Glückshaube« (ein Teil der Fruchtblase befand sich auf Freuds Kopf), worauf der Mutter prophezeit wurde, dass sie der Welt einen großen Mann geschenkt habe.

1860 zog die Familie nach Wien, wo Freud fast sein ganzes Leben verbrachte. Er studierte zunächst Medizin. Nach Fortbildungen in Physiologie und Psychiatrie machte er sich einen Namen auf dem Forschungsgebiet der zerebralen Kinderlähmung und der Aphasien. Ursprünglich hatte Freud den Wunsch, Wissenschaftler zu werden; seine Professur an der Wiener Universität wurde aber aus persönlichen und rassistischen Gründen etwa ein Jahrzehnt lang verschleppt. Freud eröffnete daraufhin eine Praxis als Nervenarzt und verbrachte ein Forschungssemester bei dem weltberühmten Psychiater Charcot in Paris, der seine Patientinnen mit Hypnose behandelte. Hier begannen Freuds erste Schritte in eine Richtung, die ihn in den folgenden Jahrzehnten wissenschaftlich und gesellschaftlich immer mehr isolieren sollte. Charcot arbeitete mit so genannten hysterischen Patientinnen, bei denen keinerlei organische Ursachen für ihre vielfältigen körperlichen Symptome gefunden werden konnten. Er versetzte sie in Hypnose und gab ihnen Aufträge, die den Krankheitszustand nach der Hypnose für einige Zeit verbesserten. Nach Freud lag bei diesen Patientinnen offensichtlich eine ungehemmte Herrschaft einer inneren Kraft vor, die ihren Ausdruck in einer körperlichen Symptomatik fand. Für diese Kraft prägte er später den Begriff des Unbewussten. Solche Gedankengänge waren für Freuds Wiener Kollegen nicht nur unseriös, sondern unvorstellbar, da Freud von Krankheiten sprach, denen die biologische Basis fehlte.

Zurück in Wien arbeitete Freud zunächst mit der Hypnose, wandte sich aber bald einer neuen Methode zu, einer Technik, die er von seinem Freund Breuer, einem Internisten, gelernt hatte. Diese »talking cure« (Redekur) bestand darin, die Patientin lange und intensiv aussprechen zu lassen. Das hatte oft heilende Wirkung auf die Symptome der »Hysterikerinnen«, die sowohl Breuer als auch Freud aufsuchten wegen verschiedener Leiden wie etwa Lähmungen, Blindheit oder Ohnmachtsanfällen, für die kein organisches Korrelat zu finden war und die deshalb von den Hausärzten nicht eingeordnet werden konnten. Nach Breuer hatte das Aussprechen eine heilende, eine kathartische (reinigende) Wirkung. Im Gegensatz zu Breuer interessierte sich Freud für die Inhalte des Erzählten. Die Interpretation dessen und auch der Lebensgeschichte seiner Patientinnen brachte ihn immer mehr zu der Erkenntnis von der zentralen Bedeutung der Sexualität in der Persönlichkeitsentwicklung und als Ursache für seelische Erkrankungen. Die Verbreitung dieser Erkenntnis kostete ihn nicht nur die Freundschaft Breuers, sondern brachte ihm in der prüden Wiener Gesellschaft des 19. Jahrhunderts viele Feinde. Unbeirrt von der Ablehnung seiner Ansichten durch die Fachwelt entwickelte Freud seine Theorie von der Sexualität als Ursache aller seelischen Störungen im Menschen. Hierzu interpretierte und deutete er das, was die Patientinnen ihm erzählten. Um Schamgefühle und Hemmungen auf Seiten der Patientinnen zu überwinden und sie in einen entspannten Zustand zu bringen, fand die »Kur« liegend auf einer Couch statt. Freud gab die Anweisung, alle durch den Kopf gehenden Einfälle, sollten sie auch noch so merkwürdig oder auch sinnlos erscheinen, auszusprechen. Hiermit hatte Freud Breuers Methode der Redekur in die der freien Assoziation umgewandelt.

Zu diesem Zeitpunkt stand für Freud fest, dass die Ursache der aktuellen Symptomatik der Patientin in früheren Erlebnissen liegen müsste. Diese seien der Patientin nicht bewusst und damit »verdrängt«. Er stellte fest, dass die bloße Erinnerung, also die Auflösung des Verdrängten, keinerlei Besserung in der Symptomatik brachte, sondern dass die Erinnerung von einer »affektiven Abreaktion« begleitet sein müsste, also emotional erfahren werden müsste, um einen Heilungsprozess einzuleiten. Bereits 1896 verwendete Freud für seine Vorgehensweise den Begriff »Psychoanalyse«. Im gleichen Jahr gab er die Hypnose auf und beschränkte sich darauf, der auf einer Couch gelagerten Patientin zuzuhören und ihr die unbewussten Zusammenhänge ihrer Mitteilungen zu deuten.

Nach Jahren der wissenschaftlichen Isoliertheit wurde Freud zunehmend international bekannt und interessierte Wissenschaftler und Wissenschaftlerinnen versammelten sich um Freud: Jung, Adler, Fromm, Ferenczi, Abraham, Binswanger, Lou Salome und Rank, um nur einige zu nennen. Es entstand der berühmte »Mittwochszirkel«, bei dem die in der Entstehung begriffene Psychoanalyse diskutiert und weiterentwickelt wurde. Seine Schüler und Schülerinnen, die ihn zunächst bewunderten, kritisierten jedoch zunehmend seine dogmatische Sicht von der zentralen Bedeutung der Sexualität und emanzipierten sich von ihm, indem sie eigene Theorien, später sogar eigene Schulen entwickelten. Letztlich zerstritt Freud sich mit seinen ehemals engsten Weggenossen und größten Bewunderern und der Mittwochszirkel wurde aufgelöst. Seine zwei berühmtesten Schüler, Jung und Adler, gründeten eigene Richtungen und später Ausbildungsinstitute: Jung wurde als der Begründer der analytischen Psychologie berühmt, Adler entwickelte die Individualpsychologie.

Mit steigender Berühmtheit wurde Freud wohlhabender und konnte eine lange Warteliste zum Teil auch sehr prominenter und sehr reicher Patientinnen vorweisen, wie etwa Prinzessin Bonaparte aus Paris, die sich für mehrere Jahre in Wien einquartierte, um ihre Analyse bei Freud durchzuführen. In den 20er Jahren des 20. Jahrhunderts trafen Freud mehrere Schicksalsschläge: Seine Tochter Sophie starb, zwei seiner Söhne waren als Soldaten im Ersten Weltkrieg und er verlor sein gesamtes Vermögen durch den Krieg. In diesem Kontext entwickelte Freud seine Theorie vom Thanatos (griech.: der Tod), dem Todestrieb oder Destruktionstrieb des Menschen, den er dem Lebenstrieb bzw. der Libido entgegensetzte.

Freud blieb trotz des offenen Antisemitismus fast bis zu seinem Tod in Wien und entkam nur knapp der Festnahme durch die Gestapo. Zu diesem Zeitpunkt war er aufgrund von Zungenkrebs schon todkrank. Ein Jahr vor seinem Tod, 1938, verließ er auf dringenden Appell enger Freunde, die vermutlich aufgrund ihres Einflusses seine Ausreise in letzter Minute ermöglichten, Wien und siedelte mit seiner engsten Familie, dem langjährigen Hausarzt Max Schur und der ebenfalls langjährigen Haushälterin Paula Fichtl nach London über. Seine fünf Schwestern mit ihren Familien, die ebenfalls in Wien lebten, durften nicht mit ausreisen. Sie wurden kurze Zeit später ins Konzentrationslager gebracht und dort ermordet. In London erfuhr Freud in seiner verbleibenden Lebenszeit noch hohe wissenschaftliche Anerkennung. Nachdem er sich in seinen letzten Lebensjahren insgesamt mehr als dreißig Operationen unterzogen hatte und zeitweise unter unsäglichen Schmerzen litt, starb er ein Jahr nach seiner Ankunft in London, hierbei unterstützt von seinem Hausarzt Schur, der ihm – wie vereinbart – eine tödliche Dosis Morphium spritzte.

Freuds Leben ist nicht nur von persönlichem Mut, sondern auch von einer ungewöhnlich großen Produktivität gekennzeichnet. Offensichtlich war er ein unbestechlicher Mensch mit sehr klaren Standpunkten: Trotz zeitweise angespannter finanzieller Situation lehnte er lukrative Angebote ab, wie etwa das Verfassen einer Rubrik über Eheprobleme für das Cosmopolitan Magazin oder die Mitwirkung an Filmen über Liebesbeziehungen (vgl. Pervin, 2005, S. 84). Was Freud darüber hinaus für ein Mensch war, darüber gibt es unterschiedliche Quellen. Zum einen wird er als autoritär und intolerant beschrieben. So bezeichnete er seinen Schüler Stekel, der eine andere Auffassung vertrat als er, in Anspielung auf dessen geringe Körpergröße als »Laus auf meinem Kopf«. Stekel konterte allerdings sehr witzig mit der Bemerkung: »Ein kleiner Mann auf der Schulter eines großen Mannes sieht weiter als der große Mann« (Dokumentation: Freud Museum Wien). Andere wiederum charakterisieren ihn als warmherzig und mitfühlend. Dass er wohl auf jeden Fall eine sehr beeindruckende Persönlichkeit war, wird in einem Interview mit der letzten noch lebenden Patientin Freuds, die erst im hohen Alter erfuhr, wie berühmt Freud war, deutlich (Die Zeit, 2006, Nr. 18: »Ich vergaß dieses einmalige Gespräch nie«.).

Freud hat seine Gedanken in einem umfangreichen Werk niedergelegt. Es umfasst insgesamt 15 Bände. Im Jahr 1900 wurde seine für die Psychoanalyse als Hauptwerk zu bezeichnende »Traumdeutung« veröffentlicht. In seinen Schriften »Zur Psychopathologie des Alltagslebens« (1901), »Der Witz und seine Beziehung zum Unbewussten« (1905) und auch »Der Dichter und das Phantasieren« (1908) überträgt er seine Erkenntnisse über neurotische Symptome und Träume auf die Phänomene der Fehlleistung und des Witzes, später auf die Religion und die Kunst. Im Laufe seines langen Forscherlebens revidierte Freud auch manche seiner ursprünglichen Theorien. So war er in seiner ersten Neurosenkonzeption davon ausgegangen, dass die hysterischen Symptome im Erwachsenenalter »ein oder mehrere Erlebnisse von vorzeitiger sexueller Erfahrung« bzw. »sexuelle Traumen der frühen Kindheit« zum Ursprung hatten (Freud im Jahr 1898; G.W. I, 1952, S. 380 ff). Später revidierte er die Ansicht von einer real sexuell traumatisierenden frühkindlichen Erfahrung als Ursache für Neurosen und ging nunmehr davon aus, dass die von den Patientinnen berichteten sexuellen Übergriffe eher Produkte ihrer Phantasie seien. Die Phantasie sei maßgeblich für die Entstehung einer Neurose (siehe Definition unter 2.3.2), nicht real Erlebtes (Freud im Jahr 1916–17; G.W. XI, 1941, S. 381). Es gibt Mutmaßungen darüber, dass Freud deshalb zurückgerudert ist, weil seine ursprüngliche Theorie das moralische Gesellschaftsbild seiner Zeit derart irritiert hätte, dass selbst er, der Kritik gewohnt war, die Anfeindungen nicht ertragen wollte. Allerdings ist seine zweite Verführungstheorie lange in den Köpfen nachfolgender Psychotherapeuten/innen bestehen geblieben und hat dazu beigetragen, dass bis in die 1970er Jahre in Psychotherapien berichteter realer sexueller Missbrauch nicht als solcher wahrgenommen und thematisiert wurde.

Trotzdem hat Freuds Lehre vom Unbewussten die Psychiatrie und Psychotherapie revolutioniert. Zahlreiche Psychotherapie- und Beratungskonzepte haben sich aus seiner Lehre entwickelt oder haben wesentliche Teile seiner Theorie übernommen. Man kann sagen, dass es so gut wie kein ernstzunehmendes Psychotherapie- oder Beratungskonzept gibt, welches sich nicht mit Freud auseinandergesetzt hätte. Hier sind nicht nur seine zahlreichen Schüler wie etwa Jung, Adler und Fromm gemeint, sondern auch Konzepte wie die themenzentrierte Interaktion nach Ruth Cohn, das Psychodrama nach Jacob Moreno oder die Gestalttherapie nach Fritz Perls. Viele Gruppentherapieformen sind psychoanalytisch ausgerichtet; auch die Supervision hat ihren Ursprung in der Psychoanalyse ebenso wie die Balint-Gruppe, eine weitere Fallbesprechungsmethode, in der Ärzte und Pflegepersonal ihre Eindrücke über die Patienten und Patientinnen besprechen. Auch die Pioniere der Familientherapie waren ursprünglich psychoanalytisch ausgebildet und entwickelten auf dieser Basis ihr systemisch-strukturelles Denken. Bedeutende Vertreter sind etwa u. a. Horst-Eberhard Richter, Helm Stierlin, Günter Reich, Jürg Willi, Virginia Satir, Salvador Minuchin, Mara Selvini Palazzoli, Paul Watzlawick. Fast alle Erfinder einer Psychotherapierichtung haben sich zunächst mit Freud beschäftigt, angefangen bei Rogers, der mit Otto Rank diskutierte, bis zu dem Gestalttherapeuten Fritz Perls, der ebenfalls eine psychoanalytische Ausbildung absolvierte, um nur einige zu nennen. Freuds Werk hat neben der Psychologie und Psychotherapie aber in nicht minderem Ausmaß die Medizin, die Philosophie und die Erziehungswissenschaften beeinflusst. Auch Literatur- und Kunstrichtungen sind aus der Auseinandersetzung mit der Psychoanalyse entstanden. Die Einflussbereiche der Psychoanalyse sind so universell, dass sie nicht einmal andeutungsweise vorgestellt werden können. Es kann Petzold (1984, S. 114) zugestimmt werden, dass sie das geistige Klima und die Lebenspraxis der westlichen Kultur ganz entscheidend mitgeprägt hat.

Die Psychoanalyse hat sich weltweit ausgebreitet, insbesondere in Nordamerika ist sie sehr aktuell; eine Ursache hierfür ist zu sehen in der Emigration zahlreicher in Europa verfolgter jüdischer Freud-Schüler in die USA.

2.2 Das psychoanalytische Menschenbild

»Ich ziehe die Gesellschaft der Tiere der menschlichen vor.
Gewiss, ein wildes Tier ist grausam.
Aber die Gemeinheit ist das Vorrecht des zivilisierten Menschen.«
Sigmund Freud

Freuds Menschenbild zeichnet sich durch Gegensätzlichkeit aus: Einerseits ist es sehr mechanistisch und naturwissenschaftlich geprägt. Betrachtet man aber andererseits sein Persönlichkeitsmodell (die Instanzenlehre [Es, Ich Über-Ich], das Konzept des Unbewussten und seine Traumtheorie), so müssen seine Annahmen über den Menschen als spekulativ bezeichnet werden und sind naturwissenschaftlich gar nicht zu erklären, zumindest nicht zur Zeit Freuds. Erst gegenwärtig gibt es Versuche der Neuropsychologie, das Unbewusste und den Mechanismus der Verdrängung nachzuweisen.

Zunächst zum naturwissenschaftlichen Ansatz Freuds: Eine wesentliche Annahme Freuds ist, dass man sich den Menschen als ein Energiesystem vorzustellen habe. Die Energie des Systems kann fließen, sie kann aber auch verschoben oder aufgestaut werden. Weiterhin ist die Energiemenge begrenzt; wird sie für bestimmte Zwecke eingesetzt, ist sie für andere Zwecke nicht mehr verfügbar. Die Energie, die beispielsweise für Sexualität verwendet wird, ist für kulturelle Leistungen nicht mehr frei und umgekehrt. Wird die Energie in ihrem Ausdruck blockiert, sucht sie sich einen anderen Weg, normalerweise sucht sie den Weg des geringsten Widerstandes. Diese Triebenergie wird ständig produziert und muss deshalb auch kontinuierlich abgeführt werden. Weiterhin ging Freud davon aus, dass diese Energie zwar verschiedene Formen annehmen, aber nicht vernichtet werden kann.

Freud beschreibt den Vorgang anhand des Beispiels von Druck eines Gases in einem Behälter. Dieser Druck ist überall gleich groß, die schwächste Stelle des Behälters gibt nach.

Weiterhin vertritt er die physiologische Vorstellung, dass sich der lebende Organismus in einem dynamischen Gleichgewicht befindet: Der Mensch produziert fortlaufend Triebenergie, die ständig abgeführt werden muss zur Vermeidung der Überlastung.

Freuds Triebmodell zur Erklärung menschlichen Verhaltens ist dem neuen naturwissenschaftlichen Denken des 19. Jahrhunderts sehr verhaftet. Der Physiker Helmholtz publizierte 1847 das von ihm entwickelte physikalische Gesetz, nach dem Materie und Energie zwar transformiert, aber nicht zerstört werden können. Die Anwendung physikalischer Gesetze auf die menschliche Natur war nicht ungewöhnlich für Freuds Zeit und führte dazu, dass der Mensch als ein Energiesystem gesehen wurde, das physikalischen Gesetzen gehorche wie »die Seifenblasen und die Planetenbewegungen« (Hall, 1954, S. 12–13, zit. nach Pervin, 2005, S. 85).

Für Freud besteht das Wesen des Menschen nun in elementaren Triebregungen; diese zielen auf die Befriedigung elementarer Bedürfnisse (Freud, 1913–1917; G.W. X, 1949, S. 322 f). Die Triebregungen sind im Wesentlichen sexueller und aggressiver Natur. Die Triebe befinden sind im Unbewussten des Menschen, sind irrationaler Natur und machen den Kern des Menschen aus. Damit kommen wir zur zweiten wesentlichen Annahme Freuds über die Natur des Menschen: der Herrschaft der Triebe über den Menschen.

Die Inhalte der Triebregungen lösen im Ich Angst aus und diese führt dazu, dass das Ich die Triebregungen in das Unbewusste verdrängt. Das Ich ist mit dieser Aufgabe aber überfordert, da es eigentlich damit beschäftigt ist, zwischen den Trieb- und Gewissensansprüchen auf der einen Seite und den Realitätsansprüchen auf der anderen Seite zu vermitteln (siehe dazu ausführlich ▶ Kap. 2.3). Der Mensch ist demzufolge nicht Herr seiner selbst, sondern wird von seinen Trieben beherrscht. Damit geht Freud von einem grundlegenden Determinismus aus, die menschliche Willensfreiheit wird in Frage gestellt.

Freud beschreibt die Persönlichkeit des Menschen nicht nur als sehr dynamisch, sondern gleichzeitig auch als sehr fragil: Sehr leicht entstehen Entwicklungsbehinderungen, Fixierungen und Komplexe. Letztlich ist der Mensch seiner Natur ausgeliefert, d.h. seinen angeborenen Trieben (Lustprinzip) und den Ansprüchen der Umwelt, die er als moralisches Prinzip internalisiert (verinnerlicht) hat.

Freud stellt sich in eine Reihe mit Kopernikus und Darwin, wenn er die von ihm postulierte Abhängigkeit des Menschen, der nicht »Herr im eigenen Hause (sei), sondern auf kärgliche Nachrichten angewiesen bleibt von dem, was unbewusst in seinem Leben vorgeht« (Freud, 1916–1917; G.W. XI, 1941, S. 294), als dritte Kränkung bezeichnet, die der Menschheit durch wissenschaftliche Erkenntnis zugefügt wird. Die anderen Kränkungen stammen laut Freud von Kopernikus:

»Die Erde ist nicht das Zentrum der Welt« und von Darwin: »Der Mensch stammt vom Affen ab«.

> **Merke**
> Nach Freud ist der Mensch seinen unbewussten Trieben, die sein Verhalten bestimmen, weitgehend ausgeliefert. Damit ist der Mensch ein determiniertes Wesen ohne Willensfreiheit.

Historische Gegebenheiten und die Biographie Freuds haben sicher einen Teil zur Formulierung seiner Theorien beigetragen. Es wird berichtet, dass Freud der Liebling seiner Mutter war und lebenslang eine sehr enge Beziehung zu ihr hatte. Hier mögen Wurzeln seiner Theorie des Ödipuskomplexes liegen. Freud hat auch unter der Verlogenheit der spätviktorianischen Zeit gelitten, in der das Thema Sexualität negiert wurde und eine offensichtliche Doppelmoral herrschte. So hat er eine Gegenposition entwickelt, aus der heraus er alle Störungen des Menschen auf die Sexualität bzw. ihre Verdrängung zurückgeführt hat. Freud gründete seine Theorie von der Bedeutung der frühkindlichen Sexualität für das spätere Leben auf der Analyse seiner fast ausschließlich weiblichen Patienten, die aus der bürgerlichen Schicht Wiens stammten. Diese Tatsache wird häufig von Kritikern als Argument gegen die Allgemeingültigkeit von Freuds Theorien angeführt.

Sein Menschenbild, das auch unter dem Einfluss des Erlebens der Grausamkeiten des Ersten Weltkriegs stand, ist pessimistisch: Das Ich hat eine schwache Position, ist eine »armselige Kreatur«, die dauernd Kompromisse machen muss zwischen den widerstreitenden Impulsen in der Persönlichkeit, was ihr manches Mal nicht gelingt. Auf diese Impulse geht das folgende Kapitel näher ein.

2.3 Theoretischer Hintergrund der Psychoanalyse

Das Theoriekonzept der Psychoanalyse ist ungleich umfassender und komplexer als das aller anderen im vorliegenden Band vorgestellten Ansätze. Deshalb kann es nur in stark verkürzter und deutlich mehr gestraffter Form als die anderen Theoriekonzepte dargestellt werden. Darüber hinaus werden – wie bei den anderen Ansätzen auch – im Wesentlichen nur diejenigen Annahmen des Konzepts erläutert, deren Kenntnis zentral ist als Hintergrundwissen für die Anwendung im beraterisch/therapeutischen Kontext. Einen guten Überblick über den theoretischen Hintergrund bieten Mertens (2005) und Rudolf (2005), eine gute Einführung zur Anwendung der Psychoanalyse bietet Mertens (2000–2012, Band 1–3). Beispiele für psychodynamisch geführte Gespräche sind bei Müller und Wetzig-Würth (2008) zu finden.

Freud hat elementare Konzepte geprägt und ins breite Bewusstsein gebracht, so z. B. das Unbewusste, die Verdrängung, die Neurose, die Bedeutung der frühen

Kindheit für die gesamte Persönlichkeitsentwicklung und die Erkenntnis der Existenz einer kindlichen Sexualität. Auf diese Erkenntnisse baute er eine Psychotherapierichtung, die Psychoanalyse, auf.

Freud war aber nicht nur Therapeut, sondern auch Entwicklungspsychologe und Persönlichkeitspsychologe. Er entwickelte

- eine Persönlichkeitstheorie
- eine Entwicklungstheorie
- eine Neurosenlehre
- eine Therapiemethode.

Dieses Kapitel befasst sich mit der Persönlichkeitslehre, der Entwicklungstheorie und der Neurosenlehre. Alle drei Konzepte hängen eng miteinander zusammen.

2.3.1 Die Persönlichkeitstheorie

Freud hat ein topographisches und ein strukturelles Persönlichkeitsmodell entwickelt.

2.3.1.1 Das topographische Modell

Das topographische (topos, griech.: der Ort) Modell basiert auf Freuds Annahme der Existenz des Unbewussten. Er unterscheidet nun verschiedene Grade der Bewusstheit: das Bewusste, das Vorbewusste und das Unbewusste. Das Bewusste ist der Person präsent und abrufbar, das Vorbewusste ist uns nicht unbedingt gegenwärtig, kann aber mit etwas Anstrengung bewusst gemacht werden. Das Unbewusste dagegen besteht aus Erlebnissen und Phantasien, die nicht bewusst sind und nur unter ganz besonderen Umständen bewusst werden. Das Eisbergmodell veranschaulicht die Vorstellung Freuds über den topographischen Aufbau der Persönlichkeit und ist im Übrigen (in leichter Abwandlung) als ein bedeutsames Modell in die Kommunikationspsychologie eingegangen (▶ **Kap. 4.3.1.4**). Welche Inhalte befinden sich im Unbewussten, die nun auf gar keinen Fall in das Bewusstsein treten dürfen? Damit kommen wir zu Freuds Strukturmodell, das er viele Jahre später entwickelte.

2.3.1.2 Das Strukturmodell

Gemäß des Strukturmodells besteht die Persönlichkeit des Menschen aus drei Anteilen: Dem Es, dem Ich und dem Über-Ich. Diese drei Instanzen sind nicht statisch, wie der Begriff »topos« (Ort) vermuten lässt, vielmehr besteht zwischen diesen drei Persönlichkeitsinstanzen eine Dynamik, die Freud als Triebdynamik bezeichnete. Das psychische Leben besteht nun in einer beständigen Auseinandersetzung zwischen den Instanzen Es, Ich und Über-Ich.

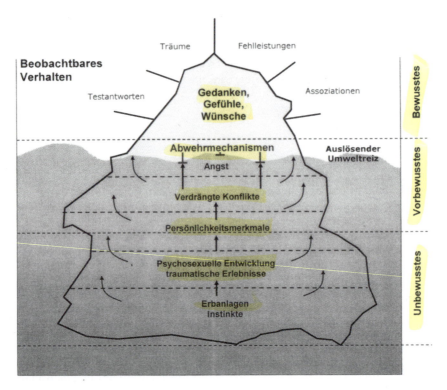

Abb. 4: Das Eisbergmodell der Psychoanalyse

Das Lustprinzip

Das Es produziert ständig Triebe, die nach sofortiger Befriedigung drängen, ohne Rücksicht auf Konsequenzen. Die Prozesse des Es sind instinkthafte Energien, so genannte Primärprozesse wie etwa Hunger, Durst, Selbstbehauptung, Aggression und Sexualität. Sie kennen keine Vernunft, keine Verbote und keinen Bedürfnisaufschub, sondern wollen die sofortige Durchsetzung und Erfüllung ihrer Wünsche. Es kümmert sich nicht um reale Hindernisse, ähnlich einem Kind, das in einem voll besetzten Lift auf die Toilette muss und zwar sofort. Das Es ist irrational, unlogisch und hat keine Moral. Freud bezeichnet diese Instanz als das Lustprinzip. Die Ansprüche sind unbewusst. Als Haupttriebe nennt Freud den Eros (Sexualitätstrieb oder Lebenstrieb) und den Thanatos (Todestrieb oder Destruktionstrieb).

Die moralische Instanz

Der Gegenspieler des Es ist das Über-Ich, welches das moralische Prinzip verkörpert. Während das Es als lebenserhaltende Kraft von Geburt an vorhanden ist, entwickelt sich das Über-Ich erst im Laufe der frühen Kindheit, Freud bezeichnete es als Resultat des Ödipuskomplexes. Es enthält das, was wir als Gewissen bezeichnen. Das Über-Ich bewertet, d. h. es billigt oder missbilligt Handlungen, Gedanken oder Gefühle. Weiterhin

- hat es die Fähigkeit zur kritischen Selbstbeobachtung;
- zeigt es vor allem Reue und Schuldgefühle, wenn Verbote übertreten werden;
- bestraft es sich selbst durch Schuldgefühle;
- lobt es sich für gutes Handeln.

(Brenner, 1974, S. 136)

Das Über-Ich kann sehr streng und unnachgiebig sein. Es kann sich zum Beispiel in einem starken Perfektionsdrang zeigen oder in einem ausgeprägten Pflichtgefühl, welches z. B. verhindert, dass man einfach einen Tag »blaumachen« würde. Das Verhalten einer am Über-Ich orientierten Person wäre streng nach Gesetz und Ordnung ausgerichtet. Geschähe ihr doch einmal eine kleine Unregelmäßigkeit oder Unkorrektheit, würde sie darauf mit starken Schuldgefühlen reagieren. Vorstellbar ist nach Freud aber auch ein Mensch ohne Über-Ich: ein Mörder, der keinerlei Reue empfindet und durch absolute Gefühlskälte auffällt; ein Täter, der seine Opfer im Verlies verhungern lässt, ohne der Polizei das Versteck mitzuteilen, obwohl er bereits verhaftet ist und ohnehin bestraft wird.

Der Großteil des Über-Ichs ist unbewusst: In der Regel ist es uns nicht klar, nach welchen inneren Vorschriften und Werten wir unser Verhalten ausrichten. Einige dieser Regeln und Werte, die aus dem Über-Ich kommen, spiegelt der Volksmund wider:

- »Ehrlich währt am längsten.«
- »Was Du heute kannst besorgen, das verschiebe nicht auf morgen.«
- »Erst die Arbeit, dann das Vergnügen.«
- »Was Du nicht willst, das man Dir tu, das füg auch keinem anderen zu.«
- »Pünktlichkeit ist die Höflichkeit der Könige.«
- »Morgenstund hat Gold im Mund.«
- »Ordnung ist das halbe Leben.«

(vgl. auch Kurtz-von Aschoff, 1995, S. 29)

Das Realitätsprinzip

Das Ich ist ein Regulationsprinzip, welches wahrnimmt und handelt; seine Inhalte sind bewusst. Es verkörpert das Realitätsprinzip. Im Gegensatz zu den unbewussten Primärprozessen des Es finden im Ich die Sekundärprozesse statt. Diese umfassen die bewusste Denkweise und Planung, das rationale Abwägen von Mittel und Zweck, das Zurückdrängen der Forderungen aus dem Es.

Das Ich hat die anstrengende und undankbare Aufgabe, drei Herren zu dienen: Dem Es, der Realität und dem Über-Ich. Es muss einen Ausgleich schaffen zwischen den unterschiedlichen Ansprüchen und Bedürfnissen der zwei Instanzen Es und Über-Ich. Laut Freud besteht unser Alltag daraus, dass das Ich ständig Kompromisse findet und damit gravierende Nachteile für unser Leben verhindert.

Beispiel: Die Studentin muss für die in Kürze stattfindende Klausur lernen. Das Wetter ist aber phantastisch und lädt zu einem Schwimmbadbesuch ein. Das Ich sollte jetzt einen Kompromiss zwischen Über-Ich (lernen) und Es (im Schwimmbad faulenzen) aushandeln. Dieser könnte so aussehen, dass nach erfolgreichem Lernen zur Belohnung ein kurzer Schwimmbadbesuch stattfinden darf. Eine weitere Möglichkeit wäre, dass das Ich einen Bedürfnisaufschub erreicht: Nach erfolgter Klausur wird mindestens ein voller Tag im Schwimmbad verbracht.

Das Ich ist ein Konfliktort und ein Ort der Angst (▶ Abb. 4: Das Eisbergmodell).

Die Konflikte zwischen den Trieben des Es und dem Realitätsprinzip des Ich oder zwischen dem moralischen Prinzip (Über-Ich) und dem Lustprinzip (Es) lösen beim Ich Angst aus. Besondere Bedeutung misst Freud den Konflikten zwischen Ich und Es zu. In einem berühmt gewordenen Vergleich beschreibt er das Verhältnis zwischen Ich und Es mit einem Reiter (Ich) auf einem Pferd (Es). Das Pferd gibt die Energie vor, der Reiter bestimmt jedoch das Ziel (Freud 1932, G. W. Band XV, 1940, S. 83).

Merke
Die Persönlichkeitsstruktur besteht nach Freud aus drei einander widerstrebenden Instanzen. Die Aufgabe des Menschen besteht darin, einen Ausgleich zu schaffen.

2.3.1.3 Die Abwehrmechanismen

Wie sieht dieser Ausgleich aus? Zunächst sorgt das Ich dafür, dass die Triebe des Es nicht ausgelebt werden. Das Ich leistet Widerstand, indem es die Triebwünsche verdrängt. Diese Verdrängung ist aber nicht endgültig, weil die Triebenergie nicht abgeführt worden ist und ständig weiter produziert wird. An dieser Stelle kommt Freuds naturwissenschaftliche Denkweise zum Tragen: Energie kann zwar transformiert, also in eine andere Form gebracht, aber nicht vernichtet werden. Was passiert also mit der Energie, deren Druck, wie Gas in einem Behälter, überall gleich groß ist? Die schwächste Stelle des Behälters gibt nach und der Druck entweicht. Analog dazu sucht sich die Triebabfuhr in Freuds Persönlichkeitsmodell den Weg des geringsten Widerstandes. Nicht Energie, sondern das Symptom als Ausdruck des zuvor verdrängten Triebes tritt zu Tage.

Damit das nicht passiert, aktiviert das Ich Abwehrmechanismen, durch die solch bedrohliche Impulse von Es und Über-Ich blockiert werden. Der Abwehrprozess ist ein dynamischer Vorgang, der das Bewusstsein sowohl vor den konflikthaften, inneren Reizen (Triebe, Wünsche, Gefühle) als auch vor äußeren überfordernden Reizen (Traumata) schützen soll. Es findet also eine innerpsychische Bewältigung von Angst statt.

2.3 Theoretischer Hintergrund der Psychoanalyse

Im Folgenden werden die wichtigsten Abwehrmechanismen dargestellt.

Einige der wichtigsten Abwehmechanismen

Verdrängung: Nicht akzeptierte Inhalte des Es werden aus dem Bewusstsein verbannt und manchmal durch eine Gegenbesetzung am Wiederauftreten gehindert.

Beispiel: Die Klientin hat sich über die Beraterin geärgert und empfindet Wut und Enttäuschung. Statt diese Gefühle zu äußern erzählt sie im Verlauf der Sitzung einen Vorfall, bei dem Jugendliche ihr Auto beschädigt haben. Sie bekommt einen regelrechten Wutanfall über »die Jugend von heute«.
Die Klientin verdrängt den ursprünglichen Ärger auf die Beraterin, in dem sie ihn auf andere Personen »verschiebt«. Damit kann sie ihrem Ärger Luft machen und schont gleichzeitig die Beziehung zur Beraterin, die ihr wichtig ist und die sie benötigt. Hier ist ein Zusammenwirken zweier Abwehrmechanismen (Verdrängung und Verschiebung) zu sehen und damit kommen wir zu der

Verschiebung: Hiermit ist die Verlagerung meist emotionaler Komponenten auf andere, akzeptablere Situationen oder Objekte gemeint.

Beispiel: Die Klientin hat unerträgliche Angst vor der inneren Ablösung von wichtigen Bezugspersonen und der damit einhergehenden eigenen Autonomie. Sie entwickelt eine Phobie vor dem Überqueren von Brücken. Die Angst vor der Ablösung wird hier verschoben auf die Angst vor Brücken

Wendung gegen das Selbst: Dies ist eine Form der Verschiebung: Aggressive Impulse werden nicht gegen das Gegenüber, sondern gegen sich selbst gewandt.

Beispiel: Die Ehefrau, die wütend auf ihren Ehemann ist, nimmt diese Gefühle als solche nicht wahr; vielmehr ist sie klagsam und depressiv verstimmt. Die Psychoanalyse geht davon aus, dass hinter einer Depression immer auch stark aggressive Impulse gegen andere stehen, die nicht gelebt werden. Sie werden in Form einer Depression gegen die eigene Person gerichtet.

Konversion: Der innere Konflikt findet seinen Ausdruck in körperlichen Symptomen und wird damit neutralisiert. Die Person hat körperliche Beschwerden, aber keinen psychischen Leidensdruck.

Beispiel: Lisas beste Freundin geht mit einem anderen Mädchen von der Schule nach Hause und beachtet Lisa nicht. Auf dem Heimweg bekommt Lisa plötzlich heftige Bauchschmerzen. Sie spürt nur noch ihren Bauch. Wut und Enttäuschung über ihre Freundin sind nicht spürbar.

Projektion: Das bedrohliche innere Motiv wird in die Außenwelt bzw. in Personen der Außenwelt verlagert und dort bekämpft. Damit geht häufig eine Verzerrung der Wahrnehmung einher. Dass die eigenen, nicht akzeptierten Schwächen besonders deutlich im Gegenüber aufscheinen, formuliert Theodor W. Adorno sehr anschaulich folgendermaßen:
»Der Splitter in Deinem Auge ist das beste Vergrößerungsglas.«

Beispiel 1: Der Ehemann verlagert eigene Fremdgeh-Impulse in seine Frau und wirft ihr nach einem Cafébesuch, den sie gemacht hat, vor, sie sei auf der Suche nach einem Liebhaber.

Beispiel 2: Der Mechanismus der Projektion lässt sich auch in Gruppen beobachten. Doris Lessing beschreibt in »Das fünfte Kind« eine sehr harmonische und glückliche Familie, die

Streitereien und Konflikte nicht kennt. Es gibt nur einen einzigen Schönheitsfehler: Das letztgeborene fünfte Kind. Dieses Kind macht alles falsch und alles schlecht, ist rundherum ein Störenfried und Versager. Ohne dieses Kind wäre alles gut. Hier wird ebenfalls der Mechanismus der Projektion beschrieben, den der Psychoanalytiker und Familientherapeut Horst Eberhard Richter (▶ **Kap. 4.3.1.5**) »Sündenbock«-Mechanismus nennt. Hierbei dient »das Kind als Substitut (Ersatz) der eigenen schlechten Identität«: Eigene Konflikte oder Konflikte zwischen Personen werden auf einen Dritten verlagert. Dies führt zu einer psychischen Entlastung, man erreicht ein gemeinsames Wohlgefühl auf Kosten der dritten Person. Projektion ist ein ubiquitärer (weit verbreiteter) Mechanismus, der nach der psychoanalytischen Theorie auch Gesellschaften erfassen kann und der dabei hilft, eine gemeinsame Identität zu stiften: Im Dritten Reich wurde ein starkes Gemeinschaftsgefühl bei Teilen der Bevölkerung und eine Entlastung von eigener Verantwortung für die persönliche Situation erreicht, indem die Schuld für die wirtschaftliche Lage auf eine Minderheiten-Gruppe der Gesellschaft projiziert wurde (die Juden). Ähnliche Prozesse lassen sich gegenwärtig in zahlreichen Gesellschaften beobachten.

Regression: Regression meint den Rückfall auf bereits bewältigte Entwicklungsstufen.

Beispiel: Das Kind fällt zurück in die Phase des Daumenlutschens oder des Fläschchentrinkens, die es bereits überwunden hatte, angesichts einer als schwierig und nicht bewältigbar erlebten Situation mit entsprechend massiv erlebten Gefühlen.

Reaktionsbildung: Sie resultiert aus einem besonders strengen Über-Ich-Verbot. Es wird das Gegenteil des unvollständig verdrängten Motivs gezeigt.

Beispiel 1: Das ältere Kind hegt starke Eifersuchtgefühle dem Neugeborenen gegenüber. Sein Verhalten gegenüber dem als Rivalen erlebten Geschwister ist aber besonders fürsorglich und liebevoll.

Beispiel 2: Die Mutter hat eine innere Abwehr gegen ihr Kind. Voller Schuldgefühle verdrängt sie die Ablehnung des Kindes; diese äußert sich nun in einer überfürsorglichen Haltung.

Rationalisierung: Die verstandesmäßige Rechtfertigung unvollständig verdrängter Motive.

Nur die Handlung ist von Bedeutung, nicht das Motiv. Das Verhalten wird so interpretiert, dass es richtig und vernünftig erscheint.

Beispiel 1: Der Vater, der auf seiner Arbeitsstelle von seinem Chef getadelt wurde, schlägt seinen Sohn abends mit der Begründung, er habe wieder nicht aufgeräumt und auch die Hausaufgaben nicht ordentlich erledigt. Über das wirkliche Motiv, nämlich seinen nachhaltigen Ärger und seine Frustration, die der wirkliche Anlass zu seiner Strafaktion waren, gibt er sich keine Rechenschaft. Stattdessen sucht er nachträglich eine rationale Begründung für sein Verhalten dem Sohn gegenüber.

Beispiel 2: Die Prüferin hat schlechte Laune und bewertet den Prüfling besonders streng. Vor sich selbst rechtfertigt sie nachträglich die schlechte Note damit, dass die Leistung eben nur mäßig war.

Intellektualisierung: Durch abstraktes Denken und eine intellektuelle Herangehensweise sollen belastende Gefühle auf Abstand gehalten werden. Diesen Mechanismus findet man häufiger bei Berufsgruppen, die psychisch belastende Tätigkeiten ausführen müssen.

2.3 Theoretischer Hintergrund der Psychoanalyse

Hierunter fallen Bemerkungen, die als zynisch empfunden werden können, hinter denen aber der verständliche Wunsch verborgen ist, starke, belastende Affekte fernzuhalten.

Beispiel 1: Der Zug hat angehalten, weil sich ein Suizidant vor ihn geworfen hat. Die Feuerwehrleute suchen die Leiche. Der Feuerwehrmann: »Es geht erst weiter, wenn wir die Teile vom Boden abgekratzt haben.«

Beispiel 2: Der Arzt im Krankenhaus: »Wie geht es dem Magen-Ca. auf Zimmer 4?«. Dadurch, dass der Patient zu einer Nummer wird bzw. auf seine Diagnose reduziert wird, wird eine Identifikation mit dem Schwerkranken erfolgreich verhindert.

Isolierung vom Affekt: Dieser Abwehrmechanismus stellt eine Art Abschirmung dar. Das Ereignis ist im Bewusstsein, aber der dazugehörige Affekt ist abgespalten bzw. abgeschirmt, er wird nicht empfunden.

Beispiel: Die Klientin berichtet über die ihr soeben mitgeteilte medizinische Diagnose, die lebensbedrohlich ist, ohne eine Gefühlsregung. Sie berichtet, sich innerlich leer zu fühlen; sie sei ohne ein Gefühl der Angst oder des Bedrohtseins.

Ungeschehenmachen: Die Person tut so, als wenn Handlungen, Gedanken, Worte nicht geschehen wären. Dies findet häufig in Verbindung mit der Verleugnung statt.

Beispiel: Der Herzinfarktpatient, der nach Eintritt deutlicher Infarktanzeichen wie Herzschmerzen, Atemnot und Beklemmungsgefühle nicht einen Arzt aufsucht, sondern sich vielmehr einer körperlichen Belastung aussetzt: Er beginnt unbekümmert eine längere Wanderung oder setzt sich auf seinen Heimtrainer zum Training (um dann anschließend zusammenzubrechen).

Verleugnung: Kennzeichnend für die Verleugnung ist die Zurückweisung der Wirklichkeit. Es wird so getan, als wenn die unerwünschte Realität nicht da wäre.

Beispiel 1: Verleugnung ist ein häufiger Abwehrmechanismus bei Alkoholabhängigkeit (»Ich trinke gelegentlich ein Gläschen für den Kreislauf.«). Deshalb gilt auch als Aufnahmekriterium bei den Anonymen Alkoholikern, dass das künftige Mitglied es fertig bringt, zu sagen: »Ich bin Alkoholiker.«

Beispiel 2: Die Mitteilung einer schrecklichen Nachricht, zum Beispiel vom Tod eines Angehörigen, kann zu dem spontanen Ausruf führen: »Das ist nicht wahr« oder »Das glaube ich nicht.« Dieser Prozess kann in eine lange Verleugnungsphase münden, in dem die Angehörige so tut, als wenn der Tote noch da wäre.

Beispiel 3: Der Patient hat bei der Visite die Mitteilung eines inoperablen Karzinoms, welches die Lebenszeit des Patienten auf wenige Monate begrenzen wird, bekommen. Zu der Psychologin, die kurze Zeit später auf Bitten der Ärzte erscheint, sagt der Patient: »Ich habe gerade gehört, dass ich eine kleine Fistel im Magen habe. Das ist harmlos. In ein paar Tagen kann ich nach Hause.«

Sublimation: Sublimation ist die Verschiebung auf sozial erwünschte oder akzeptierte Ziele und zählt eigentlich nicht zu den Abwehrmechanismen, da dieser Abwehrmechanismus nach Freud eine sehr gelungene Lösung eines Konflikts darstellt.

Beispiele: Die Künstlerin, die aggressive Impulse hat und diese im Malen gewaltiger Gemälde in schreienden Farben auslebt. Der Chirurg, der sadistische, aggressive Impulse umwandelt in hilfreiches Operieren. Der Fotograf, der seine voyeuristischen Wünsche ebenfalls in sozial anerkannte Bahnen gelenkt hat, usw. Laut Freud ist jede künstlerische Leistung eine Sublimierung sexueller oder aggressiver Triebe.

> **Merke**
> Das Ich aktiviert Abwehrmechanismen, um die Angst zu bewältigen, die aufgrund innerer (Wünsche, Gefühle, Triebe) oder äußerer Bedrohungen (Traumata) entsteht.
> Der Abwehrprozess ist ein dynamischer Vorgang zur innerpsychischen Bewältigung von Angst.

Verzweifeln Sie nicht, wenn Sie beim Studium der Abwehrmechanismen immer verwirrter werden und denken: Alles ähnelt sich irgendwie! Ein wenig stimmt das! Die Abwehrmechanismen unterscheiden sich nicht immer trennscharf, sondern überschneiden sich teilweise. Manchmal lässt sich auch eine einzige Verhaltensweise mehreren Abwehrmechanismen zuordnen. Das nennt Freud Überdeterminiertheit. Und fast immer sind die beiden Aspekte Verleugnung und Verdrängung enthalten, so dass diese eigentlich nicht gleichrangig in der Reihe der anderen Mechanismen stehen dürften, sondern Oberbegriffe darstellen.

Sind Abwehrmechanismen schlecht, ist ihre Anwendung schädlich?

Ob die Anwendung von Abwehrmechanismen im Einzelfall schlecht ist, kann nicht pauschal beantwortet werden. Es kommt auf die Dosis und Dauer der Anwendung von Abwehrmechanismen an, ob diese schädliche Auswirkungen haben oder nicht. Es gibt psychologische Theorien (▶ Kap. 5.3.1.6), die davon ausgehen, dass ein gewisses Maß an Selbsttäuschung (zum Beispiel in Form einer zu positiven Meinung über die eigenen Fähigkeiten, die eigenen Zukunftsaussichten und die eigenen Möglichkeiten, die Umwelt zu beeinflussen) zur psychischen Gesundheit beiträgt. Hierbei ist jedoch das Ausmaß an verzerrter Wahrnehmung wichtig. Lazarus (1983, 1993) hat umfangreiche Studien zu der Adaptivität (Angepasstheit) von Bewältigungsstrategien durchgeführt und dabei insbesondere den Wert der Verleugnung bei schwerer Krankheit untersucht. Er kommt zu dem Schluss, dass der Nutzen der Verleugnung abhängt vom

1. Ausmaß der Verleugnung

Weigere ich mich, offensichtliche Anzeichen einer krisenhaften Entwicklung bei mir oder in meiner Umwelt wahrzunehmen, tritt irgendwann ein Schaden ein, der nur noch schwer behoben werden kann.

2. Krankheitsstadium und Dauer der Verleugnung

Nach Diagnosemitteilung einer schweren Erkrankung kann eine Verdrängung bzw. Verleugnung zunächst sinnvoll sein, da noch keine Strategien zur Bewältigung zur Verfügung stehen und die volle Bewusstheit des Ernstes der Lage zu einem psychischen Zusammenbruch führen würde. Im weiteren Verlauf kann sich dann jedoch eine verleugnende Haltung als fatal herausstellen, da notwendige medizinische Untersuchungen nicht in Anspruch genommen werden und dadurch der Krankheitsverlauf nachteilig beeinflusst wird. Ähnliches lässt sich für andere Lebenskrisen vorstellen.

3. Auch der Faktor der objektiven Beeinflussbarkeit spielt eine wichtige Rolle

Bei Schicksalsschlägen, die nicht beeinflusst werden können, mag die Verleugnung der Wahrheit im Einzelfall hilfreich sein. Wenn aber eigene Handlungen zu einer Verbesserung der Situation beitragen würden, ist Verleugnung grundsätzlich als äußerst nachteilig anzusehen.

Merke
Abwehrmechanismen sind notwendige Strategien, Angst zu reduzieren. Sie finden im Alltagsleben häufig statt und sind nicht zwangsläufig pathologisch (krankhaft). Schädlich werden sie erst, wenn Ausmaß und Dauer überhand nehmen.

2.3.1.4 Träume und Fehlleistungen

Auch wenn die Abwehrmechanismen aktiv werden, falls bedrohliche Inhalte des Unbewussten ans Licht drängen, so kommen nach Freud und der Psychoanalyse im Alltag eines Menschen trotzdem zahlreiche Situationen vor, in denen die Abwehrmechanismen versagen und das Unbewusste sich Ausdruck verschafft. Die verdrängten Motive werden dann mehr oder weniger unverhüllt offensichtlich.

Träume
So stellen etwa die Träume eine Bühne für das Unbewusste dar. Die Wünsche werden zwar durch einen Zensor in einer verschlüsselten, symbolhaften Form dargestellt und durch Abwehrmechanismen entstellt, aber die unbewussten Motive können mit Hilfe der eigenen Assoziationen gemeinsam mit der Therapeutin erkannt und gedeutet werden. Träume haben in der Psychoanalyse eine zentrale Bedeutung; nach Freud stellen sie die »via regia«, den Königsweg, zum Unbewussten dar, da im Traum die Wünsche des Es ausgelebt werden. Nach Freud dient damit der Traum der Wunscherfüllung. Bei Angst- und Alpträumen versagen die Abwehrmechanismen: Das Ich bekommt Angst vor den überflutenden Es-Impulsen und man wacht auf. In Träumen ist das primärprozesshafte Denken aktiv (▶ Kap. 2.3.1.2), deshalb sind Träume bildhaft, unlogisch und das Prinzip von Zeit und Raum ist außer Kraft gesetzt.

Heute sieht die Psychoanalyse in der Funktion der Träume nicht mehr ausschließlich den Wunscherfüllungsaspekt. Träume stellen zwar immer noch einen bedeutenden Weg dar, um das Unbewusste zu verstehen, sie werden aber unter einem erheblich breiteren Spektrum betrachtet. So geht die heutige Psychoanalyse davon aus, dass Träume auch die Beziehungskonstellationen der Träumerin zu anderen Menschen und damit Konflikte mit anderen, aber auch mit sich selbst, widerspiegeln. Ebenfalls greifen Träume Konfliktthemen aus der Kindheit auf, die durch eine psychoanalytische Behandlung wiederbelebt worden sind. Außerdem können durch Träume auch Konflikte bewältigt werden (Erman, 2007, S. 402f; Mertens, 2012, S. 115).

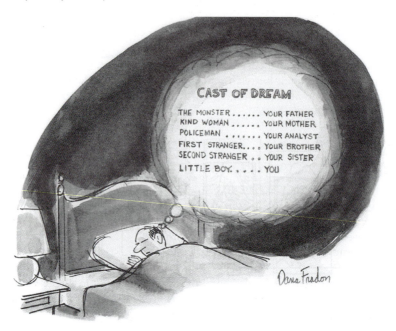

Abb. 5: Die Besetzungsliste des nächtlichen Dramas

Fehlleistungen

In den so genannten Fehlleistungen, zu denen Fehlhandlungen, Versprecher, Verlesen, Verschreiben, Vergreifen und Vergessen gehören, brechen sich die nur mangelhaft verdrängten Triebwünsche ebenfalls Bahn. Die Fehlleistungen sind häufig so eindeutig, dass dem Handelnden das Motiv selbst sofort offensichtlich ist: Es befindet sich nämlich im Vorbewussten.

Besonders bekannt geworden ist der so genannte »Freudsche Versprecher«, dem nach Freud ebenfalls ein psychisches Motiv zugrunde liegt, welches unfreiwillig deutlich wird. In seinem Werk »Psychopathologie des Alltaglebens« (G. W. 1941, Band IV) führt Freud eine Fülle an Beispielen für so genannte Fehlleistungen an. So berichtet er von einem Mann, der einen Vortrag über Verwicklungen und Intrigen in einer Behörde hält und Folgendes äußert: »Es kamen Tatsachen zum Vorschwein.« Auf Nachfragen bestätigt der Vortragende, dass er die Vorgänge als Schweinereien bezeichnen würde. Freud selbst berichtet u. a. von der Begegnung mit einer ehemaligen Patientin auf der Straße. Er will ihr zur baldigen Hochzeit gratulieren, die sie ihm kurz vorher schriftlich mitgeteilt hatte, und sagt »Herzliches Beileid.« In der Tat kannte Freud den Bräutigam und hatte die Wahl als ganz falsch angesehen.

> **Merke**
> Die Abwehr des Unbewussten gelingt manchmal nur unvollständig. Dann machen sich die unbewussten Impulse Luft in den so genannten Fehlleistungen. Auch Träume sind ein Weg – nach Freud sogar der Königsweg – zum Unbewussten.
> Im Sinne der Determiniertheit menschlichen Handelns geht Freud davon aus, dass alles menschliche Handeln von unbewussten Motiven gesteuert wird und nicht zufällig geschieht. So gibt es keinen »zufälligen« Versprecher oder andere Fehlhandlungen, sondern auch diese sind immer bestimmt von unbewussten Impulsen.

2.3.2 Die Neurosentheorie

An der Entstehung von Neurosen sind die Abwehrmechanismen ebenfalls maßgeblich beteiligt: Denn auch hier versagen sie und die Verdrängung misslingt. Das Unbewusste macht sich Luft und es kommt zur Symptombildung, es zeigt sich ein neurotisches Symptom, eine Neurose. Der Begriff der »Neurose« für eine psychische Erkrankung oder Fehlentwicklung stammt aus der Psychoanalyse und wird auch überwiegend in der psychoanalytischen Literatur benutzt, auch wenn er sich in internationalen Klassifikationssystemen wie dem DSM IV (Saß et al. 2003) oder dem ICD 10 (Dilling et al. 2011) findet. In anderen Therapiekonzepten kommt der Neurosebegriff seltener vor, so spricht man etwa in der Verhaltenstherapie von Verhaltensstörungen oder von psychischen Störungen.

> **Definition Neurose**
> Neurosen sind Versuche, unlösbare Konflikte in subjektiv leichter erträgliche Zustände umzuwandeln. Diese neurotischen Konflikte sind 1. unbewusst, 2. biographisch verstehbar und 3. Internalisierungen ursprünglich sozialer Konflikte.
> Das neurotische Symptom stellt einen Kompromiss dar zwischen Tendenzen, die subjektiv als unvereinbar erlebt werden. Angst und andere starke Gefühle sollen unbedingt vermieden werden und es soll ein subjektiv erträglicher Zustand durch das Symptom erreicht werden. Damit stellt die Neurose einen Selbstheilungsversuch dar; dieser ist allerdings nicht optimal.

Was heißt das?
In der frühen Kindheit sind in bestimmten Phasen (▶ Kap. 2.3.3) Konflikte aufgetreten. Diese Konflikte haben nach Freud im Wesentlichen mit Sexualität und Aggression zu tun. Nach neueren Lehren der Psychoanalyse sind diese Konflikte jedoch viel allgemeiner Natur und beinhalten ein breites Spektrum an Themen wie beispielsweise Abhängigkeit, Autonomie, Selbstwert und Schuld. Diese Konflikte sind nicht konstruktiv verarbeitet und gelöst worden. Dadurch ist es zu einer Fixierung an die bestimmte Phase gekommen: Das Individuum bleibt in dieser Phase stecken und entwickelt sich auf psychischem Niveau nicht weiter. Der Konflikt, der mit einer – oder mehreren – Bezugsperson bzw. Bezugspersonen

bestand und damit zunächst ein äußerer Konflikt war, wird verinnerlicht: Er wird z. B. zu einem Konflikt zwischen Über-Ich und Ich (nicht mehr die Mutter verbietet, sondern das Über-Ich). Das Ich versucht jedoch in der Regel, zwischen den grundlegenden Bedürfnissen des Menschen zu vermitteln und eine Lösung im Rahmen eines Kompromisses zu erreichen. Erst wenn eine Lösung nicht gelingt, verdrängt das Ich den Konflikt ins Unbewusste. Dieser Konflikt kann wieder zu Tage treten, wenn äußere Umstände eintreten, die der ursprünglichen Konfliktsituation gleichen. Ein neurotisches Symptom muss aber nicht aus einem an eine frühkindliche Phase gebundenen Konflikt entstehen, sondern kann auch Folge eines andauernden, viele Jahre umfassenden und seit früher Kindheit bestehenden Traumas sein z. B. in Form ständig wechselnder Bindungspersonen und damit verbundenen Beziehungsabbrüchen, sexuellen Missbrauchs oder körperlicher Misshandlung. In diesen Fällen kann jemand auch von Kindheit an symptombehaftet und damit auffällig sein (vgl. Hoffmann und Hochapfel, 2004, S. 64 ff).

Häufig beginnt die Neurose aber erst später, z. B. im Erwachsenenalter. Auslöser ist dann eine Situation, die in der Regel eine Ähnlichkeit mit dem frühkindlichen Konflikt hat. Durch diese Ähnlichkeit wird der ursprünglich verdrängte Konflikt reaktiviert. Die Abwehrmechanismen versagen und es kommt zur Symptombildung (vgl. auch Hoffmann und Hochapfel 2004, S. 58 ff; Kurtz-von Aschoff, 1995, S. 60 ff).

Das folgende Fallbeispiel soll den Mechanismus der Symptombildung und damit des Neuroseausbruchs verdeutlichen. Es illustriert die Verarbeitung eines kindlichen Konflikts zunächst durch Verdrängung. Biographisch zu einem viel späteren Zeitpunkt wird das Verdrängte durch ein ähnliches Erlebnis reaktiviert. Das dann auftretende Symptom, auch wenn es sehr belastend ist, entlastet von dem inneren Konflikt und kann insoweit als Lösungsversuch, wenn auch als kläglicher, angesehen werden.

Beispiel
Eine 30jährige Frau, die sich in einer psychosomatischen Kur befindet, hat alle Anzeichen einer Panikerkrankung. Diese ist aufgetreten, nachdem sie von ihrem Partner, mit dem sie auch einige Jahre zusammengelebt hat, verlassen wurde (auslösende Situation). Das Verlassenwerden geschah für sie »aus heiterem Himmel«. Dieser Freund war für sie die erste wirklich große Liebe und sie konnte sich ein gemeinsames Leben mit ihm vorstellen. Zunächst habe sie mit Unglauben reagiert und Fassungslosigkeit, die aber abgelöst wurde von großer Trauer: Sie weinte viel und fand Unterstützung bei ihren Freundinnen, die sie trösteten. Ihr Zustand wurde aber mit der Zeit nicht besser, sondern verschlimmerte sich zunehmend. Zu ihrem Stimmungstief kamen Angstanfälle, die sie plötzlich überfielen und die ein normales Leben unmöglich machten. Aus Angst vor der Angst mied sie öffentliche Verkehrsmittel, bald konnte sie auch nicht mehr Auto fahren; sie wird arbeitsunfähig. Der Freundeskreis zieht sich langsam zurück, da er es müde wird, die Freundin immer wieder zu trösten und aufzubauen und kein Erfolg sichtbar wird.
Es stellt sich die Frage, warum eine Bewältigung dieses kritischen Lebensereignisses nicht gelingt. Die psychoanalytisch ausgerichtete Therapeutin/Beraterin in der Kurklinik erhebt eine Anamnese (▶ Kap. 2.4.9). Hierbei erfährt sie folgendes: Als die Patientin sechs Jahre alt war, verließ der Vater die Familie. Er sei morgens aus dem Haus gegangen und weder abends noch zu einem anderen Zeitpunkt wiedergekommen. Die Patientin wartete viele Monate hoffnungsvoll, ohne dass etwas geschah. Sprach sie ihre Mutter auf den Vater an, verfiel diese in Depressionen oder wurde wütend und verbat der Tochter, den Namen des Vaters zu erwähnen. Also mied die Patientin künftig Gespräche über dieses Thema mit

2.3 Theoretischer Hintergrund der Psychoanalyse

ihrer Mutter. Andere enge Bezugspersonen als Ansprechpartner waren nicht vorhanden. Irgendwann »vergaß« sie den Vater. (Da es keine Möglichkeit gibt, das Trauma zu verarbeiten, wird es verdrängt). Sie hat nie versucht, den Vater ausfindig zu machen, auch gegenwärtig besteht kein Kontakt zu ihm. Sie berichtet über ihn in gleichgültigem Ton und vermittelt, dass er ihr egal sei (Isolierung vom Affekt, Verdrängung).

Das Verlassenwerden durch den Partner stellt die Reaktivierung des frühkindlichen Konflikts bzw. Traumas dar, das all die Macht der verdrängten Gefühle wie Liebe, Wut, Schuldgefühle und Ohnmacht enthält. Ihre Symptomatik (die Angstanfälle) stellt einen Lösungsversuch des Konflikts und eine subjektive Entlastung dar: Der Ausbruch von gewaltiger Wut gegen den Vater aufgrund unerträglicher Kränkung wird verhindert. Da diese Gefühle nicht aushaltbar erscheinen, wird der Angstanfall als immer noch das kleinere Übel empfunden. Er nimmt die Stelle von etwas noch Unangenehmeren ein.

Wiederholungszwang

Auffällig an diesem Fallbeispiel ist die Ähnlichkeit beider Ereignisse: Das aus heiterem Himmel Verlassenwerden vom Vater in der Kindheit und das aus heiterem Himmel Verlassenwerden vom Partner. Freud spricht hier vom »Wiederholungszwang« und meint damit das zunächst unerklärliche Phänomen, dass Klienten Situationen herstellen oder ein Verhalten zeigen oder blind in Situationen hineinstolpern, von denen sie eigentlich wissen müssten, dass sie ihnen schaden, da sie diese bereits aus früheren Zeiten kennen: Die misshandelte Tochter sucht sich später einen misshandelnden Ehemann; nach einem ähnlichen Prinzip wird aus psychoanalytischer Sicht sexueller Missbrauch in Familien über Generationen weitergeleitet.

Warum wiederholt der Mensch lieber für ihn selbst schädliche Handlungen, als die Gründe hierfür zu erforschen? Warum vermeidet er Einsichten und setzt sich lieber unangenehmen Erfahrungen aus? Die Psychoanalyse erklärt dieses Verhalten mit Ängsten vor schmerzhaften Gefühlen, die mit dem Verdrängten einhergehen.

Für dieses Phänomen bieten allerdings andere Konzepte alternative Erklärungen an (▶ Kap. 5.3.1.5).

Der Krankheitsgewinn

Auch wenn das Symptom noch so quälend und belastend ist, stellt es doch eine subjektive Entlastung für die Klientin dar (sie muss sich nicht mit den zugrunde liegenden Konflikten auseinandersetzen); das motiviert sie, das Symptom beizubehalten. Diese subjektive Entlastung stellt den primären Krankheitsgewinn dar. Zusätzlich zu diesem subjektiven Gewinn – der Flucht in die Krankheit – geht mit

Merke
Wenn die Abwehr belastender äußerer oder innerer Impulse oder Erlebnisse misslingt, kommt es zur Symptombildung. Im Symptom zeigt sich die Neurose. Sie ist Folge eines unbewussten frühkindlichen Konflikts, welcher durch ein gegenwärtiges Erlebnis aktiviert wird. Sie ist eine subjektive Entlastung und ein nicht optimaler Lösungsversuch.
Die Neurose ist ein untauglicher Lösungsversuch, weil der frühkindliche Konflikt oder das Trauma nicht bewusst bewältigt wird, sondern seinen Ausdruck im Symptom findet.
Der mit dem Symptom häufig einhergehende Krankheitsgewinn kann ein Hindernis für eine erfolgreiche Psychotherapie darstellen.

einer Erkrankung häufig auch ein objektiver Gewinn einher. Er besteht z. B. in vermehrter Zuwendung durch die Umwelt, einer Entlastung von Pflichten oder einer frühzeitigen Pensionierung. Solche krankheitsbedingten Vorteile, die häufig einer Gesundung entgegenstehen, werden als sekundärer Krankheitsgewinn bezeichnet.

2.3.3 Die psychoanalytische Entwicklungslehre

Freuds Entwicklungstheorie baut auf einem Phasenmodell auf. Die Entwicklung der Sexualität (Libido) steht dabei im Mittelpunkt. Diese entwickelt sich zunächst auf körperlicher Ebene insofern, als dass immer neue Körperzonen erogen (sexuell) besetzt werden. Das Modell bezieht sich zunächst auf das innerpsychische Erleben des Kleinkindes. Es sagt wenig aus über Art und Qualität der Beziehungen zu den ersten wichtigen Bezugspersonen. Die Entwicklungspsychologie weiß aber seit langem, dass der Mensch ein Beziehungswesen ist und die ersten Beziehungen seine Entwicklung und Persönlichkeit ganz wesentlich prägen. Einige der Nachfolger Freuds – zu ihnen sind u. a. Margret Mahler, Donald Winnicott und Michael Balint zu zählen – hatten das erkannt und entwickelten eine Theorie der Beziehung, die Objektbeziehungstheorie.

Die folgende Darstellung der frühkindlichen und späteren Entwicklungsphasen integriert beide Ansätze, die Charakteristik der jeweiligen Phase nach Freud als auch das gemäß der Objektbeziehungstheorie jeweils bedeutende zwischenmenschliche Thema (massive Verkürzungen sind dabei leider unerlässlich).

Die Psychoanalyse nennt Menschen und Dinge der Umwelt »Objekte«. Dieser etwas befremdliche Ausdruck wird ebenfalls für die emotional bedeutsamen Bezugspersonen des Individuums benutzt. Deshalb heißt die Lehre von der Bedeutung der Beziehungen zu den Bezugspersonen »Objektbeziehungstheorie« (vgl. Definition Mertens & Waldvogel, 2008, S. 505 ff).

Für Freud besteht die frühkindliche, psychosexuelle Entwicklung im phasenhaften Dazukommen immer neuer erogener Zonen. Zu einer Fixierung an eine Phase kommt es, wenn entweder eine Versagung (die Bedürfnisse wurden nicht befriedigt) oder eine Verwöhnung (die Bedürfnisse wurden übermäßig befriedigt) in der jeweiligen Phase stattgefunden hat. In einem solchen Fall bleibt die Person innerlich an diese Phase gebunden und ist in ihrem Leben in neurotischer Weise mit dem Thema der entsprechenden Phase beschäftigt, ohne diese konstruktiv bewältigen zu können.

Die erste Phase ist die orale Phase.

2.3.3.1 Orale Phase (1. Lebensjahr): Aufbau des Bindungssystems

In der oralen (oral, lat.: den Mund betreffend) Phase sind nach Freud die Mundschleimhäute die erogene Zone. Die Triebbefriedigung geschieht durch Berühren, Saugen, Kauen und Schlucken. Eine Fixierung an diese Phase würde sich im Erwachsenenleben in oralen Verhaltensweisen wie ausgeprägtes Rauchen, Trinken und Essen zeigen. Weiterhin gehören zu den oralen Funktionsmodi Verhaltensweisen wie Einnehmen, Festhalten, Beißen und Ausspeien. Übermäßiges Essen und Trinken oder Hungern und das selbst herbeigeführte Erbrechen sind demnach Verhaltensweisen, die ihren Ursprung in dieser Phase haben könnten. Ein Thema dieser Phase ist das Haben-Wollen, das In-sich-Aufnehmen, das Etwas-Bekommen und das Sich-etwas-nehmen-Können oder auch -nicht-nehmen-Können. Jemand, der auf diese Phase fixiert ist, könnte also ständig das Gefühl haben, zu kurz gekommen zu sein. Er könnte die Haltung haben, »die Welt ist mir etwas schuldig«. Die Person könnte auch darunter leiden, zuviel oder das Falsche bekommen zu haben (sie erbricht sich zwanghaft).

Soweit Freud. Neuere Ansätze betonen weniger den Triebaspekt, die Oralität, als vielmehr den Beziehungsaspekt. Hiernach ist das Hauptmerkmal dieser Phase die Abhängigkeit. Da der Mensch eine physiologische Frühgeburt ist, ist er zu einem Zeitpunkt sozialen Einflüssen ausgesetzt, wo er eigentlich von seiner biologischen Ausstattung her noch den intrauterinen Schutz brauchen würde. Durch die neuere Säuglingsforschung (vgl. z.B. Dornes, 1999, 2007) ist bekannt, dass der Säugling zum einen schon sehr differenziert wahrnimmt und zum anderen auch über ein angeborenes Bindungsverhalten (vgl. Bowlby, 1984) verfügt. Er hat einen – vermutlich angeborenen – Drang, sich zu binden. Dies ist auch aus evolutionärer Perspektive als sinnvoll anzusehen, da die Bindung an eine Bezugsperson das Überleben sichert. Aus objektbeziehungstheoretischer Sicht ist das Erleben der Abhängigkeit das prägende Erlebnis der frühen Kindheit. Aus der Entwicklungspsychologie ist bekannt, dass bereits der 6 bis 8 Monate alte Säugling die nahen Bezugspersonen von Fremden unterscheiden kann und auf Fremde mit Angst reagiert (Acht-Monats-Angst). Dies ist ein Anzeichen dafür, dass Bindung an vertraute Menschen stattgefunden hat. Die Frustration dieser grundlegenden Abhängigkeitsbedürfnisse führt zu schwersten Störungen im späteren Leben. Es wird davon ausgegangen, dass Ängste vor Verlust der sozialen Bezugsperson oder Verlust ihrer Zuneigung, also Verlassenheitsängste und Verlustängste als Teilkomponenten späterer Neurosen aus dieser Zeit stammen. Erikson (2011), ein Schüler Freuds, bezeichnet die wesentliche Einstellung, die aus dieser Phase resultieren sollte, als Urvertrauen. Bei entsprechend negativen Erfahrungen resultiert ein Urmisstrauen. Die Befriedigung der psychischen Abhängigkeitsbedürfnisse erfolgt durch die kontinuierliche Präsenz einer oder mehrerer emotionaler Bezugspersonen und deren interessierte, zugewandte und fürsorgliche Teilnahme am Geschick des Kindes. Als eine Form der Abwehr der unbefriedigten Bedürfnisse aus dieser Phase wird häufig die Reaktionsbildung beschrieben: Ich befriedige meine eigenen starken Wünsche nach Versorgt-Werden, indem ich andere versorge.

2.3.3.2 Exkurs: Die hilflosen Helfer

Abb. 6: Edel, hilfreich und gut

Der Psychoanalytiker Schmidbauer (2005, 2010) hat aufgrund seiner Supervisionsarbeit mit Angehörigen helfender Berufe pathologische Verhaltensmuster entdeckt, die er als typisch für professionelle Helfer und Helferinnen beschreibt. Biographisch verortet er diese Störung in der oralen Phase. Folgendermaßen beschreibt Schmidbauer typische Helferverhaltensweisen: In ungewöhnlich engagierter und aufopferungsvoller Weise werden Bedürftige und Schwächere versorgt. Der Altenpfleger, die Krankenpflegerin, der Sozialarbeiter, die Erzieherin und der Streetworker sind nicht nur äußerst engagiert, sondern leben zunehmend nur noch für ihre hilflose Klientel, kennen dabei keine Überstunden oder Urlaubszeiten. Sie steigern sich immer weiter in die Rolle der omnipotenten Helferperson und berücksichtigen dabei immer weniger eigene Grenzen und notwendige Erholungsphasen. Das unbewusste Motiv hinter diesem selbstaufopferndem Verhalten ist nach Schmidbauer eine eigene, große Bedürftigkeit nach Versorgt-Werden, die in der oralen Phase nicht hinreichend befriedigt wurde. Die als »Riesenerwartungen« erlebten eigenen Wünsche und eigene Bedürftigkeit werden abgewehrt und zwar mit Hilfe der Abwehrmechanismen der Reaktionsbildung und der Projektion: Das Gegenteil des verdrängten Motivs wird gezeigt. Die anderen werden versorgt, die eigene Bedürftigkeit wird in die anderen projiziert und damit ausgeblendet. Damit sind die Helfer in Wirklichkeit »hilflose Helfer«, die selbst Hilfe benötigen.

Eine solche Abwehr eigener Bedürfnisse kann eine gewisse Zeit funktionieren. Gefährdet wird ein derart labiles Gleichgewicht etwa dann, wenn der betreute Klient selbständig wird und sich aus der Behütung befreien will. Auch ein durch jahrelange Überforderung entstandenes Burnout-Syndrom kann zu einem Einsturz der Abwehrstruktur führen.

2.3 Theoretischer Hintergrund der Psychoanalyse

Das Burnout-Syndrom als körperlicher und emotionaler Erschöpfungszustand mündet dann in einen seelischen Zusammenbruch, der professionelle Hilfe erforderlich macht.

Abb. 7: Burning Out

2.3.3.3 Exkurs: Entwicklungspsychologie

Die Bedeutung der frühen emotionalen Erlebnisse des Menschen, vor allem die Befriedigung seiner Abhängigkeits- und Zärtlichkeitsbedürfnisse für sein psychisches Wohlergehen, ist heute auch wissenschaftlich anerkannt und bewiesen. Spitz (1965), Bowlby (1984) und Harlow (1958), die »Väter« dieser Einsichten, haben umfangreiche Studien dazu durchgeführt, deren Erkenntnisse leider erst Jahrzehnte später anerkannt und umgesetzt wurden. Dann aber haben sie beispielsweise dazu geführt, dass Kleinkinder durch das so genannte »rooming in« bei Krankenhausaufenthalten nicht mehr von ihrer Mutter oder einer anderen Bezugsperson getrennt wurden. Harlow (1958) hat durch eindrucksvolle Studien an Affen festgestellt, dass diese ebenfalls zu einer gesunden psychischen Entwicklung ein mütterliches Milieu benötigen, das charakterisiert ist durch körperlichen Kontakt, Hautzärtlichkeit und dem Erleben von Getragenwerden und Sich-Anklammern. Genau diese Komponenten benötigt auch der menschliche Säugling, um Bindung aufzubauen. Andernfalls entstehen die von Spitz beschriebenen schweren physischen und psychischen Störungen.

Leider hält sich der Irrglaube bis in die Gegenwart, dass ein Säugling »verwöhnt« wird, wenn er herumgetragen, gestreichelt und hochgenommen wird, wenn er schreit. Das Bedürfnis nach Kontakt und Getragenwerden wird als sekundär gegenüber dem Bedürfnis nach Nahrung angesehen. Nach den Forschungsergebnissen muss aber die Befriedigung des Bedürfnisses nach positiver emotionaler Zuwendung als ebenso lebenserhaltend und damit vital bedeutsam angesehen werden. Bleibt diese aus, kann das im schlimmsten Fall zum Tod führen, wie Rene Spitz (1965) eindrucksvoll belegt hat.

2.3.3.4 Anale Phase (2. und 3. Lebensjahr): Aufbau des Autonomiesystems

War zuvor die Mundschleimhaut erogene Zone, steht jetzt die Afterregion (anal, lat.: den After betreffend) als erogene Zone im Zentrum des Interesses des Kleinkindes. Die Triebbefriedigung liegt im Entleeren des Darms oder im Zurückhalten des Kots, im Spiel mit dem Kot und im Erkunden des Analbereichs. Das Thema heißt »Festhalten oder Loslassen«. Die Fixierung an diese Phase führt nach Freud zu »analen« Verhaltensweisen im Erwachsenenalter wie Geiz und Knauserigkeit (als übermäßiges Zurückhalten eigenen Besitzes), zu einem »Reinlichkeitsfimmel« oder zu Pedanterie (aufgrund einer frühen und rigiden Sauberkeitserziehung) oder zu Verhaltenweisen wie übertriebene Ordnungsliebe, Sparsamkeit und Hartnäckigkeit.

Auf der Beziehungsebene will das Kleinkind jetzt zunehmend etwas durchsetzen. Falls es in der oralen Phase genug emotionale Absicherung erfahren hat, wendet es sich nun mit großer Aktivität der Umwelt zu. Das Kind kann nicht nur die Körperschließmuskulatur seinem Willen unterordnen, sondern möchte seinen Willen auch in Konfrontation mit den Eltern ausprobieren und durchsetzen. Es wird »trotzig« genannt, wenn sein Wille dem der Eltern gegenübersteht.

Das Kind erlebt sich zum ersten Mal als handelndes Subjekt, das sich anderen verweigert. Dieser Prozess der Abgrenzung von der Umwelt fördert die Ausbildung eines Ichs. Es ist der Beginn der Autonomieentwicklung. Nach Erikson (2011) ist diese Autonomieentwicklung die zentrale Aufgabe in dieser Phase. Dazu gehört auch die Auseinandersetzung mit aggressiven Bedürfnissen. Dieser Entwicklungszeitraum ist mitbestimmend, wie ein Mensch später mit Aggressionen umgeht: Lernt er, diese zu unterdrücken, um die Liebe der Eltern nicht zu gefährden, oder darf er aggressive Impulse als zu sich zugehörig erleben. Fixierungen an diese Phase führen zu neurotischen Störungen im Bereich Bindung, Ablösung und Aggression.

2.3.3.5 Ödipale Phase (4. bis 6. Lebensjahr): Aufbau der psychosexuellen und sozialen Identität

In der ödipalen oder phallischen Phase (phallus, griech.: das männliche Glied als Symbol der Zeugungskraft) wird die Genitalregion zur erogenen Zone. Das Spiel mit den Genitalien und das Herzeigen der Genitalien werden in dieser Phase bedeutsam.

Gemäß der altgriechischen Sage vom König Ödipus, der unwissentlich seinen Vater Laios ermordete und seine Mutter Iokaste heiratete, bezeichnet Freud den ödipalen Konflikt des Jungen als einen Rivalitätskonflikt mit dem Vater, der beseitigt werden soll, damit der Sohn die Mutter für sich alleine hat. Der gleiche Konflikt findet sich beim Mädchen, das den Vater besitzen und die Mutter beseitigen möchte. Er heißt dann Elektrakonflikt nach der griechischen Sage, in der Elektra bei ihrem erblindeten Vater Ödipus ein Leben lang bleibt, um ihn zu führen und zu versorgen.

Freud hat den Ödipuskonflikt als einen sexuell getönten Besitzwunsch an den gegengeschlechtlichen Elternteil beschrieben und ihn als Kern aller Neurosen bezeichnet.

Die sexuelle Motiviertheit dieses Wunsches wird heute weniger stark betont, dagegen wird mehr der Aspekt des Loyalitätskonflikts beachtet: Das Kind liebt beide Eltern, möchte aber den jeweils gegengeschlechtlichen Elternteil für sich gewinnen bzw. für sich alleine besitzen. Dieser Wunsch aktiviert Ängste und Schuldgefühle beim Kind. Eltern können diesen Wunsch des Kindes ungewollt verstärken (»Mein Sohn ist ein kleiner Kavalier«), weil er ihnen schmeichelt und möglicherweise Enttäuschungsgefühle dem Partner gegenüber auszugleichen hilft. Sinnvoller wäre aber die freundliche Zurückweisung etwa des Heiratsangebots durch den Sohn an die Mutter oder durch die Tochter an den Vater und das Aufzeigen von Alternativen. Erfolgreich gelöst wird diese Phase, wenn das Kind die realistische Einsicht in die Unmöglichkeit des eigenen Wunsches gewinnt und sich stattdessen mit dem gleichgeschlechtlichen Elternteil identifiziert. Im Rahmen der Identifizierung mit dem gleichgeschlechtlichen Elternteil finden zwei weitere wichtige Entwicklungsschritte statt: Die Übernahme der Geschlechtsidentität und die Übernahme der elterlichen Ge- und Verbote.

Letzteres leitet die Entstehung des Über-Ichs ein. Auch Erikson (2011) betont die Bedeutung der Auseinandersetzung mit der Geschlechtsrolle und bezeichnet als Ziel dieser Phase die Entwicklung einer initiativen Haltung der Welt gegenüber und nicht das Verhaftetbleiben in Schuldgefühlen.

Möglicherweise könnte sich eine Fixierung auf diese Phase im Erwachsenenalter als eine nicht erfolgte Ablösung vom gegengeschlechtlichen Elternteil manifestieren: Der Mutter-Sohn, die ewige Tochter. Im Rahmen des Wiederholungszwanges könnte der/die Erwachsene unbewusst immer wieder eine unbefriedigende, unlösbare Dreiecksbeziehung aufsuchen bzw. herstellen.

Freuds Ansicht von der zentralen Bedeutung des Ödipuskonfliktes als Kern aller Neurosen wird heute nicht mehr geteilt. So werden etwa Selbstwertprobleme als Ursache neurotischer Erkrankungen als weit bedeutsamer angesehen (vgl. Hoffmann und Hochapfel, 2004, S. 38).

2.3.3.6 Latenzphase (5./6. Lebensjahr bis zur Pubertät)

Freud interessierte sich für diese Altersstufe wenig, da seiner Meinung nach die Sexualität ruhe (latent, lat.: vorhanden, aber verborgen) und keine neue erogene Zone hinzukomme. Es ist sicher richtig, dass das Kind sich nun vermehrt von den Eltern wegbewegt und sich andere Themen, wie der Erwerb intellektueller und sozialer Fertigkeiten, in den Vordergrund schieben. Wir wissen aber heute, dass das Kind auch in diesem Alter ein sexuelles Wesen ist und damit ein sexuelles Interesse hat und dass es eine »Latenzzeit« in Bezug auf Sexualität nicht gibt. Ebenfalls können in dieser Altersstufe Traumata oder schwerwiegende Konflikte auf das Kind treffen, die sich sofort oder erst im späteren Lebensalter als neurotisches Verhalten niederschlagen. Erikson (2011) betont die Entwicklung des Werksinns beim Kind, welches sich durch die Aneignung kognitiver Fähigkeiten Anerkennung erwirbt. Ständige Misserfolge führen dagegen zu Gefühlen von Minderwertigkeit. Deshalb sollten dem Kind häufige Erfolgserlebnisse ermöglicht werden.

2.3.3.7 Genitale Phase (Pubertät und Adoleszenz)

In dieser Phase besteht nach Freud die Aufgabe darin, sich aus den frühkindlichen Objektbeziehungen zu lösen und sich um Formen erwachsener Sexualität, Liebe und Verantwortlichkeit zu bemühen. Bei geglückter Bewältigung der vorangehenden Phasen sollte das Eingehen intimer Beziehungen gelingen. Insoweit ist das Jugendalter weniger eine Phase des Neuerwerbs als vielmehr eine Phase der Festigung und Erweiterung des Bestehenden. Es zeigt sich in dieser Phase, ob die vorangegangen Entwicklungsphasen erfolgreich durchlaufen und die jeweiligen Aufgaben gelöst wurden. Kann z. B. der Jugendliche eine Liebesbeziehung aufbauen oder bleibt er an sein Elternhaus bzw. an einen Elternteil gebunden? Erikson und andere Autoren betonen darüber hinaus den Aspekt des Aufbaus und der Konsolidierung der Identität als ein zentrales Thema des Jugendalters. Hiermit verbunden sind Fragen der Berufswahl, der Zukunft, der Auseinandersetzung mit den eigenen Werten und der eigenen Person, was u. a. auch die Akzeptanz der eigenen Körperlichkeit umfasst. Im Ganzen sind die Aufgaben des Jugendalters vielfältiger als Freud sie sah.

2.3.3.8 Genitale Reife (Erwachsenenalter)

Der reife Erwachsene hat nach Freud ein funktionierendes Ich, welches bei Konflikten Lösungen findet, die der Realität angemessen sind. Er ist in der Lage, emotional und sexuell befriedigende, dauerhafte Beziehungen einzugehen. In Partnerschaft und Beruf ist er konfliktfähig. Freud bezeichnet den reifen Erwachsenen als »arbeits- und liebesfähig«.

Merke
Neurosen entstehen nach Freud in Phasen der frühen Kindheit, in denen es dem Kind nicht gelingt, innere Triebe und Wünsche in Bezug auf die Eltern konstruktiv zu bewältigen. Nach neueren psychoanalytischen Theorien können auch Konflikte mit Bezugspersonen, Mängel im elterlichen Verhalten und biographisch früh oder auch später stattfindende Traumata ursächlich für Neurosen sein.

Verständnisfragen
- Was sind Abwehrmechanismen und welche Funktion haben sie?
- Was besagt das Instanzenmodell? Wie sollten die Instanzen idealerweise zueinander stehen, welche typischen Konflikte können zwischen ihnen entstehen?
- Welche zwei Haupttriebe des Menschen beschreibt Freud?
- Welche Bedeutung misst die Psychoanalyse den Träumen zu?
- Wie entsteht eine Neurose?
- Um welche Dimension haben neuere psychoanalytische Ansätze Freuds Ansatz erweitert?

Kritisch denken!
- »Die Schwachpunkte – da würde ich erstens die Triebtheorien nennen. Und ich meine ja, dass nur ein Mann eine Theorie erfinden konnte, in der die Sexualität der Grundblock aller Motivation ist, das ist eine männliche Idee. Außerdem sind die Triebtheorien politisch sehr konservativ und es ist, als ob die Gesellschaft, die uns so sehr prägt, keinen Einfluss auf die Entwicklung hat.«
Sophie Freud, Enkelin von Sigmund Freud, befragt nach den Schwachpunkten der Psychoanalyse. Transkript aus der Dokumentation: »Die Entdeckung des siebten Kontinents« von Th. Kornbichler und J. Grundmann, SWF 1989.
Schreiben Sie einen kleinen Kommentar zu dieser Aussage: In welchen Punkten geben Sie Sophie Freud Recht, an welcher Stelle widersprechen Sie ihr? Begründen Sie Ihre Meinung.

2.4 Wie sieht psychoanalytische Beratung/Therapie aus?

Neben dem Konzept des Unbewussten steht die Biographie der Klientin im Zentrum der inhaltlichen und formalen Gestaltung der therapeutischen/beraterischen Situation: Die Beraterperson wendet sich den aktuellen Problemen zu und versucht zu verstehen, warum gerade diese der Klientin Schwierigkeiten bereiten. Sie versucht Zusammenhänge zwischen den aktuellen Problemen einerseits und frühkindlichen Konflikten und Beziehungsschwierigkeiten zu wichtigen Bezugspersonen andererseits herzustellen. Dahinter steht die Theorie, dass in der frühen Kindheit Konflikte aufgetreten sind, die zu belastend waren und nicht bewältigt werden konnten; deshalb wurden sie ins Unbewusste verdrängt. Durch den aktuellen Konflikt wird der verdrängte Konflikt wiederbelebt (reaktualisiert). Die verdrängten Gefühle werden mobilisiert und es kommt zur Symptombildung bzw. zur Dekompensation: Die Person sucht eine Beratung/Therapie auf. Thema der Therapie sind in der Regel die gegenwärtigen Beziehungskonstellationen der Ratsuchenden, die von der Therapeutin als Wiederholung frühkindlicher Beziehungskonstellationen angesehen werden. Diese Beziehungskonstellationen spiegeln sich ebenfalls in der Beziehung zwischen Beraterin und Ratsuchenden wider. Damit kommen wir zu den Konzepten von Widerstand, Übertragung und Gegenübertragung, welche die zentralen Vehikel des therapeutischen Prozesses darstellen.

2.4.1 Widerstand

Da das Symptom der Klientin ihr zunächst Erleichterung verschafft und aus ihrer Sicht eine bestmögliche Bewältigungsform darstellt, geht das psychoanalytische Konzept von Widerständen gegen eine Veränderung der Situation aus. Widerstände richten sich auch gegen die Aufdeckung und schmerzhafte Wiederbelebung belastender Kindheitserlebnisse. Wie bereits am Beispiel des Wiederholungszwanges erläutert (▶ **Kap. 2.3.2**), geht die Psychoanalyse davon aus, dass der Mensch lieber ein konflikthaftes Erlebnis wiederholt, als es zu erinnern. Dieses Verhalten wird ebenfalls als Widerstand bezeichnet. Je größer die Angst vor einer Aufdeckung ist, desto ausgeprägter wird auch der Widerstand sein, der sich dann in Handlungen zeigt, die Freud als »Agieren« bezeichnet hat (Freud, 1904, G.W., Band V, 1946, S. 283). Da aber die Psychoanalyse den Erfolg der Therapie mit dem Erleben und Bewältigen der schmerzhaften Gefühle verbindet, ist der Widerstand ein Hindernis für eine erfolgreiche Behandlung. Der Widerstand kann sich in der Behandlung in ausgeprägtem Schweigen der Klientin (»Es ist eigentlich alles gesagt«, »Mir fällt nichts ein, mein Kopf ist leer«) oder auch in entgegengesetztem Verhalten wie einem nicht endenden Redefluss äußern. Häufiges Zuspätkommen kann eine Form des Widerstandes sein oder auch das Verschweigen wichtiger Geschehnisse ebenso wie das Mitteilen wichtiger Dinge in letzter Minute, etwa beim Verlassen des Raumes. Und nicht zuletzt ist die Übertragung (▶ **Kap. 2.4.2**) eine weitere wichtige Form des Widerstands. Die bereits beschriebenen Abwehrmechanismen sind ebenfalls Ausdruck von Widerstand.

Die Psychoanalyse führt zahlreiche Gründe für Widerstand an, zwei sind bereits genannt worden. Weiterhin kann sich Widerstand dagegen richten, den sekundären Krankheitsgewinn aufzugeben; auch die Angst vor dem Auftreten von Schamgefühlen kann zu Widerstand gegen die Aufdeckung führen.

Merke
Der Widerstand ist ein Schutzmechanismus gegen die Wiederbelebung schmerzhafter Gefühle.

2.4.2 Übertragung

Jeder Mensch überträgt Gefühle, Einstellungen und Verhaltensweisen, die er im Laufe seines Lebens im Umgang mit wichtigen Bezugspersonen gelernt hat, auf neue Situationen und Personen der Gegenwart. Damit kann Übertragung zunächst als ein sehr generelles Phänomen bezeichnet werden: Die Ehefrau (der Ehemann) überträgt Einstellungen dem Vater (der Mutter) gegenüber auf den Partner, der Angestellte überträgt Gefühle dem Vater gegenüber auf seinen Chef usw. Frühe – gesunde und auch krankmachende – Beziehungserlebnisse, ihre psychische Verarbeitung und ihre Verinnerlichung beeinflussen unsere späteren Beziehungen. Die inneren Schemata werden unbewusst handlungsleitend. Sie werden in neuen Beziehungen aktiviert und es kommt zu einer Aktualisierung früherer Beziehungsmuster. Da die psychoanalytische Beratungssituation unstrukturiert ist, der Ratsuchenden die Initiative überlassen wird und sie selbst die Gesprächsinhalte bestimmen kann, wird davon ausgegangen, dass die Klientin ihre innere (Beziehungs)Welt in der Begegnung mit der Beraterperson ausbreiten wird. Dies geschieht meist unbewusst, indem sie versucht, in der Beratungssituation ähnliche Konstellationen wie früher zu realisieren. Die Psychoanalyse unterscheidet die positive und die negative Übertragung.

Die positive Übertragung, zumeist zu Beginn einer Therapie auftretend, umfasst positive Gefühle der Beraterperson gegenüber, die Wünsche und Hoffnung auf Hilfe enthalten und u. U. auch mit einer Idealisierung der Beraterperson einhergehen. Manchmal verliebt sich der/die Klient/in sogar in die Beraterperson. Auch dies wird als eine (starke) Übertragungsreaktion gedeutet.

Es wird aber im weiteren Verlauf in jedem Fall zu einer negativen Übertragung kommen, da die Psychoanalyse starke negative Affekte, z. B. Aggressionen und deren Verdrängung, als Ursache vieler Neurosen ansieht. Diese werden im Verlauf der Therapie zu Tage treten und sich im Sinne der negativen Übertragung zunächst gegen die Therapeutin richten.

Durch die Übertragung drängt die Klientin die Therapeutin in eine bestimmte Rolle, die es der Klientin ermöglicht, alte Verhaltensmuster gegenüber Bezugspersonen zu wiederholen. Übertragung ist damit sowohl eine Form starken Widerstands als auch für die Klientin eine Form der Wiederholung.

Durch die Aufdeckung und Deutung der Übertragung erhält die Klientin die Möglichkeit, an der Person der Therapeutin die wesentlichen Beziehungen in ihrer Biographie zu erfahren und zu bearbeiten. Damit wird die Übertragung zum zentralen Vehikel, d. h. Hilfsmittel, der Therapie und der Heilung.

Merke
Durch die Übertragungsprozesse der Klientin auf die Therapeutin, die eine Wiederholung früher Beziehungskonstellationen darstellen und Widerstand gegen die Aufdeckung bedeuten, erhält die Therapeutin wertvolle Informationen über die Beziehungskonstellationen der Klientin.

2.4.3 Exkurs: Entwicklungspsychologie

Forschungsergebnisse der Bindungsforschung, welche ein Teilgebiet der Entwicklungspsychologie darstellt, haben dazu beigetragen, die Existenz des Übertragungsmechanismus zu erhärten. Die Bindungsforschung konnte nachweisen, dass die frühen, auf experimentellem Weg gefundenen Bindungsmuster (sichere Bindung, unsicher-ambivalente Bindung, unsicher-vermeidende Bindung, desorganisierte Bindung) zwischen Kind und Bezugsperson über den Lebenslauf hinweg recht stabil sind; denn der Mensch neigt dazu, sich nach seinem verinnerlichten Bindungsmuster (dem so genannten »inner working model«) spätere Beziehungen zu suchen und aufzubauen. Er überträgt also Emotionen und Einstellungen gegenüber frühen Bezugspersonen auf Partner der Gegenwart. Hat jemand also z. B. eine unsicher-ambivalente Bindung zu seiner Mutter aufgebaut, weil der Erziehungsstil wechselhaft und nicht vorhersehbar war, gekennzeichnet durch Verwöhnung auf der einen und Vernachlässigung auf der anderen Seite, wird sich das Kind als Erwachsener ebenfalls einen Partner suchen, zu dem es eine ambivalente und unsichere Beziehung aufbaut (vgl. Ainsworth, 2006, S. 115ff; Spangler & Zimmermann, 2011). Insoweit können Befunde der Bindungsforschung als Beleg für die psychoanalytischen Phänomene Wiederholung und Übertragung angesehen werden.

2.4.4 Gegenübertragung

Das Beziehungsangebot der Klientin löst bei der Beraterperson Gefühle aus. Diese werden als Gegenübertragung bezeichnet. Die Gegenübertragung ist die »Gesamtheit der unbewussten Reaktionen des Analytikers auf die Person des Analysanden und ganz besonders auf dessen Übertragungen« (Laplanche & Pontalis 2002, S. 164).

Die Beraterperson hat die Aufgabe, sich diese Gefühle bewusst zu machen und diese Gefühle, Impulse, Stimmungen, Verhaltensweisen zunächst zu reflektieren. In einem zweiten Schritt ist zu analysieren, wie diese Gefühlssituation mit den verinnerlichten, frühen Beziehungserfahrungen der Ratsuchenden zusammenhängen. Keinesfalls darf die Beraterperson Gefühle, welche die Klientin bei ihr ausgelöst hat, ausleben. Freud sah die Gegenübertragung als störendes Element an, welches darauf hindeute, dass der Analytiker unwissenschaftlich und subjektiv vorgehe. Heute wird dagegen das umfassende Verstehen der Übertragung-Gegenübertragungs-Dynamik als wesentlich für das Gelingen einer psychoanalytischen Behandlung angesehen. Eine Erweiterung des Gegenübertragungskonzepts stellt das »Container-Modell« dar: Die Psychoanalytikerin nimmt das, was ihr das Gegenüber als Gegenübertragung zuschiebt, auf und behält es bei sich (wie ein Container bewahrt sie die Gefühle bei sich auf), weil die Klientin diese im Moment nicht verarbeiten kann. Das wird als »Container-Funktion« bezeichnet (vgl. Lazar, 2008, S. 114).

Beispiel Gegenübertragung
Das folgende Beispiel zeigt eindrucksvoll, wie es der Therapeutin gelingt, durch die Wahrnehmung ihrer eigenen, durch die Klientin ausgelösten Gefühle (Enge, Blockade) Zugang zu den Gefühlen der Klientin zu bekommen. Sie spricht diese Gefühle bei der Klientin an und hat auf diese Weise den ersten Schritt getan, deren Blockade (der Aggression) zu lösen. Die Klientin wagt, ihre Aggressionen zu äußern (Amoklauf, kurzen Prozess machen).
T.: »Sie sagten mir am Telefon, dass Sie sich kürzlich von Ihrem Mann getrennt haben, und dass Sie diese Situation schlecht verkraften?«
Kl.: »Hm!«
Schweigen.
T.: »Das ist offenbar jetzt alles schwerer für Sie, als Sie zunächst gedacht hatten?«
Kl.: »Hm!«
Schweigen. Die Therapeutin spürt verstärkt die Enge, ein »elendes Gefühl« steigt in ihr auf. Sie nimmt eine Blockade ihrer Denkfähigkeit wahr. Am liebsten würde sie die Patientin schnell wieder loswerden. Langsam verdichtet sich in ihr: »Ich muss – ohne mich rühren zu können – etwas aushalten, etwas affektiv Hochbesetztes und unsagbar Verknotetes.« Sie löst sich aus dieser Enge, indem sie spricht und ihr eigenes Gefühl als das der Patientin zu übersetzen beginnt.
T.: »Ich spüre, dass Sie mit einer ziemlich massiv ängstigenden, inneren Verstrickung zu mir gekommen sind. Wollen Sie versuchen, mir davon zu erzählen?«
Kl.: (mit jetzt forschem Blick): »Eigentlich bin ich wegen meiner Gelenke gekommen. Mein Arzt kann keine Ursache finden für meine Schmerzen. Es geht mir sehr schlecht und er meint, dass da auch mein Psychokram eine Rolle spielt.«
T.: »Sie sagen ›Psychokram‹ und meinen offenbar Ihre Probleme im Zusammenhang mit der Trennung von Ihrem Mann?«
Kl.: »Ich weiß nicht. Als Sie eben von meiner Verstrickung sprachen, sah ich mich Amok laufen.«
T.: »Amok laufen?« Nach einer Pause zögernd: »Todeswünsche?«
Kl.: »Ja, kurzen Prozess machen – ohne Ansehen der Person!«
Tiefes Durchatmen.
(aus: Müller & Wetzig-Würth, 2008, S. 63)

Merke
Die Reflexion der Gegenübertragung hilft der Therapeutin ebenfalls, Erleben und Verhalten der Klientin besser zu verstehen.

2.4.5 Die Arbeit an und mit der Beziehung: Asymmetrie, Abstinenzregel, Arbeitsbündnis

Die psychoanalytische Beratungssituation ist durch eine Asymmetrie gekennzeichnet. Hiermit meint man die Tatsache, dass bei der klassischen Psychoanalyse die Klientin auf der Couch liegt und die Psychoanalytikerin am Kopf der Couch sitzt und somit für die Klientin nicht sichtbar ist. Eine Asymmetrie liegt aber auch deshalb vor, weil es sich nicht um eine Beziehung auf gleicher Augenhöhe zwischen zwei gleichberechtigten Personen handelt, wie es etwa im klientenzentrierten Ansatz angestrebt wird; vielmehr ist es erwünscht, dass die Klientin regrediert, d. h. zurückfällt in frühe, kindliche Entwicklungsstufen. Die Regression wird durch die Haltung der Analytikerin gefördert, die möglichst eine »weiße Wand«, eine Projektionsfläche bleiben soll, auf welche dann leichter die erwünschten Übertragungen stattfinden. Kann eine warme, vertrauensvolle Beziehung zu einer

Beraterperson entstehen, die eine »weiße Wand« bleibt? Hoffmann (1980, S. 58) schlägt vor, dem/der Klienten/in die Abstinenzregel zu Beginn zu erklären und insbesondere auf die Schutzfunktion dieser Regel hinzuweisen: Der/die Klient/in kann agieren (z. B. in der positiven Übertragung sich in die Beraterperson verlieben), die Beraterperson bleibt aber abstinent und geht nicht darauf ein.

Die meiste Aktivität leistet die Klientin, die in der klassischen Psychoanalyse aufgefordert wird, frei zu assoziieren. Das bedeutet, dass sie alles erzählen soll, was ihr in den Sinn kommt. Auf das freie Assoziieren reagiert die Beraterperson passiv: Sie hört mit »gleich schwebender Aufmerksamkeit« zu. Das Zurückfallen auf kindliche Entwicklungsstufen soll durch die entspannte, regressionsfördernde Lage auf der Couch erleichtert werden. Weiterhin herrscht die Abstinenzregel: Die Beraterperson erzählt nichts von sich und beantwortet auch keine Fragen zu ihrer Person und zu ihrem Privatleben; sie baut keinesfalls eine irgendwie geartete Beziehung zu der Klientin auf, die außerhalb der therapeutisch/beraterischen liegt: Die psychoanalytische Situation soll einem unstrukturierten Feld gleichen. Das schließt aber keineswegs eine grundsätzlich emotionale Zugewandtheit der Therapeutin aus. Im Gegenteil, diese Haltung ist eine unerlässliche Vorbedingung für eine erfolgreiche Beratung/Therapie. Am treffendsten wird die therapeutische Haltung wohl mit dem häufig in der psychoanalytischen Literatur benutzten Begriff der »wohlwollenden Neutralität« bezeichnet.

Vergleiche

Stellen die verhaltensorientierten und systemisch/kommunikationstherapeutischen Ansätze ihr Technikrepertoire in den Mittelpunkt, so nimmt in der Psychoanalyse die Beziehung eine zentrale Bedeutung ein. Diese wird als entscheidend für den erfolgreichen Therapieverlauf angesehen. Anders aber als im ebenfalls beziehungsorientierten klientenzentrierten Ansatz, der die Echtheit und Wahrhaftigkeit der Beziehung betont, dient hier die Beziehung zunächst dem Aufbau der Übertragung. Die Therapeutin-Klientin-Beziehung ist also zweischichtig: Es existiert eine reale Beziehung, die von gegenseitiger Sympathie und von Vertrauen auf Seiten der Klientin geprägt sein sollte. Diese reale Beziehung wird auch als Arbeitsbündnis bezeichnet. Die vertrauensvolle Beziehung zur Therapeutin stellt die Basis dar für die Erkundung der Probleme des Ratsuchenden. Ein Ratsuchender, der nicht die Erfahrung einer verlässlichen und fürsorglichen Beziehung in seiner Kindheit machen konnte, soll die Möglichkeit gewinnen, im Rahmen der Therapie eine neue, bessere Beziehungserfahrung in der Realität zu machen Der Erfolg der Beratung hängt maßgeblich davon ab, wie der/die Ratsuchende bewusst und unbewusst die Beraterperson und die Zusammenarbeit mit ihr erlebt. Die Klientin muss in der Lage sein, sich mit der Therapeutin gegen ihr Symptom zu verbünden. Das bedeutet konkret, dass ein Teil der Klientin fähig sein muss, sich selbst reflektierend zu beobachten. Sie muss z. B. erkennen können, dass sie Gefühle, die frühen Bezugspersonen gelten, auf die Beraterin überträgt (Übertragung). Ebenfalls muss sie eigene, widerstrebende Tendenzen, die einer Aufdeckung unbewusster Regungen entgegenstehen (Widerstand), erkennen.

Das Arbeitsbündnis, das auch die Rahmenbedingungen der Therapie (Stundenzahl, Therapie im Liegen, Regel der freien Assoziation usw.) definiert, ist ein rationales Bündnis zwischen Therapeutin und Klientin. Es umfasst weiterhin den realen Teil der Beziehung, der von Vertrauen geprägt sein sollte. Das Arbeitsbündnis wird dem überwiegend irrationalen und neurotischen Übertragungsgeschehen gegenübergestellt (Deserno, 2008, S. 73) und soll über Zeiten krisenhafter Zuspitzungen während der Therapie hinweghelfen. Auf der Basis einer intensiven und positiven Beziehung zur Beraterperson entwickelt sich dann die bereits beschriebene positive, später negative Übertragung – beides Beziehungsformen, die dem Unbewussten entspringen und nicht in der gegenwärtigen Realität verwurzelt sind.

Das Übertragungsgeschehen, welches zunächst gefördert, dann gedeutet und schließlich aufgelöst wird, ist die zweite Beziehungsebene.

 Merke
Die zweischichtige Beziehung (reale Beziehung, Übertragungsbeziehung) zwischen Beraterperson und Klientin ist das wesentliche therapeutische Hilfsmittel für eine erfolgreiche Beratung/Therapie.

2.4.6 Therapeutische Techniken: Deuten, Konfrontieren, Durcharbeiten

Freud verfasste 1914 eine Schrift mit dem Titel: »Erinnern, wiederholen, durcharbeiten« (Freud 1914, G. W. X, 1949, S. 126 ff). Für ihn war dieser Dreischritt der wesentliche Weg zu einer erfolgreichen Therapie. Im Folgenden werden diese Begriffe erläutert und durch weitere Begriffe (deuten, konfrontieren, durcharbeiten) ergänzt.

Die Wiederholung früher pathogener Beziehungsmuster ist der erste Schritt einer Analyse. In einem nächsten Schritt sollen diese Beziehungsmuster bewusst gemacht werden. Damit bietet die therapeutische Beziehung die Möglichkeit, alte, pathogene Beziehungsmuster, welche die Lebenszufriedenheit beeinträchtigen, wiederzubeleben und zu verstehen. Kommt dieses Erinnern bei der Klientin zustande, ist es in der Regel von starken Emotionen begleitet. Eine rein rationale Auseinandersetzung mit den nicht länger verdrängten Inhalten wäre therapeutisch sinnlos, gerade die emotionale Auseinandersetzung mit den frühkindlichen Konflikten wird als heilsam angesehen.

Beispiel
Ein Vater, der seinen Sohn regelmäßig zur Strafe verprügelt, ist selbst als Kind regelmäßig verprügelt worden. Das Sprechen über den Erziehungsstil seiner Eltern löst bei ihm keine Emotionen aus. Er findet diesen sogar richtig, weil aus ihm schließlich etwas Tüchtiges geworden sei. Erst das Zulassen und die Auseinandersetzung mit den lange verdrängten, damaligen Gefühlen der Angst und des Gedemütigt-Seins, des körperlichen Schmerzes, des Hasses gegen die Eltern führen dazu, dass er seinen Sohn nicht mehr schlägt: Diese Gefühle möchte er in seinem Sohn nicht auslösen, weil er ihn liebt und eine gute Beziehung zu ihm haben möchte.

Wie kann erreicht werden, dass ein von Emotionen begleiteter Erinnerungsprozess einsetzt?

Zunächst müssen die Widerstände in Form von Übertragungen als solche erkannt und zurückgenommen werden. Dazu sind Aktivitäten der Beraterperson notwendig. Sie verlässt also ihre passive Rolle der »gleich schwebenden Aufmerksamkeit«

> **Missverständnis!**
> Rein verstandesmäßiges Erklären und Durchschauen der traumatischen oder konflikthaften Erlebnisse aus der Vergangenheit ohne emotionale Auseinandersetzung führen nicht zur Besserung der Symptomatik und damit zur Gesundung.
> Das illustriert folgender Witz sehr treffend:
> Treffen sich zwei Männer. Fragt der eine den anderen: »Du warst doch jahrelang in psychoanalytischer Behandlung wegen Deines Bettnässens. Ist das jetzt besser geworden?« Sagt der andere: »Das zwar nicht, ich bin immer noch Bettnässer. Aber ich weiß jetzt, warum.«

und teilt der Klientin ihre eigenen Beobachtungen mit, indem sie die Klientin mit dem, was diese tut, konfrontiert: Sie weist diese z. B. auf ihr häufiges Zuspätkommen hin und auf alle anderen Verhaltensweisen des Widerstands. Die Konfrontation dient dazu, dass die Klientin zunächst einmal wahrnimmt, was sie tut. In einem nächsten Schritt deutet die Analytikerin das Verhalten. Bei der Deutung geht es darum, das unbewusste Verhalten der Klientin zu übersetzen, ihm eine Bedeutung zu geben. Alle Verhaltensweisen der Klientin innerhalb oder außerhalb der Analyse, ihre Träume, Fehlleistungen, Widerstände können und sollten gedeutet und damit bewusst gemacht werden, wenn der Zeitpunkt dafür angemessen ist und die Klientin sich der Erinnerung stellen kann. Letztlich soll die Deutung bewirken, dass ein Symptom oder ein Widerstand als pathogene (krankhafte) Verarbeitungsform eines unbewussten Konflikts erkannt wird und durch Bewusstmachen unnötig und überflüssig wird.

Das Durcharbeiten ist ein Prozess, der sowohl von der Analytikerin als auch von der Klientin durchgeführt wird. Es ist ein komplexer Vorgang, dem eine Einsicht voraus gegangen ist. Nun wird der Sachverhalt, der durch Deutung in das Bewusstsein gehoben worden ist, von allen Seiten beleuchtet und die Einsicht vertieft. Dadurch wird verhindert, dass Widerstände das bereits Erkannte wieder in das Unbewusste drängen.

Mertens (2012, S. 102) bewertet das gemeinsame Durcharbeiten als eine zentrale Technik im Rahmen einer erfolgreichen Therapie. Es ist eine Arbeit, die während der gesamten Therapie stattfindet.

> **Merke**
> Widerstände und Übertragungen auf Seiten der Klientin müssen von ihr als solche erkannt und zurückgenommen werden; dabei hilft die Therapeutin durch Konfrontationen und Deutungen.

2.4.7 Klientenverhalten: Wiederholen, Erinnern, Einsicht

Wie bereits im Abschnitt »Widerstand« erwähnt, ist die Erinnerung des Verdrängten schmerzhaft und emotional stark aufgeladen. Deshalb neigt der Mensch dazu, in seinem Leben, aber auch in der Beratungssituation, diese Konfliktsituationen wiederherzustellen und zu wiederholen, was als »agieren« bezeichnet wird. Laut Psychoanalyse agiert der Mensch lieber als dass er verbalisiert, er macht lieber unangenehme Erfahrungen als unangenehme Einsichten, er belässt lieber manches im Unbewussten, anstatt sich um Aufklärung zu bemühen. Dahinter steckt die Angst vor der Wiederbelebung schmerzhafter Gefühle. Gelingt es aber, den Widerstand in seinen verschiedenen Formen als solchen zu erkennen und zu überwinden, geht dies mit Erinnern einher. Das Erinnern der konflikthaften und traumatischen Ereignisse der Vergangenheit wird als wesentliches Moment der Therapie angesehen.

Der Deutung auf Seiten der Analytikerin entspricht die Einsicht auf Seiten der Klientin. Die Einsicht bewirkt, dass abgewehrte seelische Konflikte gelöst und überwunden werden. Damit führt die Einsicht zur Veränderung und zur Heilung. Sie ist als ein Prozess zu bezeichnen, bei dem unbewusste Es-Impulse in das bewusste Ich integriert werden. Genau das meint Freud mit dem von ihm formulierten Therapieziel: »Wo Es war soll Ich werden«.

Während der gesamten Analyse macht die Klientin aber auch neue Beziehungserfahrungen mit der Therapeutin. Dadurch verändern sich ihre inneren Bilder von Beziehung. Vielleicht hat die Klientin in der frühen Kindheit keine vertrauensvollen Beziehungen erlebt, keine verlässlichen Bindungen aufgebaut. Dies kann sie nun in gewisser Weise an der Person der Analytikerin nachholen.

> **Merke**
> In der Therapie soll ein Zusammenhang zwischen dem aktuellen Problem und einem Konflikt aus der frühen Kindheit hergestellt, durchlebt, reflektiert und schließlich neu gestaltet werden. Das Resultat soll emotionale Einsicht in diese Zusammenhänge sein. Therapeutisches Lernen bedeutet in der Psychoanalyse weiterhin Beziehungslernen. Die Heilung erfolgt sowohl durch neue Beziehungserfahrungen im Rahmen der Analyse als auch durch gefühlsmäßige Einsicht in frühe Konfliktkonstellationen.

2.4.8 Das Setting

Der Rahmen einer klassischen Psychoanalyse unterscheidet sich vom Rahmen anderer Therapiekonzepte und verdient deshalb eine Erwähnung. Die klassische Therapie findet im Liegen statt (zur Erleichterung des freien Assoziierens). Die Grundregel bezieht sich auf das freie Assoziieren: Die Aufforderung an die Klientin lautet, einfach alles, was ihr in den Sinn kommt, zu erzählen. Die Situation ist also weitgehend unstrukturiert.

2.4.9 Diagnostik in der Psychoanalyse: Das Erstgespräch

Das Erstgespräch dient dazu, den innerpsychischen Konflikt der Klientin zu erkennen sowie ihre Konfliktverarbeitung, ihre Abwehrmechanismen, ihre Persönlichkeitsstruktur und die Art ihrer sozialen Beziehungen. Dabei helfen objektive, subjektive und so genannte szenische Informationen.

Man unterscheidet das psychoanalytische Erstinterview von der biographischen Anamnese bzw. dem biographischen Erstgespräch. Nach Hoffmann & Hochapfel (2004, S. 395) besteht der Unterschied in der methodischen Vorgehensweise. Beim biographischen Erstgespräch werden Themenbereiche aktiv abgefragt, das psychoanalytische Erstinterview ist unstrukturierter und lässt der Klientin mehr Freiraum zur Darstellung der eigenen Person. Im Folgenden wird das biographische Erstgespräch vorgestellt.

Die Gewinnung von Informationen erfolgt auf folgenden drei Ebenen:

- Objektive Informationen: Das Symptom, der konkrete Anlass.
- Subjektive Informationen: Hier geht es um die subjektive Gewichtung des Erlebten: Wie bewertet die Klientin das Erlebte, wie erlebt sie es gefühlsmäßig?
- Szenische Informationen: Wie stellt sich die Klientin in der Interaktion zur Interviewerin dar? Wiederholt sie möglicherweise Beziehungskonstellationen aus ihrer Biographie. Was erlebt die Interviewerin in der Gegenübertragung?

Da das psychoanalytische Konzept Symptome bzw. den aktuellen Konflikt als Ausdruck eines unbewussten Konfliktes mit frühen Bezugspersonen bewertet, interessieren weniger aktuelle Fakten als vielmehr die gegenwärtigen Beziehungskonstellationen; diese werden als Wiederholung früherer Beziehungen interpretiert. Folgende Themen sind demgemäß zentral bei der Durchführung eines biographischen Erstgespräches (vgl. auch Dührssen, 2011; Müller & Wetzig-Würth, 2008; Osten, 2000).

Leitfragen eines biographischen Erstgesprächs
1. Symptomatik: Was ist genau das Symptom bzw. das Problem? Genaue Schilderung des Beginns und der auslösenden Situation. Schilderung der gegenwärtigen Lebenssituation: Partnerschaft, Familie, Freunde, Beruf, besondere Erlebnisse.
2. Primärfamilie: Schilderung der Beziehungen zu den Eltern, Großeltern, Geschwistern.
3. Eigene Entwicklung: Lebensumstände in der Kindheit, Besonderheiten, frühe Kindheit, Kindergarten, Schule, Schullaufbahn, Lehre, Berufswahl, Arbeit. Wie wurden die jeweiligen Schritte, Übergänge erlebt?
4. Jetzige Situation: Zufriedenheit mit der beruflichen Situation, mit der familiären Situation, mit dem Freundeskreis.
5. Selbstschilderung: Was würde die Klientin einem anderen Menschen mitteilen, wenn sie sich selbst beschreiben müsste?
6. Früheste Kindheitserinnerung: Was ist die erste Kindheitserinnerung?

7. Auswertung der Anamnese: Psychischer Befund: Wie ist der emotionale Kontakt, die Differenziertheit, die Einsichtsfähigkeit, werden Abwehrmechanismen deutlich, wie ist die Gegenübertragung?
8. Zusammenfassung: Erste diagnostische Vermutungen, erste Einschätzung der Psychodynamik, prognostische (vorausschauende) Einschätzung, Flexibilität und Introspektionsfähigkeit (Einsichtsfähigkeit) der Klientin. Was ist der primäre Krankheitsgewinn? Was ist der sekundäre Krankheitsgewinn? Therapieplanung.

2.4.10 Gesprächsführung im biographischen Erstgespräch

Wie anhand des Leitfadens ersichtlich, soll das biographische Erstgespräch grundlegende Informationen liefern. Dies ist nur möglich anhand eines durch Fragen strukturierten Interviews. Andererseits lässt sich aber z. B. die subjektive Sichtweise der Klientin und die Inszenierung bestimmter Beziehungsmuster nur schwer im Rahmen eines Frage-Antwort-Interviews erkennen. Deshalb schlägt Reimer (2000, S. 85) einen Mittelweg vor zwischen passiver Haltung (wenige Vorgaben machen, sich von der Klientin führen lassen und diese das Gespräch strukturieren lassen) und aktiver Haltung (das Frageschema der Anamnese der Reihe nach durchgehen und der Klientin wenig Freiraum zur Eigengestaltung und Schwerpunktsetzung des Gesprächs geben). In einem solch halbstrukturierten Interview werden zwar die Fakten und Daten erfragt und gesammelt, die Klientin hat aber die Möglichkeit, durch an sie gestellte offene Fragen selbst Schwerpunkte zu setzen und die Reihenfolge der Themen zu bestimmen. Weiterhin wird das Beziehungsverhalten der Klientin zur Interviewerin beobachtet.

Merke
Das biographische Erstgespräch dient der Informationsgewinnung über die Biographie der Klientin. Besonders die von der Klientin gemachten Beziehungserfahrungen, die sich bereits im Erstgespräch im Kontakt zur Beraterin widerspiegeln, sind von Interesse. Es wird eine Diagnose über die Psychodynamik der Störung erstellt.

2.4.11 Wann wird die Therapie beendet? Therapieziel

Freud meint mit seiner Zielformulierung: »Wo Es war soll Ich werden«, dass Unbewusstes bewusst gemacht wird und damit Verdrängungen aufgegeben werden. Hierdurch wird das Ich als Realitätsprinzip gestärkt, das Es als Triebverkörperung zurückgedrängt.

Da nach Freud die Persönlichkeitsstruktur aus Es, Ich und Über-Ich besteht, ist das Ziel eine Veränderung in der Persönlichkeitsstruktur des Menschen. Dies erklärt, dass klassische Psychoanalysen in der Regel mehrere Jahre dauern. Ein weiteres, viel zitiertes Ziel nach Freud ist die Herstellung der Arbeits-, Liebes- und Genussfähigkeit. Freud erwähnt auch die Symptomfreiheit und eine Anpassung an die Gegebenheiten der Außenwelt als erstrebenswerte Ziele.

Vergleiche

Symptomfreiheit und Verhaltensänderungen, die bei anderen Therapieverfahren an erster Stelle stehen, stellen nach Mertens (2000, S. 127) kein bevorzugtes Ziel dar (▶ Abb. 8). Die Psychoanalyse bewertet die Überwindung der Übertragung, die Entwicklung selbstanalytischer Fähigkeiten und das Erreichen intrapsychischer Autonomie als die genuinen Ziele. Symptomfreiheit und eine Verhaltensänderung sollen demnach automatisch folgen.

Im Gegensatz etwa zum verhaltensorientierten Ansatz steht also beim psychoanalytischen Ansatz nicht die Symptomfreiheit im Mittelpunkt der Zielsetzung, sondern Einsicht und psychische Nachreifung. Damit ähnelt er in der Zielsetzung dem klientenzentrierten Ansatz. Mit dem verhaltensorientierten Ansatz hat er wiederum den Blick auf das Unvermögen der Klientin und damit die defizitbezogene Perspektive gemein.

> **Merke**
> Als Zielsetzung steht die Persönlichkeitsentwicklung der Klientin im Vordergrund.

Therapeutische und analytische Behandlungsziele

```
                    Verhaltens-
                    änderungen
    thera-
    peutische       Symptomfreiheit
    Ziele
                    Fortführung des
                    Entwicklungsprozesses
                                                        analytische
                    selbstanalytische Fähigkeiten       Ziele
                    Entwicklung, Durcharbeitung und
                    Auflösung einer Übertragungsneurose
```

Abb. 8: Psychoanalytische Behandlungsziele im Vergleich zu den Behandlungszielen anderer Therapierichtungen

2.4.12 Weiterentwicklungen

Psychoanalytisch orientierte und tiefenpsychologisch fundierte Einzel- und Gruppenverfahren werden in Deutschland von den Krankenkassen finanziert. Die klassische Psychoanalyse, wie sie hier vorgestellt wurde, wird als »analytische Psychotherapie« mit bis zu 240 Stunden bezahlt. Sie findet in der Regel drei bis viermal in der Woche statt, häufig im Liegen und unter Anwendung der bereits dargestellten Grundregeln.

Tiefenpsychologisch fundierte Psychotherapie

Die tiefenpsychologisch orientierte Psychotherapie basiert ebenfalls auf dem psychoanalytischen Konzept, stellt aber insoweit eine Modifikation dar, als dass die Übertragung nicht im Mittelpunkt der Therapie steht; vielmehr werden bevorzugt die aktuellen Konflikte bearbeitet. Die therapeutische Haltung ist aktiver, weniger abwartend.

Die Therapie findet im Sitzen statt, da eine Regression begrenzt werden soll. Dementsprechend ist die Therapie erheblich kürzer, 50 bis 80 Sitzungen sind der Regelfall.

Psychoanalytische Fokaltherapie
Bei der psychoanalytischen Fokaltherapie ist die Behandlung so angelegt, dass ausschließlich der zentrale Konflikt (focus, lat.: Brennpunkt) behandelt wird. Nach Ermann (2007, S. 441) ist diese Form der Kurztherapie genauso tiefgehend wie längerfristige Therapien, aber weniger in die Breite ausgerichtet. Typische Anwendungsbereiche stellen umschriebene Konflikte dar, wie Entscheidungskrisen bei der Partner- oder Berufswahl, Krisen in Prüfungssituationen oder Krisen nach Verlusterlebnissen.

Gruppentherapie
Analytische Gruppentherapien oder tiefenpsychologisch fundierte Gruppentherapien arbeiten ebenfalls nach psychoanalytischer Methode. Im Prinzip finden sie wie Einzeltherapien statt: Übertragungen und Konflikte des einzelnen Gruppenmitgliedes werden von der Gruppenleitung gedeutet bzw. bearbeitet. Zusätzlich bekommt der Einzelne auch ein Feedback von den anderen Mitgliedern. Hinzu kommt, dass sich erheblich vielfältigere Übertragungsbeziehungen ergeben. Diese entstehen nicht nur zur Gruppenleitung, sondern auch innerhalb der Gruppe zwischen den Gruppenmitgliedern; je nach Therapiekonzept werden diese gedeutet.

Konzentrative Bewegungstherapie nach Grindler
Zahlreiche weitere psychotherapeutische oder beraterische Verfahren basieren auf dem Gedankengut der Psychoanalyse. Exemplarisch seien die Konzentrative Bewegungstherapie und das katathym-imaginative Bilderleben genannt.

Die konzentrative Bewegungstherapie ist eine Körpertherapie. Der Zugang zu seelischen Prozessen soll über Körperempfindungen, die durch Körperübungen ausgelöst werden, gewonnen werden. Die auftauchenden Themen werden tiefenpsychologisch bearbeitet (vgl. Becker, 1981).

Das katathym-imaginative Bilderleben nach Leuner
Der Klientin werden in entspanntem Zustand Vorstellungsbilder vorgegeben. Die vorstellungsgemäß ausgestalteten Bilder und die Assoziationen zu den auftauchenden Bildern werden tiefenpsychologisch bearbeitet (vgl. Leuner, 1985).

Psychoanalytisch ausgerichtete Familientherapie
Auf die psychoanalytisch ausgerichtete Familientherapie wird in ▶ **Kapitel 4.3.1.5** und in ▶ **Kapitel 4.3.1.6** eingegangen.

Psychoanalytische Spieltherapie
Vorläuferinnen in der Anwendung des psychoanalytischen Gedankenguts auf die Behandlung von Kindern waren Anna Freud und Melanie Klein. Die psychoanalytische Kinder- und Jugendlichentherapeutin arbeitet nach dem gleichen

Konzept, nach dem auch mit Erwachsenen gearbeitet wird. Es wird davon ausgegangen, dass das Kind seine unbewussten Konflikte im Spiel darstellt. Diese werden gedeutet. Hilfsmittel sind unstrukturiertes Material (u. a. Sand und Ton) und Puppen, anhand derer das Kind seine Beziehungskonflikte darstellen kann.

Verständnisfragen
- Welche Bedeutung hat die Biographie der Klientin in der psychoanalytischen Therapie?
- Definieren Sie Übertragung und Gegenübertragung. Warum werden diese beiden Vorgänge als zentral für den therapeutischen Prozess angesehen? Überlegen Sie sich Beispiele für Übertragung und Gegenübertragung im beraterisch/therapeutischen Prozess.
- Warum entsteht Widerstand in der beraterisch/therapeutischen Situation?
- Was besagt die Abstinenzregel?
- Führen Sie aus, welche Bedeutung die Beziehung zwischen Beraterperson und Klientin in der psychoanalytischen Therapie hat.
- Was meint »Wiederholen, Erinnern, Durcharbeiten«?
- Welche Informationen soll das Erstgespräch erbringen? Welche Gesprächsebenen werden beachtet?

Kritisch denken!
- »Die Bewusstmachung des unbewussten Konflikts macht das Symptom überflüssig.«
  Was ist Ihre Meinung dazu? Wenn das alte (Symptom-)Verhalten nicht mehr ausgeübt werden muss, ist dann neues Verhalten automatisch da?
- Im psychoanalytischen Setting kann ein starkes Machtgefälle in der Therapeut/Klient-Beziehung entstehen, bedingt durch die erwünschte Regression und Übertragung. Birgt das Gefahren und wenn ja, welche?

3 Eine Einführung in den klientenzentrierten Ansatz

3.1 Carl Ransom Rogers: Biographische Aspekte

Abb. 9: Carl Ransom Rogers

Carl Rogers (1902–1987) wuchs in einer dem protestantischen Glauben eng verhafteten Familie gemeinsam mit fünf Geschwistern auf einer Farm in Illinois, USA, auf. Leitlinie der Eltern sei es gewesen, sich von verführerischen, weltlichen Außeneinflüssen abzugrenzen und ein gottesfürchtiges Leben innerhalb der Familie zu führen.

Nach abgebrochenem Agrar- und Theologiestudium wandte er sich dem Psychologiestudium zu. Die Aufnahme des Psychologiestudiums, der Umzug in die Großstadt New York und die frühe Heirat mit seiner Frau Helen bedeuteten eine Abgrenzung von den Werten seiner Herkunftsfamilie und führten zum zeitweiligen Bruch mit ihr. Später begründete er seine Distanz zum Glauben mit seiner Ablehnung der christlichen Überzeugung von der grundlegenden, angeborenen Schlechtheit des Menschen (Kirschenbaum, 1979, S. 100). Demnach ist Rogers zentrales Postulat vom guten Wesen des Menschen möglicherweise biographisch begründet und als Gegenposition zur strengen protestantischen Ethik seines

Elternhauses zu verstehen, in dem die christliche Überzeugung von der angeborenen, durch nichts außer Kraft zu setzenden Schlechtheit des Menschen vertreten wurde. Anscheinend erlebte er seine Eltern als sehr streng und fühlte sich in seiner Familie unverstanden und einsam; er vermisste persönliche Zuwendung und Zuneigung (vgl. Groddeck, 2011).

Rogers setzte sich mit den zwei Hauptströmungen der Psychologie seiner Zeit auseinander, der Psychoanalyse und dem Behaviorismus, zu denen er einen Gegenentwurf entwickelte. Skinner ging von einer völligen Determiniertheit des Menschen aus, er sah ihn als Produkt von Kontrolle und Konditionierung an mit einem äußerst geringen Maß an Eigensteuerung und Selbstbestimmung. Als Skinners Gegenspieler arbeitete Rogers seine eigene Auffassung von der Selbstbestimmtheit und Freiheit des Menschen aus. Nach praktisch-klinischen Tätigkeiten in verschiedenen Child-Guidance-Kliniken und einer Dissertation, in deren Rahmen Rogers einen entwicklungspsychologischen Test entwickelte, wurde er Professor am Psychologischen Institut der Ohio State University. Seine Erfahrung, dass Ratsuchende häufig die Ratschläge eines Experten nicht annehmen, und weiterhin seine Unzufriedenheit mit der psychoanalytischen und der behavioristischen Denkrichtung sowie die Auseinandersetzung mit John Dewey und Otto Rank führten Rogers schließlich zu der Entwicklung eines eigenen Ansatzes. In Abgrenzung zu den traditionellen, lenkenden Methoden in Psychiatrie und Psychotherapie nannte Rogers seinen Ansatz zunächst »nicht-direktiv« in Betonung der nicht lenkenden Methode. Später legte Rogers mit dem Begriff »klientenzentriert« den Schwerpunkt auf den im Mittelpunkt stehenden Klienten. Diese Begriffsänderung verdeutlicht Rogers Einstellungswechsel, der weg von den Methoden hin zur Person geht. In vielerlei Hinsicht revolutionierte Rogers das bisherige Beratungsfeld: So führte er den Begriff des »Klienten« ein, mit dem die Aktivität und Kompetenz des Ratsuchenden betont werden sollte, in Abgrenzung zu dem in seiner Zeit vorherrschenden Bild des hilflosen »Patienten«, der sich in die Hände des Experten begibt. Weiterhin wollte er mit dem Begriff die »Begegnung auf Augenhöhe« zwischen Ratsuchender und Beraterin betonen. Auch die wissenschaftliche Überprüfung seiner und von seinen Mitarbeitern/innen durchgeführten Therapiesitzungen mittels Tonbandprotokollen war zu seiner Zeit völlig unüblich. Es war die erstmalige Offenlegung eines bis dahin geheim gehaltenen Prozesses und löste zahlreiche Proteste von Kollegen aus. Rogers konnte aber mit dieser Arbeitsweise nicht nur der Frage näher kommen: Was hilft im therapeutischen Prozess? Er trug auch wesentlich zur Entmystifizierung therapeutischer Sitzungen bei, in dem er offen legte und diskutierte, was dort passierte. Später übernahmen seine schärfsten Kritiker selbst die Technik der Tonbandaufnahme zur Kontrolle und Supervision von Ausbildungskandidaten/innen, was für Rogers eine große Genugtuung bedeutete. Heute sind Tonband- und Videomitschnitte von therapeutischen und beraterischen Sitzungen zu oben genannten Zwecken eine Selbstverständlichkeit.

Im Laufe seiner langen akademischen Laufbahn an den Universitäten Ohio State, Chicago und Wisconsin veröffentlichte Rogers zahlreiche Werke, in denen er sein Menschenbild und die von ihm entwickelte nicht-direktive Beratung darstellte. Als ein Kernwerk ist »On becoming a person« (Entwicklung der Persönlichkeit) aus dem Jahr 1961 anzusehen, in dem er seine Auffassung über die Natur des

Menschen, die Charakteristik hilfreicher Beziehungen und den Prozess der Persönlichkeitsveränderung darlegt. Weiterhin deutet er hier bereits Implikationen für die Erziehung und die Gesellschaft an, die er viel später dann konkretisiert hat. Nach seinem Rückzug von der Universität beschäftigte Rogers sich mit der Übertragung des klientenzentrierten Ansatzes auf die Gebiete der Erziehung, der Erwachsenenbildung und der Friedensarbeit. Er war fest davon überzeugt, dass Kriege verhindert werden könnten, wenn es gelänge, die verfeindeten Parteien an einen Tisch zu bringen und sie zu überzeugen, nach den Regeln des klientenzentrierten Ansatzes ein Gespräch des gegenseitigen Zuhörens in Akzeptanz und Empathie zu führen. Mit dieser Mission reiste er um die Welt, besuchte zahlreiche Krisenherde und führte interkulturelle Großgruppen und Workshops durch. Diese Gruppen wurden berühmt als »Encounter« (Begegnungs-)Gruppen: Fremde Menschen treffen aufeinander und erleben eine wahrhaftige Begegnung, indem sie echt, aufrichtig und akzeptierend miteinander umgehen. Rogers starb 1987, in dem Jahr, in dem er für den Friedensnobelpreis nominiert worden war.

Rogers hat im Laufe seines Lebens für sein Werk zahlreiche bedeutende Preise bekommen und ebenso zahlreiche Ehrendoktorwürden erhalten. Seine Theorie hat nicht nur die Psychotherapie beeinflusst, sondern ebenfalls die Psychologie und die Erziehungswissenschaften. Zahlreiche Psychotherapierichtungen haben sich Anleihen bei Rogers geholt. Sein Gedankengut ist weltweit verbreitet. In Deutschland wurde der Ansatz in den 1960er Jahren durch das Ehepaar Tausch (Tausch, 1990) bekannt.

Neben Skinner und Freud kann Rogers als einer der bedeutendsten und einflussreichsten Personen auf dem Gebiet der Psychotherapie bezeichnet werden.

Begriffsklärung: Nicht-direktiv, klientenzentriert, personzentriert
Im Laufe seines langen Forscherlebens durchlief Rogers mehrere Entwicklungsphasen. Zu Beginn seiner Forschungen benutzte er den Begriff »non-direktiv«, um sich deutlich von den direktiven Positionen der Verhaltenstherapie und der Psychoanalyse abzugrenzen. Später prägte er den Begriff »klientenzentriert«, um seine Überzeugung zu verdeutlichen, dass bei einer Beratung nicht das Problem in den Mittelpunkt gehört, sondern vielmehr die Ratsuchende, die »Klientin« und ihre Persönlichkeitsentwicklung von zentraler Bedeutung sind. Im Alter war es Rogers wichtig, seinen Ansatz auf weitere Bereiche als die Psychotherapie und die Beratung auszudehnen. Er sah seinen Ansatz als ein Angebot, auch alle anderen Formen zwischenmenschlicher Beziehungen zu verbessern. Er entwickelte gemeinsam mit seinen Schülern u. a. Erziehungsprogramme für Lehrer/innen, Trainings zur Verbesserung der Kommunikation zwischen Eltern und ihren Kindern und Managerprogramme für einen respektvollen Umgang in beruflichen Beziehungen (vgl. Gordon, 2012 a, 2012 b, 2005). Diese Allgemeingültigkeit seines Ansatzes spiegelt sich in dem Begriff »personzentriert« wider. Es geht nun um eine Verbesserung der Beziehungen der Menschen untereinander und nicht mehr allein um eine Hilfestellung für Ratsuchende. Im Folgenden wird der Begriff »klientenzentriert« benutzt, da sich die Ausführungen auf die Beratungs- bzw. Therapiesituation beziehen.

3.2 Das humanistische Menschenbild

»Ich fühlte mich sehr mutig und zugleich sehr unsicher, als ich aufdeckte, wie im Laufe einer erfolgreichen Therapie die Klienten offensichtlich dazu kommen, eine wirkliche Zuneigung zu sich selbst zu empfinden. Noch unsicherer war ich, als ich die Hypothese wagte, der Kern der menschlichen Natur sei wesentlich positiv. Ich konnte damals noch nicht voraussehen, dass beide Punkte zunehmend durch meine Erfahrung bestätigt wurden.«
Carl R. Rogers

Rogers ist ein Vertreter der humanistischen Psychologie, zu deren Entwicklung er maßgeblich beigetragen hat. Die humanistische Psychologie entstand in den 1950er Jahren in den USA als ein psychologisches Gegenmodell sowohl zum Behaviorismus als auch zur Psychoanalyse. Neben Carl Rogers werden Gordon Allport, Abraham Maslow, Rollo May und James Bugental als Begründer dieser Richtung angesehen. Wesentliche Merkmale der humanistischen Psychologie sind folgende:

1. Der Mensch ist in seinem tiefsten Inneren gut. Verhält er sich negativ, so haben entsprechende Erfahrungen mit seiner Umwelt, also z. B. Erfahrungen mit engen Bezugspersonen im Laufe seiner Biographie, ihn dazu gemacht. Die Entwicklungsmöglichkeiten des Menschen sind gewaltig und können durch entsprechende Bedingungen im »Hier und Jetzt« hervorgelockt und aktiviert werden.
2. Rogers vertraute zutiefst in die eigenen Kräfte des Menschen, welche zum Erfolg führen würden. Er stellte sich den Menschen als jemanden vor, der, begleitet von einer Gruppe Gleichgesinnter, gleichberechtigt und ohne Führung durch eine Autorität, seinen Weg selbstbestimmt und unabhängig findet und geht. Rogers wurde wiederholt vorgeworfen, dass er mit dieser Ansicht die amerikanische Ethik der weißen, protestantischen Mittelschicht unreflektiert übernommen habe (Linster und Wetzel, 1980, S. 174). Gemäß dieser ist »jeder seines eigenen Glückes Schmied« und kann sein Leben am besten selbst, ohne fremde Anleitung in die Hand nehmen; Rogers übersehe mit dieser Einstellung wirkliche materielle Hilfsbedürftigkeit.
3. Das Verhältnis der Menschen zueinander ist von einem dialogischen Prinzip geprägt, einer Ich-Du-Beziehung, die existentiellen Charakter hat. Nur in der Beziehung zum Gegenüber kann der Mensch sich selbst erfahren. Dies entspricht der phänomenologischen Philosophie Martin Bubers.
4. Der Neo-Psychoanalytiker Otto Rank betont die Kreativität des Menschen und seinen Willen zur Gesundheit.
5. Der Zen-Buddhismus betont unter anderem die Veränderungsfähigkeit und die Prozesshaftigkeit psychischen Erlebens sowie die Bedeutung des Erlebens im Hier und Jetzt. Rogers zitierte häufig einen seiner Lieblingssprüche von Laotse, der in Rogers Übersetzung, leicht abgewandelt, lautet:

»Wenn ich vermeide, mich einzumischen, sorgen die Menschen
  für sich selber,
wenn ich vermeide, Anweisungen zu geben, finden Menschen selbst
  das rechte Verhalten,

wenn ich vermeide, zu predigen, bessern die Menschen sich selbst, wenn ich vermeide, sie zu beeinflussen, werden die Menschen sie selbst.«

(Rogers, 1975, S. 22)

Das optimistische Menschenbild hat in den humanistischen Therapieschulen einen besonders hohen Stellenwert. Die positiven Erwartungen an die Selbstheilungskräfte im Menschen sind groß. Aber auch die Persönlichkeit der Beraterperson ist sehr bedeutsam. Sie beeinflusst durch eigene Werte und Werthaltungen ebenso wie durch die besondere Qualität der Beraterin-Klientin Beziehung den beraterischen Prozess in einem ungleich höheren Ausmaß als in allen anderen therapeutisch/ beraterischen Ansätzen. Das humanistische Menschenbild Rogers kann als Gegenentwurf nicht nur zum Menschenbild der Bibel, sondern auch zum Menschenbild der Psychoanalyse gesehen werden, stellt man die Bedeutung der menschlichen Destruktivität in den Mittelpunkt der Betrachtung. Zu diesem Thema findet man bei Rogers sehr wenig. Er hat sich – abgesehen von seinen letzten Lebensjahren, in denen er Workshops in politischen Spannungsgebieten durchführte – entsprechend seiner Überzeugung über die Natur des Menschen nur wenig zu Verbrechen und Gräueltaten der Menschheit geäußert.

Merke
Die humanistische Psychologie ist eine Psychologie des Werdens und Wachsens. Der Mensch ist ein mit inneren Selbstverwirklichungskräften und Ressourcen ausgestattetes Wesen, das auf Entfaltung angelegt ist.

3.3 Theoretischer Hintergrund des klientenzentrierten Ansatzes

Rogers hat ein Persönlichkeitskonzept, eine Störungslehre und ein Psychotherapie-/ Beratungskonzept entwickelt. Zunächst folgen seine wichtigsten – im Vergleich zur Psychoanalyse sparsam erscheinenden – Annahmen über die Persönlichkeit und ihre Entwicklung. Einen guten Überblick über die Theorie bieten u. a. die Hamburger Schule (Bierman-Ratjen et al., 2003) und Weinberger (2011). Gute Einführungen in die Praxis des klientenzentrierten Ansatzes mit zahlreichen Übungen und Beispieldialogen bieten etwa Finke (1994) und Weber (2000).

Rogers hält die menschliche Natur für grundsätzlich positiv und konstruktiv. Seine Annahme, dass die menschliche Natur mit der Fähigkeit ausgestattet sei, sich im Laufe ihres Lebens selbst regulierend in Richtung zunehmender Reife und Selbstverwirklichung zu entwickeln, ist die Grundlage seiner Persönlichkeitstheorie.

3.3.1 Die Persönlichkeitstheorie und die Störungslehre

3.3.1.1 Die Aktualisierungstendenz

Rogers geht in seinem klientenzentrierten Ansatz wie alle Vertreter der humanistischen Richtung davon aus, dass der Mensch eine angeborene Tendenz hat, all seine Fähigkeiten zu seiner eigenen Förderung einzusetzen. Diese Fähigkeit bezeichnet er als Aktualisierungstendenz (Rogers 1991 a, S. 21 ff). Die Existenz einer Aktualisierung ist die zentrale Annahme des klientenzentrierten Ansatzes: Sie ist Haupttriebfeder des Lebens und mächtigste Antriebskraft des Menschen. Sie kann als eine übergeordnete, motivationale Kraft bezeichnet werden, die den Menschen antreibt, sein in ihm liegendes Potential zu entfalten (Rogers 1991 b, S. 22). Ausgerichtet ist sie auf Ziele wie Autonomie, Reifung, Selbstverantwortung, Selbstverwirklichung und Kreativität.

Durch sie wird der Organismus erhalten und gefördert. Mit Organismus bezeichnet Rogers die psychische und physische Einheit des Menschen. Alle Erfahrungen, die der Mensch macht, werden von der Aktualisierungstendenz nach dem Kriterium bewertet, ob sie gut oder schädlich für den Organismus sind. Schon das Baby speichert positive und negative Erfahrungen ab. In der vorsprachlichen Zeit werden diese Erfahrungen als Körperempfindungen aufgenommen. Später werden die Empfindungen sprachlich als Gefühle benannt. Die Erfahrungen werden in die Persönlichkeit integriert und diesen Prozess nennt Rogers Symbolisierung.

> **Definition Symbolisierung**
> Die Wahrnehmung einer Erfahrung, ihre Bewertung und ihre Integration in die Persönlichkeit nennt Rogers Symbolisierung. Die Symbolisierung ist ein gefühlsmäßiger, kognitiver und körperlicher Prozess.

Verzerrte Symbolisierung von Erfahrungen
Warum werden Erfahrungen verzerrt symbolisiert?

Jeder Mensch hat ein tiefgreifendes Bedürfnis nach positiver Beachtung und unbedingter Wertschätzung. Aufgrund dieses Wunsches nach Wertschätzung übernimmt das heranwachsende Kind die Bewertungen seiner Bezugspersonen in sein Selbstkonzept. In der Folge werden Erfahrungen zwangsläufig verzerrt in das Selbstkonzept aufgenommen.

Beispiel: Das Kind hat sich wehgetan und möchte weinen. Der Vater lacht und sagt: »Das tut gar nicht weh, das war gar nicht schlimm«. Das Kind versucht nun ein fröhliches Gesicht zu machen und den Schmerz nicht wahrzunehmen. Nach weiteren Erfahrungen dieser Art wird das Kind folgendes Selbstkonzept entwickeln: »Schmerzen tun mir nicht weh.« Die Erfahrung des Schmerzes wird verleugnet, sie wird verzerrt symbolisiert.
Der Entfaltung des Selbstkonzepts (»Ich kenne keinen Schmerz«) wird Vorrang eingeräumt vor der Entfaltung des Organismus (»Das tat weh, ich möchte weinen«).

3.3.1.2 Die Selbstaktualisierung

Ein Teil der Aktualisierungstendenz stellt die Selbstaktualisierung dar. Diese innere Kraft zielt darauf ab, das eigene Selbstkonzept und die darin enthaltenen Vorstellungen von sich selbst zu fördern und zu entfalten. Im günstigen Fall überschneiden sich Aktualisierungstendenz und Selbstaktualisierungstendenz: Der Mensch kann dann das, was gut für seinen Organismus ist, auch in sein Selbstkonzept integrieren.

Die Überzeugung Rogers, dass der Mensch eine innere Kraft zur Selbstaktualisierung hat, impliziert, dass er zwar von außen beeinflusst wird, seine innerste Natur sich aber letztlich doch durchsetzen wird. Er kann also nicht dauerhaft von der Umwelt gesteuert und manipuliert werden. Hier zeigt sich ein besonders deutlicher Gegensatz zu den Auffassungen seines großen Gegenspielers Skinner, der die Beeinflussung des Menschen durch die Anwendung der Prinzipien des operanten Konditionierens ausdrücklich befürwortet (vgl. z. B. Skinners utopischen Roman Walden II, 1948, 1972).

Abb. 10: Der Zusammenhang zwischen Aktualisierung und Selbstaktualisierung und die Bewertungsprozesse beider Tendenzen

▶ **Abbildung 10** stellt das Zusammenwirken von Aktualisierungs- und Selbstaktualisierungstendenz sowie die Bewertungsprozesse durch den Organismus und das Selbstkonzept dar. Es zeigt, dass Erfahrungen danach bewertet werden, ob sie für den Organismus als Ganzes und für das Selbstkonzept förderlich sind.

> **Merke**
> Laut Rogers ist die Haupttriebfeder im Menschen, sein in ihm liegendes Potential zu entfalten. Weiterhin befindet sich der Mensch in einem ständigen Prozess der Integration von Erfahrungen. Passen diese Erfahrungen nicht in sein Selbstkonzept, werden die Erfahrungen verzerrt integriert.

3.3.1.3 Die Inkongruenz: Die Unvereinbarkeit von Wahrnehmung und Selbstkonzept

Wenn das Individuum Erfahrungen macht, die nicht mit seinem Selbstbild übereinstimmen, entsteht ein Zustand der Inkongruenz.

> **Definition Inkongruenz**
> Die Inkongruenz ist die Unvereinbarkeit zwischen zwei inneren Tendenzen: Auf der einen Seite steht das organismische Erleben der Aktualisierungstendenz, auf der anderen Seite steht die Selbstaktualisierung samt Selbstkonzept. Das Erleben der Unvereinbarkeit bewirkt, dass die Erfahrungen nicht integriert werden können. Die Diskrepanzen können auf unterschiedlichen Ebenen erlebt werden. Eine Erfahrung kann z. B. dem Selbstkonzept widersprechen.

Beispiel: Ein beruflich immer erfolgreicher Mensch mit einem diesbezüglich positiven Selbstkonzept erlebt einen beruflichen Misserfolg. Das organismische Erleben dieser Erfahrung steht in Widerspruch zu seinem Selbstbild. Es entsteht eine Inkongruenz. Er wertet den beruflichen Misserfolg als Pech oder Intrige von anderen. Auf jeden Fall verortet er den Misserfolg in der Außenwelt, er hat nichts mit ihm selbst zu tun. In diesem Fall werden die positiven Bewertungen des Selbstkonzepts beibehalten.
Das Selbstkonzept kann aber auch negative Bewertungen enthalten:
Beispiel: Ein Mensch hält sich für hässlich und unattraktiv. Komplimente über sein Äußeres wird er nicht wahrnehmen oder nicht glauben.

Weiterhin können Diskrepanzen zwischen den organismischen Erfahrungen und den eigenen, zumeist übernommenen Werten bestehen.

Beispiel: Eine Mutter vertritt die Auffassung, dass eine gute Mutter keine eigenen Interessen haben darf, sie muss sich aufopfern. Wird nun der Erhaltung des Selbstkonzepts (z.B. »Ich opfere mich auf für meine Kinder«) Vorrang vor der Entfaltung des Organismus (»Ich möchte auch andere Dinge tun und eigenen Interessen nachgehen«) eingeräumt, kommt es zur Verleugnung von Wahrnehmungen und Gefühlen: Erfahrungen werden verzerrt symbolisiert.
Es entstehen Gefühle von Angst und Anspannung, eine Verteidigungshaltung wird aufgebaut. Das Selbstkonzept wird starrer, zunehmend werden weniger neue Erfahrungen integriert.

Eine dritte Ebene des Diskrepanzerlebens ist die Wahrnehmung belastender Lebensereignisse und die Einschätzung eigener Bewältigungskapazitäten. Wird das eigene Verhaltensrepertoire in Anbetracht herausfordernder Anforderungen der Umwelt als unzureichend wahrgenommen, kommt es ebenfalls zu den bereits beschriebenen Gefühlen von Angst und Unvermögen.

3.3 Theoretischer Hintergrund des klientenzentrierten Ansatzes

Kennzeichnend für ein rigides Selbstkonzept kann also die starke Diskrepanz

1. zwischen dem, wie eine Person sich selbst sieht (reales Selbstkonzept), und dem, wie sie gerne sein möchte (ideales Selbstkonzept), oder dem, wie die Umwelt sie sieht, oder
2. den Bedürfnissen der Person und ihren übernommenen Wertvorstellungen und
3. zwischen den erlebten Stressoren und den selbst eingeschätzten Bewältigungsstrategien sein.

> **Merke**
> Das klientenzentrierte Störungskonzept beschreibt psychische Störungen und Fehlanpassungen als Verzerrung und Abwehr von Wahrnehmungen, welche das Selbstkonzept bedrohen.
> Die Wahrnehmungsstörung wirkt sich je nach Stärke in unterschiedlichem Maße auf das Selbst aus. Das Selbst wird rigide, ängstlich und befindet sich in einer Abwehrhaltung. Wird das Ausmaß an Inkongruenz übermächtig, versagen die Abwehrprozesse des Organismus, die Gefahr wird im Bewusstsein symbolisiert, es kommt zur Desorganisation und damit zur Symptombildung.

Rogers unterscheidet ausdrücklich nicht zwischen unterschiedlichen psychischen Störungen. Sein Störungskonzept kennt nur verschiedene Grade der Beeinträchtigung der Wahrnehmung. Es besteht ein fließender Übergang zwischen Gesundheit und Gestörtheit. Insgesamt interessiert Rogers sich aber mehr für die Persönlichkeitsentfaltung im Sinne von Wachstum und Gesundheit als für psychische Krankheitssymptome. Das Beziehungsangebot richtet sich an alle Menschen, gleichgültig, nach welcher Diagnose ihre Erkrankung eingeordnet ist.

Damit richtet Rogers seinen Blick eher auf die Ressourcen des Menschen als auf seine Defizite.

3.3.1.4 Exkurs: Warum entwickelt der Mensch ein negatives Selbstkonzept?

Rogers ist überzeugt davon, dass erste Ansätze zur Entstehung psychischer Störungen in der frühen Sozialisation gelegt werden. Eine gesunde psychische Entwicklung von Kindern wird am besten durch die Liebe ihrer Bezugspersonen (Rogers spricht ausschließlich von der Mutter) gewährleistet (1991a, S. 50 ff). Wegen seines Bedürfnisses nach unbedingter positiver Zuwendung ist der Mensch abhängig von seiner sozialen Umwelt und gezwungen, sich an Erwartungen anzupassen. Schon früh lernt das Kind, am Gesicht seiner Mutter Gefühle der Zuneigung oder der Zurückweisung abzulesen. Es entwickelt eine »Gestalt«, wie es von der Mutter gesehen wird. Schließlich verinnerlicht das Kind diese mütterliche Sichtweise und lernt, sich selbst so zu sehen. Das Kind hat die Bewertungen verinnerlicht. Es erlebt sich nur noch dann als wertvoll, wenn es diesen introjizierten (verinnerlichten) Bewertungsmaßstäben entspricht. Sollte sich ein Kind dagegen immer uneingeschränkt angenommen fühlen und in seinen eigenen Empfindungen immer akzeptiert werden (dies stellt nach Rogers einen nicht zu erreichenden Idealzustand dar), entstehen keine Bewertungsmaßstäbe.

3.3.1.5 Exkurs: Parallelen zur Psychoanalyse und zur Entwicklungspsychologie

Es ist offensichtlich, wie eng verwandt diese Gedankengänge mit denen der Psychoanalyse sind. Winnicott (2012, S. 131) beschreibt etwa den »Glanz in den Augen der Mutter«, wenn sie den Säugling betrachtet. In diesem Glanz spiegelt sich der Säugling wider und entwickelt die erste Vorstellung eines Selbst. »Wenn ich … gesehen werde, so bin ich« (a. a. O.). Sieht der Säugling nicht sich selbst, sondern z. B. eine Abwehr der Mutter ihm gegenüber oder an ihn gerichtete Erwartungen der Mutter, ist dies der Grundstein für die Entwicklung einer Selbstentfremdung.

Die psychoanalytische Neurosenlehre räumt den auf das Kind gerichteten elterlichen Projektionen, welche dann vom Kind verinnerlicht werden, eine zentrale Rolle bei der Entstehung psychischer Störungen ein. Horst Eberhard Richter hat diese elterlichen Projektionen und ihre Folgen sehr ausführlich beschrieben (▶ Kap. 4.3.1.5).

Auch die Entwicklungspsychologie hat den frühen, intuitiv ablaufenden Mutter-Kind-Dialog untersucht und zahlreiche Störungen im Säuglingsalter, wie etwa Ess- und Schlafstörungen, immer dann festgestellt, wenn es der ersten Bezugsperson nicht möglich war, den Säugling akzeptierend anzunehmen, sondern diese vielmehr unterschiedliche Erwartungen und Bewertungen an den Säugling richtete (vgl. Papousek & Papousek, 1999; Papousek, 1999).

3.3.1.6 Das Ideal einer »fully functioning person«

Nach Rogers (1991a, S. 47) besitzt der Mensch jedoch die Fähigkeit, solche Fehlanpassungen wahrzunehmen und sein Selbstkonzept zu reorganisieren. Er ist in der Lage, den Zustand der Inkongruenz, der Unvereinbarkeit zwischen dem Erlebten und seinem Selbstkonzept, aufzuheben. Nach Rogers ist der Mensch fähig, alle Erfahrungen, seien sie positiv oder negativ, vollständig wahrzunehmen und anzunehmen. Er erlebt die Erfahrungen als nicht bedrohlich für sein Selbstkonzept; deshalb kann er alle Erfahrungen des Organismus mitsamt ihren Bewertungen zulassen. Die Erfahrungen werden vollständig symbolisiert und es besteht ein Zustand der Angstfreiheit. Rogers selbst betont, dass eine solche Person nicht existiert, sondern die Beschreibung der »fully functioning person« einen hypothetischen Endpunkt darstellt. Dieses Ideal kann angestrebt werden, zu erreichen ist es nicht.

Im Einzelnen beschreibt Rogers die »fully functioning person« folgendermaßen:

- Sie ist offen für Erfahrungen und vermag genau und zutreffend wahrzunehmen; Erfahrung und Selbstkonzept sind kongruent.
- Sie lebt im Mittelpunkt ihrer subjektiven Realität und vermag die sich ständig ändernden Gegebenheiten ihrer phänomenalen Welt jeweils neu unter dem Gesichtspunkt der Förderung des Organismus zu bewerten. Ihre Selbststruktur ist flexibel, neue Erfahrungen werden ohne Schwierigkeiten integriert.
- Sie erfährt sich selbst als Maßstab ihres Verhaltens; die Sicherheit, die sie selbst besitzt, gewinnt sie aus der Offenheit für Erfahrungen. Sie vertraut ihrem

individuellen Entscheidungsprozess, da sie weiß, dass sie eine Vielzahl richtiger Informationen heranziehen, neue Informationen aufsuchen oder getroffene, falsche Entscheidungen korrigieren kann.
(1991a, S. 59 ff.)

Diese Charakterisierungen dürfen nicht als statische Eigenschaften gesehen werden, sondern müssen als Prozessmerkmale verstanden werden. Den Idealzustand stellt nämlich eine »Person-im-Prozess« dar, d.h. eine sich ständig verändernde Person. Ein solcher Mensch befindet sich in einem Prozess der weiteren, lebenslangen Selbstaktualisierung.

Um diese, dem Menschen innewohnende Möglichkeiten aber zu aktualisieren, bedarf es eines Anstoßes von außen. Wie sieht dieser Anstoß aus? Es ist ein mit besonderen Merkmalen ausgestattetes Beziehungsangebot. Und damit kommen wir zu dem Beratungs- bzw. Psychotherapiekonzept, das im anschließenden Kapitel dargestellt wird.

Merke
Ähnlich wie es die Psychoanalyse tut, beschreibt Rogers die Wurzeln für Inkongruenzen und Wahrnehmungsabwehr in der frühen Kindheit: Die frühen Bezugspersonen treten dem Kind nicht mit uneingeschränkter Wertschätzung entgegen. Das Wachstumspotential im Menschen ermöglicht es ihm aber, sein Selbstkonzept zu reorganisieren und alle Erfahrungen vollständig zu symbolisieren. Ein solchermaßen angstfreier Mensch stellt ein Ideal dar und wird von Rogers als »fully functioning person« bezeichnet.

Verständnisfragen
- Was versteht Rogers unter der Aktualisierungstendenz? Stellen Sie einen Zusammenhang zur Selbstaktualisierung her.
- Wie entstehen laut Rogers psychische Störungen und Fehlanpassungen?
- Was ist mit dem Begriff der Inkongruenz gemeint?
- Aus welchen Gründen entstehen verzerrte Symbolisierungen? Überlegen Sie sich ein Beispiel für eine verzerrte Symbolisierung.

Kritisch denken!
- Rogers Annahme vom guten Menschen steht diametral zu Freuds Annahme von der Destruktivität im Menschen. Eine Begründung für die Richtigkeit seines Menschenbildes hat Rogers nie gegeben. Reflektieren Sie Ihr eigenes Menschenbild. Können Sie Rogers Annahmen nachvollziehen oder sehen Sie eher das »Raubtier im Menschen«? Wie sähe ein Kompromiss zwischen beiden Annahmen aus?
- An Rogers Menschenbild wurde kritisiert, dass es sozio-ökonomische Begrenzungen außer Acht lasse, da »jeder seines eigenen Glückes Schmied« sei. Was glauben Sie? Wieweit hat der Mensch sein Schicksal in der Hand? Diskutieren Sie!

3.4 Wie sieht klientenzentrierte Beratung/Therapie aus?

»Alles Leben ist Beziehung.«
Martin Buber

Eine der Kernaussagen des humanistischen Menschenbildes, auf dem der klientenzentrierte Ansatz beruht, ist, dass sich der Mensch von Beginn seines Lebens an in Beziehungen erfährt. Diese können ihn entweder stärken oder schwächen. Eine Korrektur negativer Beziehungserfahrungen ist nur durch neue, positive Beziehungserfahrungen möglich. Die klientenzentrierte Beratung/Therapie kann als »Beziehungstherapie« bezeichnet werden, denn die Beziehung gilt als die entscheidende Bedingung, die der Klientin persönliches Wachstum im Sinne größerer Unabhängigkeit und Integration ermöglichen soll (Rogers, 1972, S. 36).

In der Beziehung zur Beraterperson soll das Individuum lernen, mit Problemen auf eine besser integrierte Weise umzugehen, was bedeutet, dieses Problem verantwortlicher, unabhängiger, weniger gestört und besser organisiert zu bewältigen (a. a. O.). Mit dieser Orientierung an den Ressourcen und dem Veränderungspotential des Einzelnen rückt der klientenzentrierte Ansatz in die Nähe des ressourcen- bzw. lösungsorientierten Ansatzes, der diesen Inhalt zum Ziel der Beratung macht (▶ Kap. 4.5).

Nach Linster und Wetzel (1980, S. 189) lässt sich das Konzept der klientenzentrierten Beratung/Therapie folgendermaßen umreißen:

- Es wird nach konstruktiven Veränderungsprozessen bei der Klientin gesucht.
- Es wird eine Beziehung gestaltet, welche diesen Prozess befördert.
- Die Beziehung ist gekennzeichnet durch festgelegte, hilfreiche und förderliche Beratermerkmale.

Dabei hängt der Erfolg einer Therapie/Beratung »in erster Linie nicht vom technischen Wissen oder Können des Therapeuten ab, sondern davon, ob dieser bestimmte Einstellungen besitzt« (Rogers 1975, S. 19). Rogers selbst bezeichnet sein Therapiemodell als ein funktionales Modell: Sind bestimmte Bedingungen auf Seiten der Therapeutin und der Klientin erfüllt, kommen bei der Klientin bestimmte therapeutische Prozesse in Gang, die ihrerseits zu konstruktiven Veränderungen in Persönlichkeit und Verhalten der Klientin führen.

> **! Merke**
> Nicht das Problem steht im Mittelpunkt, sondern das Individuum und seine Entwicklung. Die Entwicklung wird durch eine besondere Art der Beziehung zwischen Beraterperson und Klientin gefördert.

Welches sind die hilfreichen Merkmale eines Therapie- oder Beratungsgesprächs?

Folgende drei Basismerkmale einer hilfreichen Grundhaltung werden von Rogers als maßgeblich und hinreichend angesehen, die Klientin in einen Prozess konstruktiver Veränderung eintreten zu lassen. Dabei kann nicht nachdrücklich genug betont werden, dass diese keinesfalls als bloße Techniken gesehen werden dürfen, sondern als Einstellungen und Persönlichkeitshaltungen der Beraterperson.

3.4.1 Die drei Basismerkmale einer hilfreichen Beziehung

3.4.1.1 Unbedingte Wertschätzung (positive Zuwendung, bedingungsfreies Akzeptieren)

Die unbedingte Wertschätzung ist ein Beziehungsangebot: Der innere Bezugsrahmen der Klientin wird angenommen. Mit dem inneren Bezugsrahmen ist die Gesamtheit aller Gefühle, Kognitionen und Bewertungen gemeint, die ein Mensch seinen Erfahrungen gegenüber einnimmt und erfährt. Die Zuwendung und Wertschätzung, welche die Beraterin der Klientin entgegenbringt, sind frei von Bewertungen und Beurteilungen der Person. Sie sind bedingungslos, d.h. nicht an die Erfüllung bestimmter Bedingungen gebunden. Es wird als ein Grundbedürfnis eines jeden Menschen angesehen, akzeptiert und anerkannt zu werden, insbesondere, wenn er verunsichert ist und von sich selbst oder durch andere negativ bewertet wird. Die der Klientin entgegengebrachte uneingeschränkte Wertschätzung ermöglicht es ihr, die eigenen Gefühle und Gedanken kennenzulernen und zu akzeptieren und in das eigene Selbstkonzept zu integrieren. Das Erleben von Achtung führt zu einer Steigerung des Selbstwertgefühls. Weiterhin ist das wertschätzende, achtungsvolle Verhalten der Beraterin ein Modell für die Klientin, mit sich selbst ebenso wertschätzend und ohne Bewertungen umzugehen. Zeigt die Beraterperson über einen längeren Zeitraum ein hohes Maß an Wertschätzung der Klientin gegenüber, kann die Klientin genau diese Wertschätzung und Achtung sich selbst gegenüber ebenfalls entwickeln. Rogers bezeichnet die Haltung als eine Art von Liebe dem Klienten gegenüber, so, wie er ist (Rogers, 2007, S. 218): Sie achtet den anderen Menschen als eigenständiges Individuum und ergreift nicht Besitz von ihm. »Es ist eine Art der Zuneigung, die Kraft hat und die nicht fordert. Wir haben dafür den Ausdruck ›positive Zuwendung‹ gewählt« (a.a.O.).

Akzeptieren ist aber ohne Verstehen der berichteten Gefühle und Erlebensweisen nicht denkbar. Hier zeigt sich die enge Ankoppelung der Fähigkeit zur Wertschätzung an die Fähigkeit zur Empathie. Eine Wertschätzung, die nicht im Verbund mit den anderen beiden Merkmalen der Empathie und der Kongruenz (Echtheit) gelebt wird, ist nur von begrenztem Wert. Ebenso kann eine unbedingte Wertschätzung keine überdauernde und ausschließliche Haltung der Beraterin sein. Eine Beraterin, die alles versteht, wird unglaubwürdig, ihr Verständnis wirkt aufgesetzt und verkommt zur hohlen Phrase (»Das kann ich gut verstehen«). Das bleibt natürlich dem Gegenüber nicht verborgen, wie folgender Ausspruch einer Klientin zeigt: »Ich konnte erzählen, was ich wollte, er blieb immer gleich bleibend freundlich, das konnte ich nicht ertragen« (Biermann-Ratjen et al., 2003, S. 25).

»Vergiss nicht, mein Sohn: Es ist völlig unwichtig, ob du gewinnst oder verlierst – es sei denn, du willst, dass ich dich lieb habe!«

Abb. 11: Keine bedingungslose Wertschätzung

Hilfreiche Gesprächsregeln: Unbedingte Wertschätzung

Wie zeigt sich nun eine akzeptierende Haltung im Beratungsgespräch? Lässt sich diese Haltung, ebenso wie Empathie, überhaupt lernen? Die Empathieforschung zeigt, dass sich sowohl Empathie als auch eine akzeptierende Haltung durch praktische Übungen in der Regel erlernen lassen. Da aber sowohl Empathie wie auch bedingungslose Akzeptanz abstrakte Begriffe sind, deren praktische Umsetzung schwer vorzustellen ist, finden sich in der Literatur zahlreiche Hilfestellungen und Übungen zur praktischen Umsetzung. Einige davon werden im Folgenden zur Veranschaulichung der Begriffe geschildert.

Finke (1994, S. 39, S. 42) gibt für die Umsetzung des bedingungsfreien Akzeptierens und Wertschätzens hilfreiche Gesprächsregeln vor (leicht abgewandelt):

- Zeigen von Interesse am Schicksal der Klientin – so es echt ist! – durch aufmerksames Zuhören; das drückt sich nonverbal durch zugewandte Körperhaltung und Blickkontakt aus.
- Formulieren von Interventionen mit Wertschätzung und Respekt (»Es fällt Ihnen im Moment schwer, darüber zu sprechen, dann brauchen wir das jetzt auch nicht zu tun«).
- Bekunden von Sorge und Anteilnahme (»Es liegt mir viel daran, dass Sie auf Ihrem Weg weiterkommen«).
- Bestätigung und Anerkennung (»Ja, so sollten Sie weitermachen«).
- Bekunden von Solidarität, Verbündung mit dem Heilungswillen der Klientin (»Ich verstehe Ihren Wunsch, aus diesen Schwierigkeiten herauszufinden, und möchte mit Ihnen einen Weg suchen«).

Das Gegenteil einer wertschätzenden Einstellung stellen so genannte »Gesprächskiller« dar (gekürzt nach Weber, 2000, S. 37 ff; Schmid, 1989, S. 58 ff):

1. Ratschläge erteilen, dirigieren (»Ich weiß, was für Sie gut ist«).
2. Moralisieren, Werturteile aussprechen (»So sollten Sie es tun«, »Das darf man nicht denken«).
3. Monologisieren (und dabei die Klientin aus dem Blick verlieren).
4. Emigrieren (innerlich abschalten).
5. Bagatellisieren (»So schlimm ist es doch gar nicht«).
6. Generalisieren (»man«, »immer«, »nie«).
7. Identifizieren (»So ist es bei mir auch«).
8. Externalisieren (Randprobleme zur Sprache bringen und zurückspiegeln).
9. Partei ergreifen (»Da gebe ich Ihnen Recht«, »Da muss ich dem anderen Recht geben«).

Gemeinsam ist diesen Gesprächskillern, dass sich die Beraterperson direktiv verhält, da sie das Gespräch steuert; außerdem erhebt sie sich über die Klientin, weil sie es »besser weiß«. Damit werden Grundregeln des klientenzentrierten Ansatzes verlassen: In einer gleichberechtigten Beziehung »auf Augenhöhe« soll die Beraterperson ihr Gegenüber respektieren, die Klientin bestimmt den Gesprächsverlauf.

Vergleiche
Was sagt die Psychoanalyse zur unbedingten Wertschätzung? In der psychoanalytischen Entwicklungslehre finden wir den Begriff des »Holding« (Halten; Winnicott, 1965, S. 32), mit dem die bergende und tragende Funktion gemeint ist, welche die Mutter ihrem Säugling gegenüber zeigt. Das Holding kommt einer akzeptierenden, annehmenden Haltung sehr nahe. Diese Funktion soll die Analytikerin der Klientin zunächst gegenüber einnehmen, um ihr zu helfen, sich zu rekonstruieren. Eine weitere Parallele ist in dem Begriff des »Containing« (▶ Kap. 2.4.4) zu sehen, der bedeutet, dass die Beraterperson wie ein Container die aufgestauten negativen Gefühle der Klientin aufnimmt und bei sich bewahrt,

---

Missverständnis!

Akzeptieren bedeutet nicht Gutheißen und noch viel weniger eine »Sei-lieb-zum-Klienten«-Einstellung. Die Tatsache, dass ich den anderen akzeptiere, bedeutet nicht, dass ich das, was er tut, befürworte. Vielmehr akzeptiere ich ihn trotz seiner Taten. Die Beraterperson muss also unterscheiden zwischen den eigenen Bewertungsmaßstäben und dem urteilsfreien Annehmen der anderen Person.

Akzeptanz bedeutet auch nicht Gutgläubigkeit. Eine wertschätzende Einstellung hat nichts damit zu tun, dass ich alles glaube und für wahr halte, was die Klientin erzählt; vielmehr akzeptiere ich in einem solchen Fall das Erzählte zunächst als Ausdruck eines mangelnden Zugangs der Klientin zum eigenen Erleben und damit als einen Mangel an Kongruenz.

ohne sie sofort zu deuten und zurückzugeben. Zunächst bewahrt die Beraterperson diese negativen Gefühle bei sich auf und spiegelt sie später der Klientin in abgemilderter Form, so dass diese sie als ihre eigenen Gefühle annehmen kann und die Projektion zurücknimmt (vgl. auch Beispiel Gegenübertragung Kap 2.4.4). Dieses psychoanalytische Beraterverhalten ist durchaus dem Konzept der bedingungslosen Akzeptanz von Rogers verwandt.

> **Merke**
> Rogers schlägt drei Merkmale einer hilfreichen, professionellen Haltung vor, die dazu beiträgt, auf Seiten der Klientin einen Entwicklungsprozess in Gang zu bringen.
> Die unbedingte Wertschätzung ist ein wesentliches Merkmal einer hilfreichen Einstellung. Sie ist von Respekt und Achtung geprägt und akzeptiert die Klientin, so wie sie ist.

3.4.1.2 Empathie

Für das von Rogers entwickelte Merkmal »Empathie« wurden im Laufe der Zeit weitere Begriffe geprägt: Einfühlendes Verstehen, Spiegeln oder Verbalisieren der emotionalen Erlebnisinhalte. Im Folgenden wird der ursprüngliche Begriff der Empathie verwendet.

Damit ist gemeint, dass die Beraterperson versucht, sich in die Welt der Klientin hineinzuversetzen und den inneren Bezugsrahmen der Klientin, aus dem heraus sie sich selbst und ihre Umwelt wahrnimmt, zu erfassen.

> **Definition Innerer Bezugsrahmen**
> Der innere Bezugsrahmen stellt die Gesamtheit aller Gefühle, Kognitionen und Bewertungen dar, die ein Mensch im Zusammenhang mit einer Erfahrung hat bzw. erlebt.

Die empathische Beraterperson »schlüpft in die Haut des Klienten«. Das geht so weit, dass die Beraterin so fühlt, als ob sie selbst die andere Person wäre, aber ohne jemals zu vergessen, dass dies nicht der Fall ist (Rogers 1959, 211 ff). Es handelt sich hierbei um eine zeitlich begrenzte Identifikation. Die Beraterin kann sich also jederzeit aus dieser »Als-ob«-Position lösen. Verliert sie die »Als-ob«-Position, befindet sie sich im Zustand der Identifizierung (Rogers, 1991a, S. 37), der für die Klientin nicht hilfreich ist. Während die unbedingte Wertschätzung eine Einstellung ist, die sich stark über nonverbales Verhalten mitteilt, ist die Empathie mehr eine sprachliche Aktivität der Beraterperson.

Empathie besteht aus zwei Komponenten: Erstens dem Verstehen der Gefühlslage des Gegenübers und zweitens dem Mitteilen des Verstandenen sowie daran anschließend dem gemeinsamen Herausarbeiten der Gefühlsbedeutungen. Die zweite Komponente findet ihren Ausdruck in dem »Verbalisieren des emotionalen Erlebnisinhaltes«. Beraterperson und Klientin treten in einen Dialog ein, bei dem die

Beraterperson ein vertrauensvoller Gefährte bei der Erforschung ihrer inneren Welt wird. Die Beraterperson greift unerschrocken und nicht bewertend Gefühlslagen der Klientin auf, vor denen die Klientin sich fürchtet. Hierbei greift die Beraterperson nicht nur die erspürten, nicht-geäußerten Gefühle der Klientin auf, sondern auch die Bewertungen der Gefühle durch die Klientin (Rogers, 1976, S. 36).

Rogers wollte die Empathie keinesfalls als Technik verstanden wissen und erst recht nicht als »Technik des Widerspiegelns der Gefühle des Klienten« oder als »Wiederholung der letzten Worte, die der Klient gesprochen hat« (Rogers 1976, S. 34).

Empathie ist also keinesfalls ein mechanisches Wiederholen des bereits Gesagten oder die ausschließliche Konzentration auf das geäußerte Gefühl, ohne Berücksichtigung des Kontextes, in dem das Gefühl geäußert wird.

Vielmehr geht es gerade um die bei dem Gesagten mitschwingenden, nicht geäußerten und nur undeutlich gefühlten Empfindungen, welche die Beraterin durch Empathie erfühlt und verbalisiert; sie verbalisiert dies als Frage oder als Vorschlag, mit dem die Klientin sich auseinandersetzen kann. Ziel ist die Anregung zu einer vertieften und fortschreitenden Auseinandersetzung mit sich selbst, was wir später als den Prozess der Selbstexploration (▶ Kap. 3.4.1.6) kennen lernen werden.

Folgender Dialog zwischen Rogers und einem Klienten (Myers 2008, S. 767f) zeigt exemplarisch das empathische Eingehen auf das Gegenüber durch Rogers, der hier geäußerte und vermutete Gefühle widerspiegelt, um dem Klienten zu helfen, sich selbst deutlicher wahrzunehmen.

Kl.:	»Ich bin für niemanden gut, war es auch noch nie, werd' es auch nie sein.«
Rogers:	»So fühlen Sie sich jetzt, nicht wahr? Dass Sie nicht für sich selbst gut sind und auch für sonst niemanden. Und auch nie für jemanden gut sein werden. Einfach wertlos, ganz und gar, oder? Das ist wirklich ein ekelhaftes Gefühl. Sich zu fühlen, als wäre man nie für jemanden gut.«
Kl.:	»Ja (murmelt leise und mutlos vor sich hin). Jedenfalls hat mir das der Typ gesagt, mit dem ich neulich in die Stadt gegangen bin.«
Rogers:	»Der Typ, mit dem Sie neulich in die Stadt gegangen sind, der hat tatsächlich gesagt, Sie wären für niemanden gut?«
Kl.:	»Hm.«
Rogers:	»Ich schätze mal so, wenn ich das richtig verstanden habe: Da ist jemand, und der ist irgendwie wichtig für Sie und auch, was er von Ihnen hält? Also, und der hat gesagt, er glaubt, dass Sie für niemanden gut sind, kein bisschen gut. Und das zieht Ihnen glatt den Boden unter den Füßen weg.« (Klient weint still vor sich hin). »Das bringt einen zum Weinen.« (20 Sekunden Schweigen)
Kl.:	(Ziemlich trotzig) »Aber das ist mir egal.«
Rogers:	»Sie sagen sich, das ist mir egal, aber irgendwie hab' ich das Gefühl, dass da ein Teil von Ihnen ist, dem ist es nicht egal, denn ein Teil von Ihnen weint deswegen.«

Exkurs: Aktives Zuhören

In frühen Publikationen benutzte Rogers den Begriff des »aktiven Zuhörens«, welches er als wirksame Kraft bezeichnete, die einen Wandel herbeiführen kann. Das aktive Zuhören kann als Teilkomponente der Empathie aufgefasst werden. Rogers bezeichnet das aktive Zuhören als eine aktive Einstellung, die auch als »verstehendes«, reflektierendes Zuhören verstanden werden kann. Die Betonung liegt hier auf der Empathie, weniger auf der verbalen Widerspiegelung des Gefühls. Durch aufmerksames und konzentriertes Zuhören werden Wertschätzung und

Akzeptanz vermittelt. Es ist keinesfalls etwas Passives, sondern verlangt ein hohes Maß an Engagement, Aufmerksamkeit, Mitfühlen, Mitdenken und Wahrnehmen.

Hilfreiche Gesprächsregeln: Empathie

Die empathische Haltung charakterisiert Finke durch folgende Merkmale:

- Zentrieren Sie Ihre Aufmerksamkeit auf die »innere Welt« des Klienten, auf seine Erlebnisverarbeitung und seine Bedeutungszuschreibungen. Die Klärung externaler Ereignisse sollte nicht im Vordergrund stehen.
- Versuchen Sie, bei jeder Klientenäußerung den emotionalen Gehalt, den gefühlshaften Kontext, die affektive Konnotation zu erfassen und teilen Sie dies dem Patienten mit.
- Formulieren Sie Ihre Interventionen eher in Aussage- als in Frageform. Fragen schaffen leicht eine kritische Distanz und blockieren ein spontanes, erlebnisnahes Antworten.
- Arbeiten Sie mit dem Angebot des Klienten! D. h., versuchen Sie nicht, dem Klienten ein Thema aufzudrängen, sondern knüpfen Sie mit Ihrer Intervention an der jeweils letzten Patienten-Äußerung an.
- Stellen Sie Ihre eigenen Überlegungen und Fragen (zunächst) beiseite. Versuchen Sie, zum »Sprachrohr« des Klienten zu werden, indem Sie das von ihm Intendierte (aber nicht Gewusste) verdeutlichen.

(Finke, 1994, S. 65)

Missverständnis!
Empathie bedeutet nicht das Wiederholen dessen, was die Klientin soeben gesagt hat. Noch viel weniger ist es eine Wiederholung gefühlsferner, sachlicher Gesprächsinhalte. Derart falsch ausgeführte klientenzentrierte Gesprächsführung hat zu zahlreichen Vorurteilen bei Kritikern des klientenzentrierten Konzeptes geführt und wurde – nicht zu Unrecht – als papageienhaftes Nachplappern bezeichnet.
Empathie ist eine erlernbare Haltung von Einfühlung und Sensibilität, bei der die Gefühle, die hinter dem Gesagten stehen, erspürt und verbalisiert werden. Wie intensiv die Therapeutin auf die geäußerten oder von ihr vermuteten Gefühle eingeht, hängt von der Dauer der Therapie und der bisher entstandenen Beziehung zwischen Therapeutin und Klientin ab.

 Merke
Ein weiteres Merkmal einer hilfreichen Beziehung ist die Empathie. Hier versucht die Beraterperson den inneren Bezugsrahmen der Klientin zu erfassen und in einem zweiten Schritt das Erfasste der Klientin widerzuspiegeln. Die empathische Beraterin erspürt u. U. die Gefühlslage der Klientin genauer als es dieser selbst im Moment möglich ist.
Empathie kann auch als eine kurzfristige Identifikation mit dem Gegenüber verstanden werden.

3.4.1.3 Echtheit/Selbstkongruenz der Beraterperson

Weitere Begriffe für dieses dritte Merkmal einer hilfreichen Haltung sind Wahrhaftigkeit, Authentizität oder Selbstkongruenz. Mit diesen Begriffen beschreibt Rogers die Übereinstimmung von äußerem Verhalten und innerer Empfindung. Die Empfindungen entsprechen dem, was geäußert wird.

Es ist eine Haltung, die keine Fassade aufrechterhält, sei es professioneller oder persönlicher Natur, sondern die im Gegenteil transparent ist; sie lässt eigene Gefühle durchscheinen.

Die Beraterperson zieht weder einen »Mantel des Beraters« an noch täuscht sie Verständnis vor, wenn sie keines aufbringen kann. Eine solche Beraterperson, die offen und ehrlich den eigenen Gefühlen gegenüber ist, stellt ein gutes Lernmodell für Selbstkongruenz dar. Inkongruent bin ich als Beraterin, wenn ich Unsicherheiten überspiele, wenn ich vorgebe, etwas zu verstehen, obgleich das nicht der Fall ist, wenn ich mich routinemäßig oder mechanisch verhalte, wenn ich mich hinter meiner Stellung verschanze, wenn ich auf alle Äußerungen der Klientin mit der Verbalisierung der emotionalen Inhalte reagiere, um Abstand zu halten, anstatt deutlich werdende Beziehungsaspekte zwischen uns anzusprechen.

Muss alles ausgesprochen werden? Das Prinzip der Selektiven Echtheit

Es ist ein Missverständnis zu glauben, dass alles geäußert werden muss, was der Beraterperson in den Sinn kommt. Ruth Cohn (1971, S. 269 f) hat den Begriff der »selektiven Echtheit« geprägt. Rogers meint dasselbe, wenn er von »selektiver Authentizität« spricht: »Was immer ich sage, soll echt sein, aber nicht alles, was echt ist, muss ausgesprochen werden«. Eigene Gefühle und Beobachtungen sollen nur dann ausgesprochen werden, wenn es »zweckmäßig« erscheint. Dies ist der Fall, wenn es die Klientin in ihrem Entwicklungsprozess weiterbringt.

Echtheit (Kongruenz): Das schwierigste Merkmal

Warum bezeichnet Rogers das Merkmal der Kongruenz als das wichtigste Merkmal eines hilfreichen Gesprächs und zugleich als das am schwersten zu verwirklichende Merkmal (Rogers, 2007, S. 215)? Bei der Verwirklichung der Kongruenz kann sich die Beraterperson nicht wie beim einfühlenden Spiegeln auf eine »Technik« zurückziehen und sich selbst ganz heraushalten. Sie muss als Person transparent werden, was voraussetzt, dass sie sich selbst gewahr ist. Letzteres bedeutet, dass sie »vollkommen vertraut ist mit dem komplexen Fluss ihres inneren Erlebens« (Rogers, 2007, S. 31). Voraussetzung dafür ist eine gründliche Kenntnis des eigenen inneren Bezugsrahmens, die sie durch eine eigene Therapie bzw. Selbsterfahrung gewonnen hat.

Im Gegensatz hierzu kann sie sich bei der Empathie, dem Widerspiegeln der Gefühlslage des Gegenübers, vollständig auf ihr Gegenüber konzentrieren.

Exkurs: Self disclosure (Selbstoffenbarung)

Warum fällt es den meisten Menschen schwer, direkt und offen ihre Gefühle dem anderen gegenüber zu äußern? Jede Form der Selbstoffenbarung (self-disclosure) macht verletzlich und angreifbar. Gebe ich nichts von mir selbst preis, werde ich für den anderen nicht transparent, bin aber auch nicht angreifbar. Allerdings wird dadurch auch ein wirklich offener, dialogischer Kontakt zum Gegenüber vermieden, da ich als Person undeutlich bleibe, ohne eigenes Profil.

Aber genau das Verwirklichen einer wahrhaftigen Begegnung (»encounter«) zwischen zwei Menschen, einer wirklich dialogischen Beziehung, ist nach Rogers der Sinn jeder Beziehung und das Mittel zur Veränderung. Kongruenz bedeutet für die Beraterperson, dass es nicht mehr möglich ist, sich hinter der Fassade der Professionalität zu verstecken. Eine Beraterperson, die weitgehend selbstkongruent ist, hat einen großen Schritt in Richtung »fully functioning person« getan und ist damit nicht nur eine hilfreiche Beraterin, sondern zugleich auch ein gutes Modell für den angstfreien, offenen Umgang mit den eigenen Gefühlen.

Konkretisierung des Konzepts Echtheit: Hilfreiche Gesprächsregeln

Finke (1994, S. 67 ff) konkretisiert das sehr breite Konzept der Echtheit, indem er es in verschiedene Interventionsarten differenziert. So kann sich die Echtheit im Konfrontieren, im Beziehungsklären und in der Selbsteinbringung äußern.

Konfrontation

Bei der Konfrontation deckt die Beraterperson Widersprüche auf. Widersprüche können auf verschiedenen Ebenen bestehen: zwischen dem nonverbalen und dem verbalen Verhalten der Klientin, zwischen der Selbstwahrnehmung und der Fremdwahrnehmung oder auch zwischen gewonnener Einsicht und tatsächlichem Verhalten. Wir können uns vorstellen, dass besonders bei der Konfrontation eine akzeptierende und wertschätzende Grundhaltung wichtig ist und sogar nur auf der Basis einer solchen Haltung Erfolg versprechend sein kann.

Beziehungsklären

Besonders das Beziehungsklären ist eine zentrale Aufgabe im Rahmen der Echtheit, die auch in anderen Beratungskonzepten einen wichtigen Stellenwert einnimmt bzw. einnehmen sollte.

Folgendes Beispiel der Beziehungsklärung enthält aus psychoanalytischer Sicht auch das Thema der Übertragung:
(Finke, 1994, S. 89)

Beispiel

T.: »Ich glaub', es ist Ihnen wichtig, nicht für gleichgültig und bequem gehalten zu werden.«
Kl.: »Ja, Leistung war mir immer sehr wichtig.«
T.: »Dass man Sie anerkennt wegen dieser Leistung.«
Kl.: »Ich will, dass diese Anerkennung dann auch berechtigt ist, dass sie durch Leistung wirklich begründet ist.«
T.: »Manchmal kommt mir das Gefühl, dass Sie sich auch von mir Anerkennung wünschen, also, dass ich Sie als jemanden sehe, der seine Aufgaben wirklich gut macht.«
Kl.: »Ich weiß nicht, ... aber ich bemühe mich natürlich, man muss doch wirklich versuchen, das Gute daraus zu machen.«
T.: »Sie denken vielleicht, dass ich Sie nicht so richtig achten könne, wenn Sie es hier nicht ›gut‹ machen.«
Kl.: »Vielleicht ist was dran, ich hab's von meinem Vater gelernt, so das Bemühen, immer das Beste zu geben.«
T.: »Sie denken, dass ich das jetzt so wie ihr Vater von Ihnen auch fordern könnte.«

Kl.: »Ja, ja, mh. ..., ich glaub', vielleicht ist das so ein Problem bei mir, dass ich es immer allen beweisen will.«
T.: »So als ob Sie fürchten, dass ich sonst nicht sehen könnte, was Sie wirklich wert sind.«

Hilfreiche Gesprächsregeln für das Beziehungsklären sehen folgendermaßen aus:

Gesprächsregeln Beziehungsklären

- Greifen Sie Ihre Person betreffende Bemerkungen, Klagen, Lob, Wünsche, unbedingt auf.
- Versuchen Sie, die hinter solchen Bemerkungen stehenden Gefühle, Erwartungen und Beurteilungen zu erfassen und zu verbalisieren.
- Zeigen Sie Interesse an den Vorstellungen, Phantasien und Wünschen, die der Klient in Bezug auf Ihre Person und Ihre Rolle als Therapeut hat.
- Verweilen Sie lange bei der Beschäftigung des Klienten mit Ihrer Person, verdeutlichen Sie die verschiedenen Aspekte dieser Einstellung, bevor Sie biographische Zusammenhänge ansprechen.
- Denken Sie immer daran, dass auch Äußerungen des Klienten, die nicht direkt die Beziehung thematisieren, als Botschaft an Sie gemeint sein können.

(Finke, 1994, S. 95)

Selbsteinbringung

Während es bei der Konfrontation um Widersprüche auf Seiten der Klientin geht und bei der Beziehungsklärung Aspekte der Beziehung zwischen Beraterin und Klientin thematisiert werden, steht bei der Selbsteinbringung die Person der Beraterin im Mittelpunkt. Die Beraterin teilt ihre Gefühle mit, wenn sie davon überzeugt ist, dass dies den beraterischen Prozess weiterbringt. Zumeist wird sie Aspekte des beraterischen Prozesses thematisieren. Auch hier zeigt sich wieder die Bedeutung der Übertragung.

Beispiel
Die 19 jährige Klientin, die sich in einem Ablösungsprozess von ihrer Mutter befindet, kommt mehrfach nicht zu dem vereinbarten Beratungstermin – ohne abzusagen. Sie ruft jedes Mal nachträglich an und versichert sich telefonisch, dass die Beraterin ihr dies nicht übel nimmt und ihr den nächsten Termin wieder freihält. Die Beraterin spürt zunehmend Ärger.

T.: »Letztes Mal habe ich hier gesessen und auf Sie gewartet und mich zunehmend geärgert.«
Kl.: »Ich konnte wirklich nicht und meine Verabredung (Ausführungen zur Verabredung) war so kurzfristig und auch wichtig, dass es unmöglich war, zu kommen und auch anzurufen (Ausführungen, warum ein Anruf unmöglich war).«
T.: »Ich habe mich auch deshalb geärgert, weil es schon mehrmals in letzter Zeit vorgekommen ist.«
Kl.: »Es tut mir ja Leid und es soll auch nicht mehr vorkommen.«
T.: »Ich versuche zu verstehen, warum es vielleicht wichtig für Sie ist, immer wieder den Termin abzusagen und mich hier warten zulassen.«
Kl.: »Ich wollte Sie nicht ärgern, wirklich nicht, und die Termine bei Ihnen sind mir wichtig.«
T.: »Es war auch wichtig für Sie, etwas anderes zu tun und sich dabei gut zu fühlen und keine Schuldgefühle zu haben, obwohl ich warte.«

Kl.: »Letztes Mal hätte ich es noch rechtzeitig zu Ihnen schaffen können, aber ich bin dann noch mit einer Freundin ein Eis essen gegangen.«
T.: »Ich verstehe jetzt Ihr Fernbleiben auch als Wunsch, sich von mir unabhängiger zu fühlen und es war anscheinend ein gutes Gefühl.«

Im weiteren Verlauf spricht die Beraterin die Beziehung der Klientin zu ihrer Mutter an, die schon mehrfach Thema war. Sie stellt einen Zusammenhang her zwischen den geschilderten Schuldgefühlen der Mutter gegenüber wegen der eigenen Unabhängigkeitsbestrebungen und den jetzt möglich gewordenen Unabhängigkeitsgefühlen der Beraterin gegenüber.

Ausgangspunkt war jedoch das Aussprechen des empfundenen Ärgers im Sinne der Selbsteinbringung und nicht eine Deutung des Verhaltens der Klientin, wie es in der Psychoanalyse der Fall wäre.

Die Selbsteinbringung der Beraterin sollte sich auf ihr Erleben der beraterischen Situation beschränken. Erlebnisse aus ihrer eigenen Biographie gehören nicht dazu, da dies die Klientin von der Auseinandersetzung mit sich selbst ablenkt. Außerdem besteht die Gefahr, Ratschläge zu geben (»Ich kenne diese Situation und habe mich damals ... verhalten«). Dieses Verhalten wäre in mehrfacher Hinsicht nicht klientenzentriert, auf jeden Fall würden aber die eigenen Aktualisierungskräfte der Klientin nicht angesprochen.

Folgende hilfreiche Regeln gibt Finke (1994, S. 103) vor:

Gesprächsregeln Selbsteinbringung

- Erkunden Sie Ihre eigenen Gefühle, Erwartungen und Phantasien in Bezug auf Ihren Klienten.
- Versuchen Sie, bei sich zu unterscheiden zwischen Gefühlen, die eine Reaktion auf das Verhalten des Klienten sein können, und gefühlshaften Einstellungen, die Ihren eigenen Neigungen und Erwartungen entsprechen.
- Teilen Sie Ihre Reaktion auf das Verhalten des Klienten mit, wenn Sie hierdurch dem Klienten einen wichtigen Impuls zur Selbstauseinandersetzung geben können.
- Verbergen Sie länger dauernde, Ihr therapeutisches Funktionieren blockierende Gefühle nicht. Seien Sie, in kontrollierter Weise, transparent.
- Achten sie darauf, dass die Mitteilung Ihrer Reaktionen auf den Klienten ohne jeden Unterton des Vorwurfes geschieht.
- Regen Sie den Klienten an sich zu vergegenwärtigen, wie Ihre Selbst-Mitteilung auf ihn gewirkt hat.

Durch die verschiedenen Möglichkeiten der Beraterin, die Kongruenz auszudrücken, insbesondere durch das Konfrontieren und die Beziehungsklärung, wird die Klientin mit eigenen Widersprüchen konfrontiert. Diese Widersprüche können als Ausdruck der Inkongruenz der Klientin gesehen werden, nämlich als Abwehr Angst auslösender Wahrnehmungen. Durch die Konfrontation bekommt sie die Möglichkeit, sich hiermit auseinanderzusetzen.

3.4 Wie sieht klientenzentrierte Beratung/Therapie aus?

 Merke
Das dritte Berater-Merkmal, die Echtheit, erfordert von der Beraterin eine fassadenfreie, authentische Haltung der Klientin gegenüber. Die Echtheit bietet der Beraterin die Möglichkeit, ihre eigenen Wahrnehmungen und Empfindungen ins Spiel zu bringen und die Klientin damit zu konfrontieren. Dies kann z.B. der Beziehungsklärung dienen. Die Echtheit darf nur auf der Basis einer empathischen Haltung angewandt werden. Sie sollte nur selektiv ausgeübt werden, nämlich nur dann, wenn sie den beraterisch/therapeutischen Prozess fördert.

Missverständnis!
Kongruenz (Echtheit) bedeutet nicht, immer alles zu sagen, was ich denke und fühle. Kongruenz bedeutet auch nicht, dass ich von mir und meinem Leben erzähle. Vielmehr bedeutet Kongruenz das dosierte Mitteilen des eigenen Erlebens, wenn es im Zusammenhang steht mit meinem Gegenüber und wenn es sinnvoll und hilfreich für den Prozess der Selbstexploration des Gegenübers ist. Die Psychoanalyse bezeichnet diesen Prozess als das Mitteilen der Gegenübertragung.

Tausch und Tausch (1979, S. 88 zit. nach Sander, 1999, S. 65) haben das abstrakte Konzept der Echtheit in zahlreiche kennzeichnende Einzelmerkmale zerlegt und anschaulich in einer Übersichtstabelle beschrieben.

Echtsein einer helfenden Person gegenüber einem anderen	
Unechtsein – Fassadenhaftigkeit	Echtsein – Ohne-Fassade-Sein
Eine Person drückt Gegensätzliches zu dem aus, was sie fühlt und denkt.	Die Äußerungen einer Person entsprechen ihrem Fühlen und Denken.
Sie gibt sich anders, als sie wirklich ist.	Sie gibt sich so, wie sie wirklich ist.
Sie verhält sich gekünstelt, mechanisch, spielt eine Rolle.	Sie verhält sich ungekünstelt, natürlich, spielt keine Rolle.
Sie gibt sich amtlich, professionell, routinemäßig.	Sie ist ohne professionelles, routinemäßiges Gehabe.
Sie lebt hinter einer Fassade, hinter einem Panzer.	Sie ist sie selbst, sie lebt ohne Fassade und Panzer.
Sie zeigt häufig ein stereotypes Verhalten in Gesten und Worten.	Sie verhält sich in individueller, origineller, vielfältiger Weise.
Ihr ist nicht vertraut, was in ihr vorgeht, und sie setzt sich nicht damit auseinander.	Sie ist vertraut mit dem, was in ihr vorgeht, und setzt sich damit auseinander.
Sie täuscht andere, sie heuchelt.	Sie ist aufrichtig und heuchelt nicht.
Sie ist unehrlich sich selbst gegenüber, macht sich etwas vor, vermeidet sie selbst zu sein.	Sie ist ehrlich sich selbst gegenüber, macht sich nichts vor, ist bereit, das zu sein, was sie ist.

Echtsein einer helfenden Person gegenüber einem anderen	
Unechtsein – Fassadenhaftigkeit	Echtsein – Ohne-Fassade-Sein
Äußerungen, Handlungen, Mimik und Gestik dienen der Verteidigung, der Fassade, damit der andere ihr wirkliches Ich nicht kennen lernt.	Sie offenbart sich anderen und gibt sich mit ihrem Ich zu erkennen, sie verleugnet sich nicht.
Sie ist undurchschaubar.	Sie ist durchschaubar.
Sie drückt keine tiefen gefühlsmäßigen Erlebnisse aus.	Sie drückt tiefe gefühlsmäßige Erlebnisse aus.

Abb. 12: Wichtige Einzelmerkmale, die das Konzept der Echtheit charakterisieren

3.4.1.4 Gibt es Übertragungs- und Abwehrphänomene in einer echten Beziehung?

Rogers hat sich ausgiebig mit dem aus der Psychoanalyse bekannten Konzept der Übertragung auseinandergesetzt und kommt zu dem Schluss, dass eine Übertragungsbeziehung im Rahmen einer klientenzentrierten Beratung nur selten vorkommt (Rogers, 2005, S. 190 ff). Warum? Bei der klientenzentrierten Beziehung besteht eine echte, fassadenfreie Interaktion, die Beraterperson wird als Person deutlich und tritt in eine authentische, wertschätzende Beziehung. Schon allein diese Tatsache, dass die Beraterperson kein unbeschriebenes Blatt, keine Projektionsfläche bleibt, sollte massive Übertragungen verhindern. Stellen wir uns also eine Klientin vor, die sich wirklich wertgeschätzt, angenommen und nicht bewertet und diagnostiziert fühlt und die trotzdem das Gefühl äußert, von der Beraterperson moralisch verurteilt zu werden (das wäre in diesem Fall die Übertragung). Wenn die Beraterperson auf dieses Gefühl nun – wie es das klientenzentrierte Konzept fordert – ebenfalls akzeptierend eingeht und nicht interpretierend oder bewertend, dann bleibt nach Rogers der Klientin gar nichts anderes übrig, als dieses Gefühl als zu ihr selbst gehörig zu empfinden. Sie braucht das Gefühl nicht ängstlich abzuwehren, indem sie es auf andere überträgt, sondern kann es als zu sich gehörig empfinden, da es vom Gegenüber akzeptierend und wertfrei behandelt wird.

Rogers wendet also auf das Auftreten der Übertragung wie auf alle Klienten-Äußerungen sein Konzept des wertschätzenden Umgangs an, welches dazu führt, dass Abspaltungen und Abwehr eigener Anteile zurückgenommen werden und damit ein Prozess der Integration abgespaltener Gefühle in Gang kommt.

Rogers wandelt die vom Psychoanalytiker Fenichel (1945) gemachte Äußerung: »Die Reaktion des Analytikers auf die Übertragung des Patienten ist die gleiche wie auf jede Einstellung des Patienten: Er interpretiert« ab, indem er schreibt: »Die Reaktion des klient-bezogenen Therapeuten auf Übertragung ist die gleiche wie die auf jede andere Einstellung des Therapeuten: Er versucht zu verstehen und zu akzeptieren« (Rogers, 2005, S. 190). Durch die Akzeptierung der Übertragung soll die Klientin zu der Erkenntnis kommen, dass die Gefühle in ihr selbst liegen und nicht in der Beraterin.

Auch mit dem Begriff der Abwehr hat sich Rogers verschiedentlich beschäftigt (z. B. Rogers 1991a, S. 52 ff.), Finke bezeichnet das Abwehrkonzept sogar als zentral in Rogers Persönlichkeits- und Störungslehre (Finke 1994, S. 70). Rogers definiert die Abwehr als Ausdruck von Blockaden bedrohlicher Wahrnehmungsinhalte. Erfahrungen, die im Widerspruch zum existierenden Selbstbild oder zu dem Bild der Beziehung zur Welt stehen, werden vorübergehend unschädlich gemacht, indem sie im Bewusstsein verzerrt oder dem »Bewusstsein verweigert« werden (Rogers, 2012, S. 187). Vergleichbares meint die Psychoanalyse mit ihrem Konzept der Abwehr und der Abwehrmechanismen, die dazu dienen, beängstigende Gefühle zu vermeiden (▶ Kap. 2.3.1.3).

Wo liegen die Unterschiede? Diese sind eher im beraterisch/therapeutischen Umgang mit dem Abwehrphänomen zu sehen. Rogers war überzeugt davon, dass durch die Realisierung der therapeutischen Grundhaltung Abwehrstrukturen aufgelöst werden können. Seiner Meinung nach führt also die Annahme und Akzeptanz der Abwehr zu einer Verringerung der Abwehr.

Die Psychoanalyse dagegen interpretiert und deutet die Abwehr als Vermeidungsverhalten und geht davon aus, dass durch Deutung und darauf folgende Einsicht die Abwehr bei der Klientin verringert wird.

3.4.1.5 Der Beziehungsaspekt im klientenzentrierten Ansatz

Zu Beginn des Kapitels wurde der klientenzentrierte Ansatz als eine »Beziehungstherapie« bezeichnet. Das dürfte durch die vorliegende Darstellung nachvollziehbar geworden sein. Das therapeutische Beziehungsangebot, welches durch die drei Basismerkmale gekennzeichnet ist, soll eine Persönlichkeitsveränderung der Klientin in Richtung Wachstum in Gang setzen. Die Beziehung selbst bewirkt die positive Veränderung auf Seiten der Klientin und nicht etwa Interventionen wie Interpretation, Deutung oder aktionale Techniken.

Kennzeichnend für die Gestaltung des therapeutischen Kontaktes ist die Nichtdirektivität, die ihren Ursprung im großen Vertrauen in die eigenen Kräfte der Klientin hat.

> **Definition Nichtdirektivität**
> Nichtdirektivität bedeutet, dass die Therapeutin das Gespräch nicht lenkt. Konkret heißt dies, dass sie aktiv zuhört, ihre Aufmerksamkeit auf die Klientin zentriert, aber selten Fragen stellt und keine Rollenspiele oder Hausaufgaben vorschlägt. Sie steuert das Gespräch weder durch Lob, Trost oder andere Bewertungen. Keinesfalls gibt sie Themen vor.

Dass Schweigen und Zuhören keineswegs passive Elemente eines Gesprächs sind, wurde anhand der Definition des aktiven Zuhörens deutlich gemacht. Die Nichtdirektivität findet allerdings ihre Begrenzung bei der therapeutischen Anwendung der Echtheit. Durch kongruentes Verhalten wie Konfrontation oder Beziehungsklärung gibt die Therapeutin ein Thema vor, mit dem die Klientin sich auf irgendeine Weise auseinandersetzen muss.

Zuhören wird im Alltagsverständnis zumeist als ein passives und deshalb wenig hilfreiches Verhalten bewertet. Dagegen wird das Ratschläge-Geben als hilfreich angesehen. Besonders im klientenzentrierten Denkmodell wird das Ratschläge-Geben vehement abgelehnt, da es auf der Überzeugung beruht, die Rat suchende Person sei selbst nicht in der Lage, eine Lösung zu finden. Damit wird ihrem Wachstumspotential nicht vertraut. Weiterhin stellt Zuhören die Voraussetzung für empathisches Verstehen dar.

Unter psychologischen Gesichtspunkten betrachtet ist Zuhören mit dem Ziel, den anderen in seinem Erleben wirklich zu verstehen, Ausdruck von Respekt, Wertschätzung und Akzeptanz. Eine solche Haltung ermöglicht dem Gegenüber, sich in Ruhe selbst zu explorieren.

Michael Ende beschreibt in »Momo« auf kongeniale Weise den selbst explorierenden und Selbstwert stärkenden Wachstumsprozess, der einsetzt, wenn sich ein Mensch wertgeschätzt und empathisch begleitet fühlt.
»Was die kleine Momo konnte wie kein anderer, das war: Zuhören.
Das ist doch nichts Besonderes, wird nun vielleicht mancher (Leser) sagen, zuhören kann doch jeder. Aber das ist ein Irrtum. Wirklich zuhören können nur ganz wenige Menschen. Und so wie Momo sich aufs Zuhören verstand, war es ganz und gar einmalig.
Momo konnte so zuhören, dass dummen Leuten plötzlich gescheite Gedanken kamen. Nicht etwa, weil sie etwas sagte oder fragte, was den anderen auf solche Gedanken brachte, nein, sie saß nur da und hörte einfach zu, mit aller Aufmerksamkeit und aller Anteilnahme. Dabei schaute sie den anderen mit ihren großen, dunklen Augen an, und der Betreffende fühlte, wie in ihm auf einmal Gedanken auftauchten, von denen er nie geahnt hatte, dass sie in ihm steckten.
Sie konnte so zuhören, dass ratlose oder unentschlossene Leute auf einmal ganz genau wussten, was sie wollten. Oder dass Schüchterne sich plötzlich frei und mutig fühlten. Oder dass Unglückliche und Bedrückte zuversichtlich und froh wurden. Und wenn jemand meinte, sein Leben sei ganz verfehlt und bedeutungslos und er selbst nur irgendeiner unter Millionen, einer, auf den es überhaupt nicht ankommt und der ebenso schnell ersetzt werden kann wie ein kaputter Topf – und er ging hin und erzählte alles das der kleinen Momo, dann wurde ihm, noch während er redete, auf geheimnisvolle Weise klar, dass er sich gründlich irrte, dass es ihn genauso, wie er war, unter allen Menschen nur ein einziges Mal gab und dass er deshalb auf seine besondere Weise für die Welt wichtig war.
So konnte Momo zuhören.«
(Ende 2005, S. 14)

3.4.1.6 Selbstexploration und die Beendigung der Therapie

»Um zu handeln, muss man sein.«
Lao-tse

Die geschilderten Beziehungsmerkmale der Empathie, der unbedingten Wertschätzung und der Kongruenz sollen nun bei der Klientin einen Wachstumsprozess in Gang setzen, den Rogers Selbstexploration nennt; durch diesen wird sie zunehmend freier im Ausdruck ihrer Gefühle. Sie lernt, Inkongruenzen bei sich selbst wahrzunehmen und ohne Angst zu empfinden. Sie muss diese Wahrnehmungen nicht mehr abwehren. Sie beginnt, sich und ihre subjektive Realität zu explorieren. Sie entfaltet sich mehr und mehr und entdeckt neue Seiten an sich. Damit befindet sie sich in einem inneren Wachstumsprozess, bei dem die Wahrnehmungen genauer und weniger verzerrt werden; zunehmend sieht sich die Klientin selbst als Maßstab und Bezugspunkt für Bewertungen: Das Selbstkonzept wird reorganisiert und es entsteht Kongruenz dadurch, dass sich die Diskrepanzen zwischen den Erfahrungen und dem Selbst verringern. Dieser Prozess kann auch als Reorganisation bezeichnet werden: Zuvor Abgewehrtes wird wieder integriert. Durch diese Entwicklung hin zu einer »fully functioning person« soll die Klientin ihre Lebensprobleme besser bewältigen und ihre Beziehungen effektiver gestalten können. Befindet sich die Klientin also in einem offenen und durchlässigen Stadium ihrem inneren Erleben gegenüber, in einem Prozess der »Selbstexploration«, der Entdeckung von sich selbst, ist das Ziel der Beratung bzw. Therapie erreicht. Der Prozess der Selbstexploration ist ein lebenslanger Prozess und niemals abgeschlossen.

Die Entwicklung der Selbstexploration
Rogers (2012, S. 136 ff) beschreibt den Prozess der Persönlichkeitsentwicklung durch Selbstexploration in sieben Phasen

Erste Phase: Es besteht eine Abneigung, sich mitzuteilen. Mitteilungen beziehen sich auf Äußerlichkeiten. Es besteht kein Bedürfnis nach Veränderung.

Zweite Phase: Es werden Probleme wahrgenommen, aber als etwas, was außerhalb des Selbst liegt. Es gibt keine Empfindung der persönlichen Verantwortung für das Problem.

Dritte Phase: Gefühle werden geäußert, aber nur in geringem Maße akzeptiert. Sie werden als etwas Schlechtes, Unannehmbares empfunden. In dieser Phase befinden sich am häufigsten Menschen, die eine Beratung aufsuchen.

Vierte Phase: Gefühle werden als unmittelbar und gegenwärtig erlebt. Es findet eine zunehmende Differenzierung der Gefühle statt.

Fünfte Phase: Gefühle werden nicht distanziert geschildert, sondern in der Gegenwart erlebt und frei zum Ausdruck gebracht. Es wird zunehmend Verantwortung für die Gefühle übernommen.

Sechste Phase: Empfindungen, die bisher verdrängt worden sind, werden frei zum Ausdruck gebracht. Eine innere Kommunikation findet relativ unblockiert statt.

Siebte Phase: Gefühle werden als zu einem selbst gehörig empfunden und akzeptiert. Es gibt ein grundsätzliches Vertrauen in den inneren Prozess der Entwicklung und Veränderung.

Merke
Wird die professionelle Haltung, die durch die beschriebenen drei Basismerkmale gekennzeichnet ist, verwirklicht, kommt bei der Klientin ein Entwicklungsprozess in Gang, der Selbstexploration heißt. Es ist ein Prozess der Auseinandersetzung mit dem inneren Bezugsrahmen. Der Zugang zum eigenen Wachstumspotential wird möglich. Erfahrungen und Gefühle werden nicht länger abgewehrt, sondern in das Selbstkonzept integriert. Damit sind Möglichkeiten der Entwicklung und Veränderung gegeben.

3.4.1.7 Zum Abschluss: Ein Fallbeispiel

Nachdem theoretische und praktische Aspekte des klientenzentrierten Ansatzes vorgestellt worden sind, soll ein Fallbeispiel ausschnittartig einige Merkmale der Vorgehensweise beleuchten und veranschaulichen.

Fallbeispiel
Frau Melanie M., 18 Jahre alt, sucht eine Beratungsstelle mit folgendem Anliegen auf: Sie hat eine Ausbildung zur Erzieherin gemacht und soeben ein Anerkennungsjahr in einem Kindergarten beendet. Sie schildert, dass sie mit ihrer Anleiterin nicht gut zurechtgekommen sei. Deshalb müsse sie das Anerkennungsjahr wiederholen mit der Auflage, eine psychologische Beratung zu absolvieren. Sie erlebt die Behandlung durch die Anleiterin als ungerecht, möchte aber unbedingt die Ausbildung abschließen und ist deshalb zu einer Beratung bereit, wobei sie die Rechtmäßigkeit einer solchen Auflage nicht in Frage stellt. Außerdem möchte sie ihren Ärger über die aus ihrer Sicht erlebten Kränkungen loswerden. Im weiteren Gesprächsverlauf räumt Frau M. ein, auch mit den anderen Erzieherinnen nicht zurechtgekommen zu sein und ebenfalls häufiger mit den Eltern der Kindergartenkinder Probleme gehabt zu haben. Sie stellt sich vor, Ratschläge von der klientenzentrierten Therapeutin zur Lösung schwieriger Situationen (Elterngespräche, Teamkonferenzen) zu bekommen. Außerdem möchte sie in Rollenspielen ein besseres Verhalten in entsprechenden Situationen einüben. Die Therapeutin geht nicht auf diese Wünsche der Klientin ein. Sie achtet bei den Schilderungen der Klientin besonders auf die Art und Weise der Darstellung. Die klientenzentrierte Therapeutin möchte keine Lösungen liefern, indem sie das präsentierte Problem mit der Klientin gemeinsam bearbeitet, sie möchte die Klientin hinter das Problem führen und ihr die eigentliche Bedeutung des Problems zugänglich machen. Ihre empathische Haltung ermöglicht ihr die Wahrnehmung des ablehnenden Tonfalls der Klientin ihrem Arbeitsfeld gegenüber. Sie schildert ihre Tätigkeit wie eine große Mühsal. Die Therapeutin geht nun nicht auf die inhaltlichen Aspekte der geschilderten Konflikte ein, sondern versucht zu verstehen, was es der Klientin so schwer macht. Tonfall und Lustlosigkeit stehen in deutlicher Diskrepanz zu ihrer Aussage, dass sie sich diesen Beruf immer gewünscht habe. Sie spiegelt nun nicht nur die geäußerten Gefühle (Ärger, Kränkung) wider, sondern eher die mitschwingenden, von der Klientin nicht geäußerten und nicht bewusst erlebten Gefühle (Lustlosigkeit, Ablehnung, Anstrengung). Dadurch bekommt Frau M. die Gelegenheit, diese Gefühle bei sich selbst erst einmal wahrzunehmen und sich dann mit ihnen auseinanderzusetzen. Dabei hilft ihr die wertfreie Akzeptanz der Therapeutin. Die innere Ablehnung ihres Berufs widerspricht nämlich dem Selbstbild und den Werten der Klientin. Sie beginnt, ihr Selbstkonzept zu explorieren. Dabei erlebt sie die Inkongruenz zwischen ihrem Selbstkonzept eines Menschen mit großen interpersonalen Kompetenzen, der für einen sozialen Beruf geschaffen ist, und ihrer beruflichen Realität, in der sie große Probleme im Umgang mit anderen hatte und überhaupt die ständigen Kontakte mit anderen als anstrengend und lästig erlebte. Sie wehrt diese Angst auslösende Inkongruenz-Erfahrung zunächst ab. Erst durch die empathische Haltung ihres Gegenübers kann sie ihre Wertvorstellungen sowie ihre den Wertvorstellungen entgegen gesetzten Impulse ohne Verurteilung reflektieren. Sie erkennt, dass ihre Mutter, die keinen Beruf erlernen konnte, diesen Beruf sich selbst immer gewünscht hatte und von früh an die Klientin dazu gedrängt hatte, diesen, ihren eigenen Berufswunsch, zu verwirklichen.
In der Folge erlebt die Klientin Gefühle der Schuld wegen ihrer beginnenden Abgrenzung von den Wünschen der Mutter, aber auch großen Ärger ob der Fremdbestimmung. Im weiteren Verlauf ist die Situation im Kindergarten – das zu Beginn präsentierte Problem – kein Thema mehr. Mit fortschreitender Selbstexploration setzt sie sich mit ihren eigenen, verschütteten Wünschen, Interessen und Begabungen auseinander und kommt zu einer Neubewertung ihrer künstlerischen Fähigkeiten, die von ihrer Familie und dann auch von ihr klein geredet wurden. Durch die bestätigende Haltung der Therapeutin vertieft sich der Prozess der Selbstexploration, sie bekommt Zugang zu ihrem Selbst und kann ver-

drängte Empfindungen zum Ausdruck bringen. Schließlich entscheidet sich die Klientin, das Anerkennungsjahr nicht zu wiederholen, sondern eine Ausbildung als Maskenbildnerin am Theater zu beginnen. Wenige Jahre später meldet sie sich noch einmal und schenkt der Therapeutin ihr Abschlussstück der Ausbildung, eine Skulptur mit abnehmbarer Maske.

3.4.1.8 Diagnostik im klientenzentrierten Ansatz: Das Erstgespräch

Rogers hatte ein sehr zurückhaltendes Verhältnis zum Thema Diagnostik. Eine Diagnostik im Sinne des Abfragens von Informationen, seien sie auf das Symptom bezogen – wie etwa im verhaltensorientierten Erstgespräch – oder seien sie auf die Biographie bezogen – wie im psychoanalytischen Erstgespräch – widerspricht dem nicht-direktiven Konzept, bei dem die Klientin das Thema bestimmt und die Therapeutin sich ganz auf die Klientin einstellt. Andererseits hat Rogers selbst Phasen der Persönlichkeitsentwicklung aufgestellt (siehe oben). Gemäß diesem Phasenmodell ließe sich die Klientin im Erstgespräch bezüglich des Grades ihrer Selbstexploration einschätzen. Ebenfalls können im Rahmen des Erstgesprächs unter Beachtung des eher beschreibenden Störungskonzeptes Informationen über das Selbstkonzept, die Wahrnehmungsblockaden und die Beziehungserwartungen der Klientin gesammelt werden.

Letztlich unterscheidet sich aber das klientenzentrierte Erstgespräch nicht von den darauf folgenden klientenzentrierten Beratungsgesprächen: Bereits beim Erstgespräch verwirklicht die klientenzentrierte Beraterin die Merkmale der hilfreichen Gesprächsführung.

Eine Besonderheit im Vergleich zu anderen Beratungsansätzen stellt beim klientenzentrierten Ansatz die therapiebegleitende Diagnostik dar, mit der Fortschritte des Beratungsprozesses gemessen werden. Im Rahmen der Therapieforschung wurden zahlreiche Fragebögen zur Messung des Therapieerfolgs entwickelt (▶ **Abb. 13**). Diese werden nach jeder Sitzung oder auch in regelmäßigen, größeren Abständen von der Klientin ausgefüllt. Sie dienen zum einen als Feedback für die Beraterperson über ihr professionelles Verhalten, machen weiterhin aber auch eine Aussage über die Ansprechbarkeit der Klientin für das klientenzentrierte Konzept. Schätzt diese ihr Erleben durchweg negativ ein, ist zu überlegen, ob das klientenzentrierte Konzept auf sie passt. Es mag natürlich auch andere Ursachen dafür geben, wie etwa ein Beziehungsproblem zwischen Therapeutin und Klientin oder ein Kompetenzproblem der Beraterin, die dann Supervision aufsuchen sollte.

3 Eine Einführung in den klientenzentrierten Ansatz

**Bielefelder Klientenerfahrungsbogen
(BIKEB)**

Version: 7/94

Klient/in: .... Therapeut/in: ....

Insgesamt .... tes psychotherapeutisches Gespräch am ....

Bitte beantworten Sie möglichst spontan die folgenden Fragen
zum heutigen psychotherapeutischen Gespräch:

		stimmt überhaupt nicht					stimmt genau
1.	So wie das Gespräch heute lief, hat es mich nicht befriedigt.	0	1	2	3	4	5
2.	Heute fühlte ich mich bei meinem Therapeuten/meiner Therapeutin gut aufgehoben.	0	1	2	3	4	5
3.	Mit der Art, wie mein Therapeut/meine Therapeutin mit mir heute umging, kam ich gut zurecht.	0	1	2	3	4	5
4.	Durch das heutige Gespräch bin ich innerlich irgendwie ruhiger geworden.	0	1	2	3	4	5
5.	Die Art, wie sich mein Therapeut/meine Therapeutin heute mir gegenüber verhielt, war für mich hilfreich und nützlich.	0	1	2	3	4	5
6.	Das heutige Gespräch hat mich körperlich ziemlich erschöpft.	0	1	2	3	4	5
7.	Durch das heutige Gespräch bin ich zu einer anderen Sicht meiner Probleme gekommen.	0	1	2	3	4	5
8.	Es fiel mir heute leicht, mich selbst, meine Probleme und mein Erleben ins Auge zu fassen.	0	1	2	3	4	5
9.	In diesem Gespräch habe ich mehr innere Sicherheit gewonnen.	0	1	2	3	4	5
10.	Unser Gespräch hat mich körperlich frischer und gelöster gemacht.	0	1	2	3	4	5
11.	Heute hatte ich in der Stunde das Gefühl, innerlich blockiert zu sein.	0	1	2	3	4	5
12.	Nach dieser Stunde fühle ich mich körperlich erholt und entspannt.	0	1	2	3	4	5
13.	Ich finde, daß mein Therapeut/meine Therapeutin heute zu wenig berücksichtigt hat, was ich wirklich brauche.	0	1	2	3	4	5
14.	Ich fühle mich jetzt innerlich nervöser und unruhiger als vor der Stunde.	0	1	2	3	4	5
15.	Ich sehe nach dieser Stunde dem kommenden Tag zuversichtlicher entgegen.	0	1	2	3	4	5
16.	Im heutigen Gespräch sind mir neue Zusammenhänge in meinem Verhalten und Erleben deutlich geworden.	0	1	2	3	4	5
17.	Es fiel mir heute schwer, meine Empfindungen und Gedanken in Worte zu fassen.	0	1	2	3	4	5
18.	Nach dieser Stunde habe ich mehr Hoffnung, meine Probleme selbst bewältigen zu können.	0	1	2	3	4	5
19.	Nach diesem Gespräch fühle ich mich körperlich müde und kaputt.	0	1	2	3	4	5
20.	In der heutigen Stunde hatte ich das Gefühl, mich nur im Kreis zu bewegen.	0	1	2	3	4	5
21.	Es fiel mir heute leicht, über alles zu sprechen, was mich bewegte.	0	1	2	3	4	5
22.	Ich fühle mich nach dieser Stunde innerlich ausgeglichener als vorher.	0	1	2	3	4	5
23.	Heute sind wir irgendwie weitergekommen.	0	1	2	3	4	5
24.	Ich habe durch dieses Gespräch mehr Vertrauen zu mir selbst gewonnen.	0	1	2	3	4	5
25.	Durch die heutige Stunde bin ich innerlich ziemlich aufgewühlt.	0	1	2	3	4	5

Abb. 13: Bielefelder Klientenfragebogen: Ein Beispiel für die Begleitdiagnostik der klientenzentrierten Therapie

3.4.1.9 Weiterentwicklungen

Die klientenzentrierte Gesprächstherapie ist in Europa und den USA weit verbreitet. Sie ist in zahlreichen europäischen Ländern ein von den Krankenkassen anerkanntes Psychotherapieverfahren, allerdings noch nicht in Deutschland.

Im Laufe der Zeit haben sich innerhalb des klientenzentrierten Ansatzes unterschiedliche Strömungen entwickelt. So gab es etwa Versuche, die Wirkweise der Gesprächspsychotherapie anhand von Lerngesetzen zu erklären (Zuwendung als Belohnung für erwünschtes Verhalten, Wertschätzung als Gegenkonditionierung bei Ängsten; vgl. hierzu Martin, 1975) sowie technische Aspekte der Gesprächsführung mehr zu betonen. So versucht die zielorientierte Gesprächspsychotherapie (vgl. hierzu Sachse, 1992) durch gezielte Maßnahmen das Gespräch zu steuern und in Richtung eines gewünschten Ziels zu bringen.

Am weitesten verbreitet ist aber der hier dargestellte, phänomenologische, nichtlenkende Ansatz, der auch die größte Nähe zum Denken Rogers aufweist.

Focusing nach Gendlin
Gendlin, ein Schüler Rogers, entwickelte das Konzept des Focusing. Es erweitert den klientenzentrierten Ansatz um die körperliche Dimension. Die Klientin orientiert sich während des Gesprächs an bedeutungsvollen Körperempfindungen, die als körperliche Resonanz zu ihrem Problem gesehen werden und setzt sich mit Hilfe der Beraterperson mit diesen körperlichen Empfindungen auseinander (vgl. Gendlin, 1998).

Klientenzentrierte Trainingsprogramme nach Gordon
Gordon (2005, 2012a, 2012b), ein Schüler von Rogers, entwickelte für verschiedene Zielgruppen Trainingsprogramme zum Erlernen der klientenzentrierten Gesprächsführung. Damit führt er Rogers Vorhaben, seinen Ansatz als einen konstruktiven Kommunikationsstil in möglichst vielen Lebensbereichen umzusetzen, fort. Weit verbreitet sind seine Eltern-Kind-Kurse zur besseren Kommunikation in Familien. Ebenso wandte er das Konzept auf den schulischen Bereich (Lehrer-Schüler-Konferenz) und die Wirtschaft (Manager-Konferenz) an. Anhand eines strukturierten Lernprogramms werden die Basismerkmale für den Umgang miteinander eingeübt. Gordon wandelt die Terminologie etwas ab und stellt das aktive Zuhören (die Focusing) der Ich-Botschaft (der Echtheit) gegenüber. Die Teilnehmerinnen werden in Empathie und weiteren interpersonellen Kompetenzen geschult und lernen die Anwendung der Kommunikationsregeln je nach Konfliktlage.

Streitschlichtung, Mediation
Mediation ist ein außergerichtliches Einigungsverfahren bei Scheidungen und hat zum Ziel, zerstrittenen oder noch nicht zerstrittenen Partnern bei der Suche nach einer einvernehmlichen Lösung zu helfen. Die Mediation wird von einer dafür ausgebildeten Person durchgeführt (vgl. z.B. Rosenberg, 2011).

Streitschlichtung ist ebenfalls ein Schlichtungsverfahren bei Konflikten und bezieht sich auf Streitigkeiten zwischen Schülern/innen in der Schule. Streitschlichter/in sind dafür ausgebildete Schüler/innen (vgl. z.B. Hanke, 2007).

Beide inzwischen weit verbreitete und anerkannte Verfahren beruhen auf dem klientenzentrierten Konzept: Es wird eine wertschätzende Haltung eingeübt, bei der die Streitpartner ihren Konflikt u. a. durch aktives Zuhören und Ich-Botschaften lösen sollen.

Letztlich steht auch hier die Schulung interpersoneller Kompetenzen im Vordergrund.

Die wachstumsorientierte Familientherapie nach Virginia Satir

Die von Satir (Satir, 2011; Satir & Baldwin, 1999) entwickelte wachstumsorientierte Familientherapie basiert auf dem humanistischen Menschenbild. Zusätzlich zu ihrer systemischen Sichtweise betont Satir die grundsätzlich positive Ausrichtung des Menschen, der sich unter günstigen Bedingungen kreativ und produktiv entwickele. Ein zentraler Begriff ihres Ansatzes ist der Selbstwert, der in der Familie erlernt wird und sich in bestimmten Kommunikationsstilen äußert.

Personzentrierte Spieltherapie

Der klientenzentrierte Ansatz wird auch in der Kinder- und Jugendlichenpsychotherapie angewandt (vgl. Schmidtchen, 1999; Boeck-Singelmann et al. 2002). Im Rahmen einer Spieltherapie (bei 3–12-Jährigen) werden die Basismerkmale der hilfreichen Beziehung umgesetzt. Der Fokus liegt nicht ausschließlich im verbalen Austausch, sondern es wird auch Spielmaterial einbezogen.

Verständnisfragen
- Wovon hängt nach Rogers der Erfolg einer klientenzentrierten Therapie ab?
- Wie beschreibt Rogers die unbedingte Wertschätzung?
- Was ist Empathie ausdrücklich *nicht*?
- Wie verhält sich eine authentische (echte, kongruente) Beraterperson? Überlegen Sie sich ein Beispiel.
- Was ist mit »selektiver Echtheit« gemeint?
- Welches Ziel auf Seiten der Klientin soll mit der Verwirklichung der drei Basishaltungen erreicht werden?

Kritisch denken!
- Sind die Basismerkmale, insbesondere die Empathie und die Wertschätzung Ihrer Meinung nach erlernbar? Überlegen Sie Argumente dafür und dagegen.
- Rogers wollte die klientenzentrierte Grundhaltung in die Gesellschaft hineintragen, um damit zu einem humaneren Miteinander beizutragen. Ist in unserer Gesellschaft ein wertschätzendes, ehrliches, empathisches Verhalten angebracht? Oder stößt man mit einem solchen Verhalten auf Unverständnis?
- Ist das Argument, dass in unserer Gesellschaft eher Macht und Durchsetzung als Empathie zählen, ein Argument gegen den humanistischen Ansatz? Argumentieren Sie.

4 Eine Einführung in den systemischen Ansatz

4.1 Die Gründung und Entstehung des systemischen Ansatzes

Der systemische Ansatz kann nicht – wie die Psychoanalyse und der klientenzentrierte Ansatz – mit einer einzigen Gründungsfigur aufwarten. An der Entwicklung des Ansatzes war eine Gruppe von Forschern am Mental Research Institute in Palo Alto, Kalifornien, ursächlich beteiligt. Die Forscher des Instituts hatten von der amerikanischen Regierung den Auftrag erhalten, menschliche Kommunikationsmuster zu untersuchen und konstruktive Strategien zwischenmenschlichen Umgangs zu entwickeln. Um den Biologen, Anthropologen und Psychologen Gregory Bateson (1904–1988) sammelten sich Forscher verschiedener Richtungen, die einen systemorientierten, kommunikationswissenschaftlichen Ansatz entwickelten. Zu der Gruppe gehörten u. a. Jay Haley, Don Jackson, John Weakland, Ronald Laing und Lyman Wynne. Mit der Zeit gesellten sich weitere Forscher/innen dazu wie der Österreicher Paul Watzlawick, der eine analytische Ausbildung nach C. G. Jung erhalten hatte, der aus Argentinien stammende Psychoanalytiker und Kinderpsychiater Salvador Minuchin und die Sozialarbeiterin Virginia Satir, die ebenfalls eine psychoanalytische Ausbildung gemacht hatte. Aus der Palo Alto Gruppe entwickelten sich später verschiedene Richtungen, die zwar alle einen systemischen Ansatz verfolgten, aber unterschiedliche theoretische Konzepte entwickelten. So legte Watzlawick den Schwerpunkt auf die Erforschung und Therapie einer gestörten Kommunikation, Satir nannte ihren dem humanistischen Menschenbild verpflichteten Ansatz »wachstumsorientierte Familientherapie«, Minuchin entwickelte die »strukturelle Familientherapie«, in Italien entstand in Mailand unter der Leitung der Ärztin und Psychoanalytikern Mara Selvini-Palazzoli ein Institut für Familientherapie, welches insbesondere Familien mit schizophrenen und magersüchtigen Mitgliedern nach einem »strategischen« Handlungskonzept behandelte. In Deutschland entwickelte sich in den 1960er Jahren der systemische Ansatz zunächst aus der psychoanalytischen Familientherapie. Die neue Idee war, das Problem eines Familienmitglieds nicht isoliert zu betrachten, sondern im Gefüge des Familien-Ganzen. Als einer der ersten Vertreter dieser neuen Richtung in Deutschland kann der Psychoanalytiker Horst Eberhard Richter genannt werden. Richter erkannte im Rahmen seiner Tätigkeit als Kinderarzt, dass die Beschwerden der Kinder oft psychosomatischer Art waren und als Reaktion auf familiäre Probleme gesehen werden mussten. Seine Theorie, nach der neurotische Eltern mit ihren eigenen, unverarbeiteten Kindheitserlebnissen verantwortlich für die Störungen ihrer Kinder seien, arbeitete er in »Eltern, Kind, Neurose« aus, welches 1963 veröffentlicht wurde und die damalige Sichtweise kindlicher Verhaltensauffälligkeiten revolutionierte. Es folgte 1970 »Patient Familie«, in dem Richter krankmachende familiäre Muster beschreibt. Beide Werke, deren zentrale Ideen inzwischen gedankliches Allgemeingut geworden sind, können auch heute noch als Klassiker bezeichnet werden.

Stierlin, Sperling, Reich sowie der Schweizer Paartherapeut Willi sind weitere wichtige Vertreter der zunächst psychoanalytisch ausgerichteten Familientherapie im deutschsprachigen Raum. Weiterhin hat sich eine verhaltensorientierte Richtung in der Familientherapie entwickelt (▶ **Kap. 5.4.10**).

In den Anfängen der Systemischen Therapie stand bei der familienbezogenen Sichtweise von Problemen das kausal-analytische Denken im Vordergrund. Man suchte nach einer Ursache für psychische Störungen und fand sie nicht mehr im Kind selbst, sondern im Verhalten der Eltern. Einige Forscher des Mental Health Institute waren Psychiater und hatten beobachtet, dass es den psychiatrischen Patienten/innen nach Besuchen ihrer Eltern häufig schlechter ging. Sie erforschten die Eltern-Kind-Interaktionen und entwickelten das Konzept der »schizophrenogenen Mutter«; sie mache durch ihr Verhalten, welches als »Double-Bind« bezeichnet wurde, ihr Kind verrückt.

Die Beziehungsfalle: Double-Bind

Im Jahre 1968 erschien erstmals in deutscher Sprache ein umfangreiches Werk der Mental Health Arbeitsgruppe, in dem sie ihr Konzept des Double-Bind ausführte (Bateson et al., 2002). Da diese erste Theorie der neu entstandenen Richtung zentrale Gedanken des systemischen Ansatzes – wie etwa die Unmöglichkeit einer Reaktion auf eine paradoxe Aufforderung – enthält, wird sie im Folgenden dargestellt. Als Erklärung der Schizophrenieentstehung hat sie eher historischen Wert.

Der folgende bekannte Witz liefert einige charakteristische Aspekte des Double-Bind:

Die Mutter schenkt ihrem Sohn zwei Hemden, ein rotes und ein blaues. Der Sohn zieht das rote an, die Mutter ist beleidigt: »Ach so, das blaue gefällt Dir wohl nicht.«

Der Sohn befindet sich in einer ausweglosen Situation, in der richtiges Handeln unmöglich ist: Egal, was er tut, es ist falsch und löst beim Gegenüber Unmut aus.

Das Opfer einer Double-Bind-Botschaft wird mit einer paradoxen, d. h. widersprüchlichen Aufforderung oder Aussage konfrontiert. Paradox ist sie deshalb, weil sie zwei Signale enthält, die sich widersprechen. Häufig bezieht sich das eine Signal auf die verbale, das andere Signal auf die nonverbale Ebene. In der Regel straft das nonverbale Signal das verbale Signal Lügen: Die Mutter sagt zu ihrem Kind: »Komm auf meinen Schoß.« Gleichzeitig verschränkt sie aber die Arme und hat einen abweisenden Ton. Der Tonfall signalisiert: »Bleib mir vom Leibe.« Gleichgültig, auf welches der beiden Signale das Kind als der Empfänger reagiert, es ist immer falsch. Grundbedingung für das Double-Bind ist das Bestehen einer engen, emotional bedeutsamen Bindung. In dieser Beziehung herrscht eine angespannte Atmosphäre.

Nach den Autoren (1978, S. 25 ff) lassen sich die Botschaften an das Kind entweder in feindseliges Verhalten und Rückzug, wann immer das Kind sich der Mutter nähert, oder in vorgetäuschte Liebe, wann immer das Kind auf die Feindseligkeit mit Rückzug reagiert, einteilen. Ursache ist eine Ablehnung der Mutter dem Kind gegenüber. Da sie diese nicht akzeptieren kann, bedient sie sich der Reaktionen des Kindes, um ihr Schuldgefühl zu beruhigen und sich zu vergewissern, dass sie als Mutter liebevoll ist. Das Kind darf zwischen den Botschaften nicht genau unterscheiden, da es sonst bestraft wird. Reagiert es auf die nonverbale Botschaft mit Rückzug, wird es bestraft, da dies bei der Mutter Schuldgefühle auslöst, reagiert es auf die verbale Botschaft und nähert sich, wird es von der Mutter abgewiesen: Es befindet sich in einer Beziehungsfalle, dem Double-Bind.

Um pathogen (krankheitserzeugend) zu wirken, müssen zu dieser Art der Kommunikation noch drei weitere Aspekte kommen:

- das Verbot der Metakommunikation: Das Kind darf nicht über die Situation und seine Verwirrung sprechen, um Klarheit über seine Wahrnehmung zu erlangen;
- das Verbot, die Situation zu verlassen;
- die Allgegenwart dieser Kommunikationsform (Leben in einem paradoxen Universum): Es fehlt eine starke andere Person in der Familie, die sich in die Mutter-Kind-Beziehung einmischt und das Kind angesichts der auftretenden Widersprüche schützt und unterstützt.

Die Theorie des Double-Bind erregte in den Anfängen der Familientherapie sehr viel Aufsehen; man dachte, eine Theorie der Entstehung der Schizophrenie entdeckt zu haben. Heute weiß man, dass dies nicht der Fall war. Obwohl es Double-Bind-Botschaften gibt und diese unbestreitbar einen schädlichen Einfluss auf die Entwicklung eines Kindes haben, ließ sich empirisch nicht nachweisen, dass diese Art der Kommunikation insbesondere »schizophrenogen«, also Schizophrenie erzeugend wirkt. Vielmehr wird die Schizophrenie heute als ein multikausal bedingtes Krankheitsbild angesehen, das sich zu unterschiedlichen Anteilen aus genetischen, persönlichkeitsbedingten und umweltbedingten Faktoren zusammensetzt.

Das an dieser Theorie noch zu erkennende Ursache-Wirkungs-Denken wurde zunehmend abgelöst durch ein systemisches Denken, welches linear-kausales Ursache-Denken ablehnt und Verhalten als zirkulär beschreibt.

Im Laufe der Jahre hat sich der systemische Ansatz weiterentwickelt und verändert: Als ein Beispiel sei das strikte Durchführen der Regel zu nennen, welche das vollständige Erscheinen aller Familienmitglieder verlangte. Selvini Palazzoli soll sogar Familien, die aus dem tiefsten Sizilien nach Mailand angereist waren, wieder unverrichteter Dinge nach Hause geschickt haben, wenn ein Familienmitglied, beispielsweise der Großvater oder eine entfernte Tante, fehlte. Heute dagegen kann Familientherapie auch ohne Familie (Weiss, 2008) stattfinden: Den fehlenden Familienmitgliedern wird dann zum Beispiel Platz in Form eines leeren Stuhls eingeräumt. Die Anwendung des systemischen Ansatzes ist also nicht mehr an die reale Anwesenheit der Familienmitglieder gebunden.

In den letzten Jahren haben also orthodoxe Haltungen abgenommen: Systemische Vorgehensweisen werden mit psychoanalytischem Hintergrundwissen kombiniert und die Sichtweise, dass ausschließlich fehlgeleitete kommunikative Prozesse zu individuellen Störungen führen, wird als zu einseitig bewertet (Kriz, 2007, S. 227). Heute wird die Notwendigkeit der Einbeziehung personaler Faktoren eingesehen: Auch der Einzelne mit seiner Persönlichkeit, seiner Biographie und seiner Sichtweise der Dinge trägt zum Entstehen des Problems bei (a. a. O.). Wurde in den Anfängen ausschließlich das System »Familie« betrachtet, bezieht sich heutzutage systemische Beratung auf alle menschlichen Systeme und Organisationen: Arbeitsgruppen, Schulklassen, Betriebe, soziale oder pädagogische Einrichtungen usw. Im Folgenden werden sich die Ausführungen auf das systemische Beratungskonzept kleinerer menschlicher Systeme, die sich durch hohe Verbindlichkeit und emotionale Beziehungen auszeichnen, beziehen. Das sind Familien und Paare.

4.2 Das systemische Menschenbild

Der systemische Ansatz hat zur Erklärung seiner Theorie des Zusammenspiels in menschlichen Systemen Anleihen aus zahlreichen unterschiedlichen Wissenschaften genommen wie der Systemtheorie, der Kommunikationstheorie, der Kybernetik und dem Konstruktivismus. Im Folgenden muss deshalb eine stichpunktartige Darstellung derjenigen Aspekte, die für den Beratungsansatz relevant sind, genügen.

Der Konstruktivismus als eine wesentliche Grundlage des systemischen Ansatzes geht davon aus, dass es eine vom Beobachter unabhängige, objektive Welt nicht gibt; es gibt nur eine Übereinkunft zwischen Menschen über eine »Quasi-Objektivität« (Simon, 1988, S. 46, S. 106). In der Literatur findet man allerdings unterschiedliche Meinungen darüber, inwieweit eine objektive Welt in Ansätzen doch möglich sein könnte (für Interessierte: Luhmann, 2006; Maturana, 1985; Dell, 1988). Der konstruktivistische Ansatz hat zahlreiche therapeutische Techniken hervorgerufen, diese Wirklichkeitskonstruktionen zu beeinflussen, etwa durch therapeutische Doppelbindung, Umdeutungen und paradoxe Aufforderungen (▶ Kap. 4.4.1). Durch Verhaltensverschreibungen ermöglicht man dem Menschen Wirklichkeitsaspekte zu erfahren, die er im verbalen Kontext nicht machen würde (Watzlawick, 2006, S. 99 ff). Damit kann die Therapeutin das Weltbild eines Systems laut Watzlawick (a. a. O.) verändern. Auch die Zuschreibung von Eigenschaften entspricht der Konstruktion von Wirklichkeit. Gemäß dem Konstruktivismus haben Menschen keine statischen Eigenschaften, sondern weisen nur in Abhängigkeit der jeweiligen Umwelt bestimmte Verhaltensweisen auf. Krankheitssymptome sind deshalb auch nicht Ausdruck des Individuums, sondern Ausdruck eines bestimmen Beziehungsmusters. Das ganze System ist krank, der Einzelne ist nur der Symptomträger.

 Merke
Es gibt im systemischen Denken keine Ursachen für Verhalten, sondern nur Systeme, die Verhalten erschaffen und aufrechterhalten.

Der systemische Ansatz befasst sich also mit den Interaktionen zwischen Individuen; damit stehen interpsychische Prozesse und die Kontextabhängigkeit von Verhalten im Fokus des forscherischen Interesses und der beraterisch/therapeutischen Tätigkeit.

Konsequenterweise wird intrapsychischen Prozessen wenig Beachtung geschenkt, sieht man einmal von den Anfängen der systemischen Forschung ab, in denen Psychoanalytiker die Richtung bestimmten. Diese waren dem kausalen Denken verhaftet und suchten nach Ursachen für Störungen zum Beispiel in elterlichen neurotischen Motiven (vgl. Richter, ▸ Kap. 4.3.1.5). Dem klassisch-systemischen Ansatz fehlt aber eine intrapsychische Theorie der Entstehung psychischer Störungen, wie es die anderen Therapieansätze vorweisen können. In der Literatur finden sich keine Modellvorstellungen zur Entstehung und zur Bedeutung von Gefühlen, ebenso wenig zur Entstehung und zum Einfluss von Kognitionen. Solche Theorien sind auch nicht erforderlich, wenn das Individuum als nur denkbar in Abhängigkeit von seiner sozialen Umwelt definiert wird. Das führt zwangsläufig zu der Annahme, dass der Mensch keine Eigenschaften hat, sondern nur kontextabhängige Verhaltensweisen zeigt. Auch Krankheiten sind nur in Verbindung zur Umwelt zu sehen.

Molzio (2004) argumentiert, dass eine Subjekt-Objekt-Spaltung nicht aufrechtzuerhalten ist, weil der Mensch im kybernetisch-systemischen Denken nicht abgetrennt ist von der Welt, sondern als teilnehmender Beobachter die Welt aktiv konstituiert und gestaltet. Ebenso betont auch Ludewig (2007), dass der Mensch erst im Wir entsteht. Demnach ist die Identität des Menschen abhängig von seiner jeweiligen Gruppe, der er angehört.

Diese Überbewertung des sozialen Kontextes entspricht nicht dem Stand der Wissenschaft; die Integration einer Theorie der intrapsychischen Dynamik wäre keineswegs ein Widerspruch, sondern könnte eine Ergänzung darstellen.

Die Kybernetik als Lehre von der Funktion komplexer, nicht-menschlicher Systeme wird auf menschliche Systeme angewandt. So spricht v. Foerster (1988) etwa vom Menschen als einer »nicht-trivialen Maschine«. Modelle über Maschinen und ihre Funktionsweisen auf den Menschen zu übertragen muss als problematisch angesehen werden und sollte zumindest kritisch hinterfragt werden.

Das Menschenbild aus systemischer Sicht kann nicht als einheitliches Modell über den Menschen bezeichnet werden, sondern dient wohl eher als Begründung der therapeutischen Techniken; diese entstanden aus der Beobachtung von Krankheitsverläufen in Abhängigkeit der sozialen Beziehungen.

 Merke
Im systemischen Ansatz ist der Mensch nur denkbar als Teil eines sozialen Systems. Eine Theorie der intrapsychischen Entstehung von Störungen fehlt.

4.3 Theoretischer Hintergrund des systemischen Ansatzes

»Das Ganze ist mehr als die Summe seiner Teile.«
Aristoteles

Anders als etwa die Psychoanalyse stellt der systemische Ansatz keine geschlossene Theorie dar, sondern vereint recht unterschiedliche Theorien unter seinem Dach, die allerdings in einigen zentralen Postulaten übereinstimmen. Deshalb wird im Folgenden auch darauf verzichtet, jede einzelne Richtung innerhalb des systemischen Ansatzes darzustellen (u. a. strategische, strukturelle, systemisch-kybernetische Richtung). Letztlich gibt es so viele Überschneidungspunkte zwischen den Ansätzen, dass in einer Darstellung des systemischen Ansatzes und der systemischen Beratungstechniken alle Ansätze zu Wort kommen, ohne im Einzelnen noch einmal erwähnt werden zu müssen.

Gemeinsam ist den Ansätzen, dass der Fokus auf den Wechselwirkungen, Interaktionen und der Kommunikation zwischen Menschen liegt. Deshalb werden bei der systemischen Beratung/Therapie bedeutsame Mitglieder des sozialen Systems der Klientin einbezogen.

Gemeinsame theoretische Grundlagen der unterschiedlichen Ansätze sind die Systemtheorie, die Kommunikationstheorie, die Kybernetik und der Konstruktivismus.

Im Folgenden werden ohne Anspruch auf Vollständigkeit wichtige systemische Ansätze vorgestellt. Auch bedeutsame Psychoanalytiker, die psychoanalytisch-systemische Ansätze entwickelt haben, sollen nicht fehlen.

Einen guten Überblick über Theorie und Praxis des systemischen Ansatzes bieten v. Schlippe und Schweitzer (2007). Weitere Übersichten über Techniken der systemischen Familienberatung/-therapie finden sich bei Weber und Stierlin (2001), v. Sydow (2007), Simon und Simon-Rech (2012).

4.3.1 Die Theorie des Systems und die Störungslehre

4.3.1.1 Die Systemtheorie

Der Begriff »systemisch« ist aus dem Griechischen abgeleitet und bedeutet wörtlich: das aus mehreren Teilen zusammengesetzte Ganze. Systeme finden wir zum Beispiel in der Biologie, der Physik, der Geographie, der Wirtschaft, der Technik und der Informatik. Aber was kennzeichnet ein System? V. Schlippe und Schweitzer (2007, S. 54) betonen die Vielfalt der Bedeutung des Begriffs und schlagen in Anlehnung an Wilke (1993, S. 282) folgende Definition vor:

> **Definition System**
> Ein System ist ein ganzheitlicher Zusammenhang von Teilen, deren Beziehungen untereinander quantitativ intensiver und qualitativ produktiver sind als ihre Beziehungen zu anderen Elementen. Diese Unterschiedlichkeit der Beziehungen konstituiert eine Systemgrenze, die System und Umwelt trennt.

Zu ergänzen ist, dass wir es mit lebenden Systemen zu tun haben; es handelt sich also um einen Zusammenschluss von Menschen, die sich durch die Art ihrer Beziehung untereinander von anderen Menschen unterscheiden und sich dadurch von diesen abgrenzen. Ein solches System reguliert sich durch das Zusammenspiel der einzelnen Elemente. Durch die ständige Bewegung der einzelnen Teile wird das System in einem Gleichgewicht gehalten. Das Gesamtsystem bleibt in gleicher Form, die einzelnen Teile ändern sich fortwährend.

Ein weiteres Merkmal des Systems ist das der Selbstorganisation. *Selbstorganisierte Systeme* zeichnen sich aus durch:

- **Komplexität:** Ihre Teile sind durch wechselseitige, sich fortwährend ändernde Beziehungen miteinander verknüpft. Auch die einzelnen Teile können sich jederzeit ändern. Durch die Komplexität ist das Verhalten des Systems schwer vorherzusagen.
- **Selbstreferenz:** Selbstorganisierende Systeme sind selbstreferentiell. Das bedeutet, dass dieses System nicht aufgrund äußerer Einflüsse handelt, sondern aus sich heraus. Jedes Verhalten im System wirkt auf sich selbst zurück und wird zum Ausgangspunkt für weiteres Verhalten.
- **Redundanz:** Alle Teile des Systems sind Lenkende, Gestaltende, Organisierende. Es gibt keine Aufteilung zwischen diesen Aufgaben.
- **Autonomie:** Selbstorganisierende Systeme sind autonom: Sie erzeugen, regulieren und erhalten sich selbst. Man kann sie zwar zwingen, etwas zu tun, aber man kann nicht bestimmen, was sie denken oder fühlen.

Ein weiterer Begriff im Rahmen der Systemtheorie ist der Begriff der Autopoiese, welcher der Vollständigkeit halber erwähnt werden soll. Er wurde von dem Neurobiologen Maturana erfunden und heißt wörtlich: Selbst-erschaffen (griech.). Er bedeutet, dass Menschen und menschliche Systeme von außen schwer beeinflussbar sind und die Beraterperson sie nur indirekt beeinflussen kann.

Kybernetik

Kybernetik (griech.: der leitende Steuerer) ist der Oberbegriff für wissenschaftliche Programme zur Beschreibung der Regelung und Steuerung komplexer Systeme.

Bezogen auf Familien geht es um die Beschreibung und Erklärung eines familiären Systems und seiner Dynamik. Lebende Systeme wandeln sich ständig und organisieren sich selbst. Es gibt unendliche Möglichkeiten für Elemente im System, sich zu verhalten. Ein System ist hochkomplex und kann in verschiedene Subsysteme untergliedert werden. Jede Person trägt zur Bildung des Systems bei, ist Glied einer Ganzheit und bestrebt, das System im Gleichgewicht zu halten. Das

Symptom des einzelnen Mitglieds ist deshalb auch nur Ausdruck des gestörten Systems und nicht Ausdruck eines gestörten Individuums. Deshalb wird auch nicht von der Klientin, sondern nur von der »Symptomträgerin« gesprochen. Auch das »unerwünschte«, störende Symptomverhalten hat eine Funktion im System, ist systemerhaltend. Jede Veränderung an einem Teil des Systems bringt das Gesamtsystem aus dem Gleichgewicht und bewirkt Veränderungen im gesamten System. Die Folge ist ein neues Gleichgewicht.

Merke
Der systemische Ansatz lenkt die Aufmerksamkeit der Beraterperson weniger auf den Einzelnen, sondern auf eine Betrachtung des Gesamtsystems, in dem der Einzelne lebt. Dieses System wird als ein sich selbst steuerndes, autonomes Gebilde gesehen, welches durch das Zusammenspiel der einzelnen Mitglieder in einem dynamischen Gleichgewicht gehalten wird. Dazu trägt auch das Krankheitssymptom eines Mitglieds bei, da es das Gleichgewicht im System aufrechterhält.

4.3.1.2 Die Kommunikationstheorie von Watzlawick

Kommunikation (lat.: mitteilen, sich austauschen, etwas gemeinsam machen) bezeichnet den wechselseitigen Austausch zwischen Menschen auf sprachlicher und nicht-sprachlicher Ebene oder in Schrift und Bild. Es umfasst auch das Übermitteln von Signalen und Daten, die für die Beteiligten einen festgelegten Bedeutungsinhalt haben.

Ein sehr bekanntes und weit verbreitetes Modell menschlicher Kommunikation ist von Watzlawick et al. (2007) entwickelt worden.

Abb. 14: Paul Watzlawick

Paul Watzlawick (1921–2007) wurde in Villach/Österreich geboren und studierte Philologie und Philosophie. Er machte eine Ausbildung zum analytischen Psychotherapeuten nach C. G. Jung. In den 1960er Jahren ging er in die USA und wurde Mitglied der Palo Alto Forschergruppe in Kaliforniern. 1976 wurde er Professor an der Stanford University. Er ist Begründer der Kommunikationstheorie und hat zahlreiche Bestseller verfasst. Sein Kommunikationsmodell ist von nachfolgenden Forschern übernommen und ausgebaut worden (z. B. Schulz-von Thun, 2000, 2005, 2007).

Watzlawicks systemischer Blickwinkel liegt auf dem beobachtbaren Verhalten des Menschen und zwar auf seinem Kommunikationsverhalten. Als Kommunikation fasst er sowohl jegliche Form von Verhalten einer Person einer anderen gegenüber auf als auch jegliches Verhalten einer Person in Gegenwart einer anderen Person. Laut Watzlawick beeinflusst jedes Verhalten einer Person das Verhalten einer anderen Person. Auch wenn die Beeinflussungsabsicht fehlt, wird dennoch das Gegenüber durch das Verhalten beeinflusst: »Man kann sich nicht nicht verhalten.« Daraus folgt das erste seiner fünf Axiome, die man als nicht beweisbare Annahmen bezeichnen kann.

1. Man kann nicht nicht kommunizieren

Hiernach ist alles Verhalten in einer zwischenmenschlichen Situation Kommunikation. Ein Sich-Entziehen ist nicht möglich. Somit ist auch das Anschweigen oder Ignorieren des Gegenübers eine Mitteilung an ihn. Auf diese Mitteilung wiederum kann ebenfalls nicht nicht reagiert werden. Was jemand sagt, stellt nur einen kleinen Teil seiner gesamten Kommunikation dar. Wie etwas gesagt wird, ist oft wichtiger als was gesagt wird: Tonfall, Gesichtsausdruck und Körperhaltung des Senders sagen oft mehr aus über sein inneres Erleben als seine Worte. Auch ein Schweigen kann sehr beredt sein.

Beispiel: Im Zugabteil hebt das Gegenüber die Zeitung vor sein Gesicht und liest. Das Verhalten signalisiert und kommuniziert deutlich, dass kein Interesse an einem Gespräch besteht.

2. Jede Kommunikation weist einen Inhalts- und einen Beziehungsaspekt auf. Der Beziehungsaspekt bestimmt den Inhaltsaspekt

Sprache transportiert nicht nur eine sachliche Mitteilung, sondern macht vor allem eine Aussage über die Beziehung der beiden Teilnehmer/innen.

Der Inhaltsaspekt ist die reine Informationsvermittlung und richtet sich auf Objekte. So ist die Frage »Ist das eine echte Perlenkette?« eine reine Erkundigung nach Information und bewegt sich auf der Inhaltsebene. Auf der Beziehungsdimension kann die Frage Neid, Missgunst, Bewunderung oder Abwertung ausdrücken. Einen Hinweis, wie die Frage gemeint sein könnte, erhält man zumeist nonverbal (Tonfall, Mimik, Gestik).

Im günstigen Fall stimmen Inhalts- und Beziehungsaspekt überein und die Interaktionspartner sind sich auf beiden Dimensionen einig. Kommunikationsstörungen ergeben sich, wenn die Partner/innen Probleme auf der Inhaltsebene auf die Beziehungsebene verschieben und umgekehrt.

Beispiel 1: Der Mitarbeiter erlebt eine tatsächliche Meinungsverschiedenheit mit seinen Kollegen über ein Sachthema als persönlichen Angriff (»Die kritisieren mich, weil sie mich nicht leiden können«): Die Sachebene wird auf die Beziehungsebene verschoben.

Beispiel 2: Mutter und Tochter streiten sich darüber, ob die Flugreise der Tochter ins Ausland zu teuer ist (Inhaltsebene). In Wirklichkeit geht es um einen Ablösungskonflikt, der sich zwischen Verselbständigungstendenzen der Tochter und (Über)Behütung der Mutter bewegt (Beziehungsebene): Der Beziehungskonflikt wird über die Inhaltsebene ausgetragen.

3. Kommunikation ist digital oder analog

Digitale Kommunikation ist sachorientiert und dient der Übermittlung von Wissen. Der Beziehungsaspekt teilt sich analog (nicht verbal) mit.

Beispiel: »Ist die Perlenkette echt?« Der Inhaltsaspekt wird über die digitale Ebene (Sprache) transportiert, der Beziehungsaspekt über die analoge Ebene (Tonfall, Gestik, Mimik). Analoge Mitteilungen müssen »übersetzt« werden, da sie meist mehrdeutig sind.
Die analoge Kommunikation »Tränen« kann Trauer, Schmerz, Freude, Erleichterung usw. ausdrücken. Die Bedeutung ist nur durch die digitale Kommunikation möglich. Die jeweilige Deutung des analogen Verhaltens des Gegenübers hängt von der Beziehung zu ihm ab. Aus der falschen Übersetzung der digitalen und analogen Mitteilung können Beziehungskonflikte entstehen.
Aufgabe der Beratung/Therapie ist es, die analogen bzw. digitalen Mitteilungen korrekt zu übersetzen.

4. Menschliche Kommunikation lässt sich in symmetrische und komplementäre Interaktion einteilen

Symmetrische Interaktionen beruhen auf Gleichheit (das Prahlen des einen löst das Prahlen des anderen aus; man versucht, sich gegenseitig zu übertreffen); komplementäre Interaktionen beruhen auf Ungleichheit (das Dominanzverhalten des einen ruft Unterwürfigkeit des anderen hervor).

Eine symmetrische, auf Gleichheit beruhende Beziehung ist dann gestört, wenn ihre Stabilität in eine Eskalation umschlägt (»mehr desselben«).

Beispiel 1: Das Wettrüsten zweier Länder: Die Raketen des einen Landes lösen den Bau von Raketen des anderen Landes aus, was wiederum weiteren Raketenbau des einen Landes auslöst... Eine unendliche Spirale entsteht, die in einer katastrophalen Eskalation münden kann.

Beispiel 2: Der Hilfreiche, Kompetente, der alles regelt, weil er einen depressiven, schwachen Partner hat. Beide ergänzen sich komplementär. Der eine lebt die Anteile, die der andere nicht lebt und umgekehrt.
Störungen können entstehen, wenn beide Positionen zu starr gelebt werden und keine flexiblen Rollenwechsel möglich sind. Entweder kommt es zu einem Konflikt in Form einer »symmetrischen Eskalation« oder zu einem Beziehungskonflikt, wenn sich die Situation ändert, weil einer von beiden sich entwickelt und verändert hat.

5. Alles Verhalten ist zirkulär

Die Beziehung zweier Personen ist bestimmt durch die willkürlichen Interpunktionen (Zeichensetzung etwa in Form eines Punktes) der jeweils anderen Person. Alles Verhalten bedingt sich wechselseitig und kann Reiz, Reaktion und Verstärker in einem sein. Dieses Axiom war besonders folgenreich für die Entwicklung der systemischen Beratung bzw. Therapie, weil es eine Alternative zu dem bis dahin in den Wissenschaften üblichen linearen Ursache-Wirkungsdenken darstellt. Interaktionen werden als zirkulär (kreisförmig), als ohne Anfang und Ende angenommen. Jedes Verhalten ist damit sowohl Ursache als auch Wirkung des Verhaltens des anderen (▶ Abb. 15). Ein Auslöser und damit eine Ursache von Konflikten ist nicht mehr rekonstruierbar. Eine Schuldfrage wird damit hinfällig.

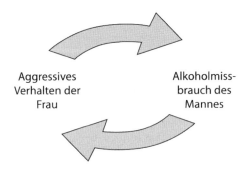

Abb. 15: Alles Verhalten ist zirkulär

Beispiel: Der Mann bastelt im Bastelkeller. Die Frau nörgelt deswegen. Daraufhin zieht der Mann sich erst recht in den Bastelkeller zurück. Darauf nörgelt die Frau noch mehr usw. Die Frau interpunktiert die Verhaltenskette an der Stelle, wo ihr Mann in den Keller geht. Ihr Verhalten ist damit nur Reaktion auf seinen Rückzug. Der Mann setzt den Punkt an der Stelle, wo die Frau nörgelt. Sein Verhalten ist damit die Reaktion auf das Nörgeln. Beziehungskonflikte entstehen aus unterschiedlichen Interpunktionen von Ereignisfolgen. Wie ist ein solches Problem zu lösen? Watzlawick beschreibt Lösungen erster und zweiter Ordnung. Letztere durchbrechen den destruktiven Kreislauf.

Lösungen erster und zweiter Ordnung

Probleme und Versuche, diese Probleme zu lösen, stellen für Menschen etwas Alltägliches dar. Nach Watzlawick et al. (2009) entstehen Probleme häufig aber erst durch einen untauglichen Lösungsversuch. Er unterscheidet Lösungen erster und Lösungen zweiter Ordnung.

Lösungen erster Ordnung

Nach Watzlawick et al. können Probleme zwei Ursachen haben: 1. Wünschenswerte Ereignisse oder Zustände sind nicht oder zu wenig vorhanden. 2. Etwas nicht Wünschenswertes ist zuviel vorhanden. Die Lösung erster Ordnung besteht entweder in der Einführung des Gegenteils oder in einer »Mehr-desselben-Maßnahme«.

Beispiel 1: Problem: In einem Raum ist zu wenig Wärme. Lösung: Die Heizung wird weiter aufgedreht (Einführung des Gegenteils).

Beispiel 2: Der Kuchenteig ist zu dünnflüssig. Es wird mehr Mehl hinzugefügt. Ist er immer noch zu dünn, wird solange Mehl zugefügt, bis er die richtige Konsistenz hat (Prinzip des »Mehr-Desselben«).

Nahe liegende Lösungen bestehen häufig in der Einführung des Gegenteils: Dem Raum wird mehr Wärme zugeführt oder in der »Mehr-desselben-Maßnahme«.

Problemlösungen der ersten Art greifen jedoch nur bei Problemen linear-kausaler Art: Es gibt eine eindeutige Ursache, die ich beheben kann. Damit ist das Problem gelöst. Nach Watzlawick et al. ist diese Art von Problemen in der physikalischen Umwelt zu finden und dann durch die Lösungen erster Ordnung erfolgreich zu lösen.

Bei Problemen im zwischenmenschlichen Bereich bewirken jedoch Lösungsversuche erster Ordnung nichts, sondern tragen zur Verschlimmerung des Problems bei: Der Lösungsversuch selbst wird zum Hauptproblem. Erinnern wir uns an den Mann im Hobbykeller: Der Lösungsversuch der Ehefrau (Nörgeln) ist untauglich, denn je mehr sie nörgelt, desto häufiger flieht er in den Hobbykeller, das wiederum intensiviert die Nörgeleien und eskaliert vielleicht in Trennungsdrohungen der Ehefrau.

Im Sinne der kreisförmigen Kausalität (Zirkularität) entstehen Teufelskreise, die sich aus sich selbst heraus aufrechterhalten und das Problem weiter verschärfen.

Lösungen zweiter Ordnung

Die Lösungen zweiter Ordnung werden von der systemischen Beraterperson eingesetzt und richten sich nicht auf das ursprüngliche Problem, sondern auf die Lösung erster Ordnung, die einen untauglichen Lösungsversuch darstellt und das Problem in Gang hält.

Der rückbezügliche Teufelskreis, der durch Lösungen erster Ordnung entstanden ist, soll durch Lösungen zweiter Ordnung durchbrochen werden. Bei Lösungen zweiter Ordnung muss das Symptom ausgeführt werden, es wird »verschrieben«. Damit stellen diese Lösungen paradoxe Appelle dar.

Was sind paradoxe Appelle?

Wir haben paradoxe Appelle bereits als Krankmacher kennen gelernt (▶ **Kap. 4.1:** Double-Bind). Sie bestehen aus einer Botschaft, die widersprüchlich ist und deshalb nicht ausführbar.

Der Appell: »Sei doch spontan« ist nicht ausführbar. Denn wenn der Empfänger den Appell befolgt, hat er sich nicht spontan verhalten. Wenn er ihn nicht befolgt, bleibt er, wie er ist: unspontan. Ebenso ist die Bitte der Ehefrau: »Bring mir doch mal von Dir aus Blumen mit« für den Ehemann laut Watzlawick schwer zu erfüllen. Denn bringt er daraufhin Blumen mit, ist es ja »auf Befehl« geschehen und die

Ehefrau ist enttäuscht. Bringt er weiterhin keine mit, ist sie ebenfalls enttäuscht. Eine Lösung ist nicht möglich, es sei denn, beide versuchen auf der Meta-Ebene die Widersprüchlichkeit zu thematisieren.

Im therapeutisch/beraterischen Kontext stellen diese paradoxen Verschreibungen nach Watzlawick Gesundmacher dar, wenn man sie gezielt gegen Symptome einsetzt und das Symptom durch die Verschreibung desselben unmöglich macht: Ein Ehepaar, welches sich auf Befehl streiten soll, wird merken, das dies nicht gelingen will; ein spontanes Verhalten, hier der Streit, verliert mit der Verschreibung seinen spontanen Charakter und ist nicht mehr auszuführen. Im folgenden ▶ Kapitel 4.4.2 wird ausführlich auf diese Technik eingegangen.

Merke
Die Kommunikationstheorie von Watzlawick analysiert das verbale und nonverbale Kommunikationsverhalten von Menschen. Es interessiert nur das Beobachtbare, nicht das Motiv, welches hinter dem Verhalten steht. Die neue Denkweise Watzlawicks besteht darin, das Ursache-Wirkungs-Denkprinzip durch das zirkuläre Prinzip zu ersetzen: Interaktionen laufen kreisförmig ab, menschliche Verhaltensweisen bedingen sich gegenseitig. Damit ist jedes Verhalten Ursache und Wirkung eines anderen Verhaltens.
Nach Watzlawick sind viele Problemlösungsversuche im zwischenmenschlichen Bereich untauglich, da sie zu einem Teufelszirkel mit symmetrischen Eskalationen führen. Um Teufelskreise zu durchbrechen, schlägt er die paradoxe Intervention vor.

4.3.1.3 Konstruktivismus

Einleitung: Die Geschichte mit dem Hammer

»Ein Mann will ein Bild aufhängen. Den Nagel hat er, nicht aber den Hammer. Der Nachbar hat einen. Also beschließt unser Mann, hinüberzugehen und ihn auszuborgen. Doch da kommt ihm ein Zweifel: Was, wenn der Nachbar mir den Hammer nicht leihen will? Gestern schon grüßte er mich nur flüchtig. Vielleicht war er in Eile. Aber vielleicht war die Eile nur vorgeschützt und er hat etwas gegen mich. Und was? Ich habe ihm nichts angetan; der bildet sich da etwas ein. Wenn jemand von mir ein Werkzeug borgen wollte, ich gäbe es ihm sofort. Und warum er nicht? Wie kann man einem Mitmenschen einen so einfachen Gefallen abschlagen? Leute wie dieser Kerl vergiften einem das Leben. Und dann bildet er sich noch ein, ich sei auf ihn angewiesen. Bloß weil er einen Hammer hat. Jetzt reicht's mir wirklich. – Und so stürmt er hinüber, läutet, der Nachbar öffnet, doch bevor er »Guten Tag« sagen kann, schreit ihn unser Mann an: »Behalten Sie sich Ihren Hammer, Sie Rüpel!« (Watzlawick, 2011, S. 37 f)

Warum wird unser Mann wütend? Die Begründung liegt nicht in der realen Situation, sondern in den Gedanken des Hammer suchenden Mannes: Er nimmt die Reaktion des Nachbarn bereits gedanklich vorweg, er interpretiert vergangene Begegnungen mit dem Nachbarn negativ; diese subjektive Sichtweise beeinflusst seine Gefühle negativ und es kommt zu einem Wutausbruch, der in der Realität keinen Grund hat. Kurz: Der Mann hat sich eine Wirklichkeit konstruiert, die zumindest mit der des Nachbarn wahrscheinlich nicht übereinstimmt.

Watzlawick ist ein Vertreter des Konstruktivismus; diese philosophische Richtung stellt eine weitere wichtige Grundlage des systemischen Ansatzes dar. Ohne auf die unterschiedlichen konstruktivistischen Positionen einzugehen (vgl. dazu z. B. Moldzio, 2004), soll folgende Definition von Konstruktivismus in Anlehnung an v. Sydow (2007, S. 294) vorangestellt werden:

> **Definition Konstruktivismus**
> Im Gegensatz zu Eigenschaften physischer/physikalischer Dinge, die objektiv und unabhängig vom Beobachter feststellbar sind (z. B. die Temperatur einer Flüssigkeit), sind Eigenheiten zwischenmenschlichen Verhaltens nicht eindeutig feststellbar, weshalb diese interpretiert werden müssen. Eine Interpretation ist ein subjektiver und damit auch fehlerbehafteter Prozess.

Laut Konstruktivismus definiert sich also ein Beziehungsgefüge gemäß der Wahrnehmungen der jeweiligen Personen, eine objektive Beziehungsrealität existiert nicht. Der Konstruktivismus geht davon aus, dass Menschen ihre Welt durch ihre Gedanken und Bewertungen konstruieren. Demnach gibt es keine »wirkliche« Welt, sondern nur eine subjektiv konstruierte Welt. Etwas vereinfacht lässt sich der Vorgang der Konstruktion nach Schulz von Thun (2010 b, S. 72) in drei Abfolgen beschreiben:

- Der Mensch nimmt etwas wahr: etwa einen Blick, eine Frage: Was ist das Grüne in der Suppe?
- Er interpretiert: Der Blick ist abfällig, die Frage ist eine Kritik.
- Er fühlt etwas: Wut, Kränkung usw.

Diese drei Vorgänge verschmelzen in der Regel, wir machen sie uns nicht bewusst, beobachtbar ist nur ein kurzer verbaler Schlagabtausch: Die unfreundliche Reaktion auf eine möglicherweise interessiert gemeinte Frage ist dann: »Iss doch woanders, wenn es dir hier nicht schmeckt.«

Bezogen auf menschliche Systeme lautet die Grundfrage des Konstruktivismus: Wie erzeugen Menschen in sozialen Systemen gemeinsam ihre Wirklichkeit? Welche Prämissen liegen ihrem Denken und Erleben zugrunde?

Sich selbst erfüllende Prophezeiungen

Das Beispiel von dem Mann mit dem Hammer enthält noch eine weitere Komponente: Jeder Mensch hat bestimmte Erwartungen an andere Menschen und an die Beziehung zu ihnen. Auf der Beziehungsebene führt häufig allein die Erwartung, dass etwas eintritt, dazu, dass es eintritt. Die Erwartung beeinflusst nämlich die Wahrnehmung. Damit wird die Wahrnehmung selektiv: Es wird nur noch wahrgenommen, was in die Erwartung passt. Tritt das Erwartete dann wirklich ein, kann man sich rückwirkend die Richtigkeit der Voraussage beweisen.

Beispiel 1: Jemand denkt, andere hätten etwas gegen ihn. Das führt dazu, dass er sich angespannt und misstrauisch verhält. Dieses Verhalten bewirkt, dass andere ihn nicht mögen: Er ist bestätigt in seiner Annahme.

Beispiel 2: Sämtliche Vorurteile festigen sich nach diesem Prinzip. Die Lehrperson ist der Meinung, dass Jungen besser rechnen als Mädchen. Bei Meldungen nimmt sie mehr Meldungen durch Jungen wahr. Richtige Antworten registriert sie eher bei Jungen. So bestätigt sie sich anhand ihrer Wahrnehmung täglich die Richtigkeit ihrer Meinung.

4.3.1.4 Das Kommunikationsmodell von Schulz von Thun: Eine Erweiterung

Schulz von Thun hat ein noch umfassenderes Kommunikationsmodell aufgestellt, das sowohl die Annahmen Watzlawicks et al. erweitert als auch zentrale Postulate der humanistischen Psychologie und der Psychoanalyse integriert.

Schulz von Thun (2010b) fügt den beiden Kommunikationsebenen der Inhaltsebene und der Beziehungsebene die beiden Ebenen der Selbstoffenbarung und des Appells hinzu. Watzlawick et al. berücksichtigen diese beiden Aspekte nicht, da sie sich für beobachtbares Verhalten interessieren, nicht aber für hinter dem Verhalten liegende Motive.

Selbstoffenbarung
Nach Schulz von Thun geht mit jeder Mitteilung auch eine Selbstoffenbarung einher: Freiwillig oder unfreiwillig teilt der Sender etwas von der eigenen Persönlichkeit mit.

Appellaspekt
Fast immer möchte der Sender mit seiner Mitteilung etwas bewirken, er möchte auf den Empfänger Einfluss nehmen.

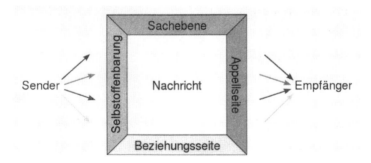

Abb. 16: Vier Seiten einer Nachricht

Wie ▶ **Abbildung 16** verdeutlicht, enthält ein und dieselbe Nachricht viele Botschaften.

Beispiel: »Ich habe fünf Mal bei Dir angerufen«: Der Sachinhalt ist eindeutig, die Selbstoffenbarung aber unklar. Was möchte der Sender mitteilen? Seinen Eifer, seine Enttäuschung, seinen Vorwurf? Auf der Beziehungsebene teilt er mit: Du bist mir wichtig. Der Appell könnte lauten: Ruf doch auch mal von Dir aus an!

Die ankommende Nachricht

Die Nachricht hat also vier Seiten, sie enthält explizite und implizite Botschaften. Dieses Paket an Nachrichten kommt nun beim Empfänger an. Er muss die Nachricht entschlüsseln. Dabei kann er seine vier Ohren unterschiedlich stark einschalten (▶ **Abb. 17**), denn ebenso wie der Sender auf vier Kanälen sendet, empfängt der Empfänger auf vier Kanälen.

Bei einer günstig verlaufenden Kommunikation stimmen die gesendete und die empfangene Nachricht überein. Häufig überprüfen Sender und Empfänger die Güte der Verständigung: Der Empfänger meldet zurück, wie er die Nachricht entschlüsselt hat, er gibt ein Feedback.

Weiterhin schaltet der Empfänger flexibel, je nach Situation, unterschiedliche Ohren ein. Je nachdem, mit welchem Ohr der Empfänger hört und antwortet, nimmt die Kommunikation einen unterschiedlichen Verlauf.

Mit welchem Ohr hört die Beraterperson?

Sie sollte das Selbstoffenbarungsohr eingeschaltet haben: Hiermit ist das Bemühen gemeint, sich in die Gefühls- und Gedankenwelt des Senders wertfrei einzufühlen und diese zurückzumelden. Das Gegenüber kann sich dann damit auseinandersetzen und sich selbst besser verstehen. Diese Haltung entspricht im Übrigen dem aktiven Zuhören (▶ **Kap. 3.4.1.2**).

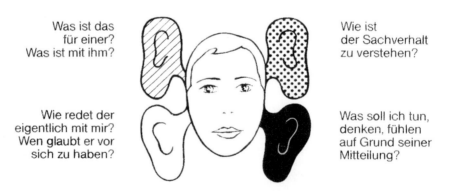

Abb. 17: Hören mit vier Ohren

Zu Kommunikationsproblemen kommt es nach Schulz von Thun (2010b, S. 63 ff) erst dann, wenn der Empfänger vorwiegend mit einem einzigen Empfangsohr hört. Dann werden etwa Beziehungsbotschaften einseitig mit dem Sachohr beantwortet oder Sachbotschaften werden mit dem Beziehungsohr gehört (der Empfänger fühlt sich z. B. sofort persönlich angegriffen).

Als Auswege schlägt Schulz von Thun (2010b, S. 91 ff) nicht nur die Metakommunikation vor, die auch von Watzlawick et al. als Weg aus Double-Bind-Verstrickungen angesehen werden. Als weitere hilfreiche Methode favorisiert er das aktive Zuhören und die Kenntnis der von der Psychoanalyse beschriebenen Abwehrmechanismen (▶ Kap. 2.3.1.3), die er mit den Begriffen der Vermeidung und Verzerrung umschreibt (vgl. Schulz von Thun 2010b, S. 196).

In Anlehnung an das Eisbergmodell der Psychoanalyse verdeutlicht das Eisbergmodell der Kommunikation den großen Anteil an unausgesprochenen Gefühlen auf der Beziehungsebene, welche die Sachebene beeinflussen (▶ Abb. 18).

Definition Metakommunikation
Metakommunikation ist die Kommunikation über die Kommunikation, also eine Auseinandersetzung über die Art des Umgangs miteinander.

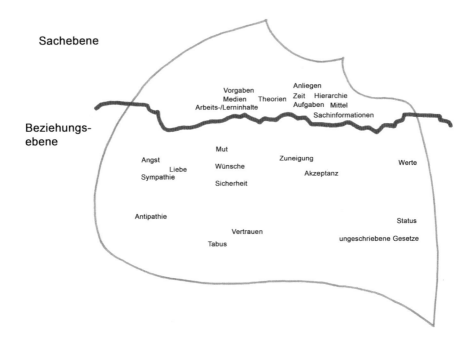

Abb. 18: Das Eisbergmodell der Kommunikation, angelehnt an das psychoanalytische Vorbild

Schulz von Thun (2010a, 2010c) beschäftigt sich im Gegensatz zu Watzlawick et al. (2007) mit den Gründen für Empfangsfehler und macht z. B. ein negatives Selbstbild als Ursache für die negative Interpretation harmloser Botschaften aus. Er geht von bestimmten, biographisch entstandenen Persönlichkeitsstrukturen aus und beschreibt in Anlehnung und Erweiterung tiefenpsychologischer Schulen

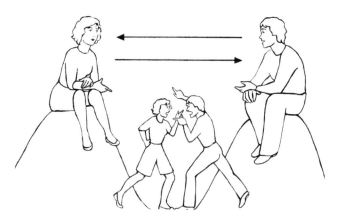

Abb. 19: Die »Feldherrenhügel« der Metakommunikation: Sender und Empfänger machen die Art, wie sie miteinander umgehen, zum Gegenstand des Gespräches

(Riemann, 2011) acht Persönlichkeitsstrukturen (u. a. den bedürftig-abhängigen, den selbstlosen, den aggressiv-entwertenden Stil). Dieser individualpsychologische Ansatz wird durch einen systemischen Ansatz ergänzt, in dem Schultz von Thun (a. a. O.) die typischen Verhaltensweisen dieser Persönlichkeitstypen in der Interaktion mit anderen beschreibt. Weiterhin stellt er im Sinne einer Kollusion (vgl. Willi, 2010) das Zusammenspiel zweier komplementär sich ergänzender Interaktionsstile dar. So finden sich etwa der Helfer und die Hilflose, die Angeberin und der Bewunderer oder die Abhängige und der Autonome.

> **Merke**
> Laut Konstruktivismus konstruieren sich Menschen ihre Welt nach subjektiven Gesichtspunkten. Aufgrund ihrer dementsprechend eingeengten Wahrnehmungen treten ihre Erwartungen an die Umwelt ein (selbst erfüllende Prophezeiung). Schulz von Thun erweitert das Kommunikationsmodell von Watzlawick in mehrfacher Hinsicht. Er ergänzt die Kommunikationsebenen um zwei personale Faktoren (die Persönlichkeit und ihre Motive). Als Ausweg aus kommunikativen Sackgassen schlägt er die Metakommunikation vor.

4.3.1.5 Der psychoanalytisch-systemische Ansatz nach Richter

Wie bereits erwähnt, waren die Gründer und Gründerinnen der systemischen Richtung zumeist psychoanalytisch vorgebildet. Das systemische Vorgehen fand also zunächst auf der Basis psychoanalytischen Gedankenguts statt. Liest man heutzutage die familientherapeutischen Ansätze von Horst Eberhard Richter aus den 1960er Jahren und von Helm Stierlin aus den 1970er Jahren, erstaunt die Aktualität der Ansätze. Auch heute ist der gelingende bzw. misslingende Ablösungsprozess Jugendlicher von ihren Familien ein zentrales Thema systemischer

Beratungen. Ebenso stellen die von Richter beschriebenen familiären Rollenmuster bzw. die unbewussten Erwartungen der Eltern an ihre Kinder (Richter, 1979; 1980) zentrales Hintergrundwissen beim Umgang mit Familien dar. Deshalb sollen beide Ansätze im Folgenden skizziert werden; auf die sehr lohnende Lektüre sowohl der Klassiker »Eltern, Kind, Neurose« und »Patient Familie« als auch der Werke Stierlins (1975; 1978; 1980) sei verwiesen.

Horst Eberhard Richter, geb. 1923, studierte Medizin und Philosophie und machte eine Ausbildung zum Psychoanalytiker. Im Rahmen seiner Tätigkeit in einer Kinderklinik entdeckte er zunehmend, dass die Störungen der Kinder eine entlastende Funktion für die familiäre Situation hatten und begann, die Eltern in die Behandlung einzubeziehen. Später bekam Richter einen Lehrstuhl für psychosomatische Medizin, versammelte zahlreiche Familienforscher um sich und gründete eine Internationale Arbeitsgemeinschaft für Familientherapie. In seinem weiteren Werdegang, in dem er sich auch mit sozialen Randgruppen therapeutisch beschäftigt hat, hat Richter seinen Blick vom familiären System zunehmend auf das gesellschaftliche System erweitert und ist zu einem kritischen Betrachter gesellschaftlicher und politischen Entwicklungen geworden, die er in zahlreichen Büchern kritisch kommentiert.

Richter führte in seiner psychoanalytischen Störungslehre etwas fundamental Neues ein: Sieht die klassische Psychoanalyse die Wünsche und Phantasien des Kindes als ursächlich für Verstrickungen mit den Eltern an (z. B. ödipale Wünsche, Rivalitäten), kehrte Richter als einer der Ersten diese Sichtweise um. Danach tragen die Eltern aufgrund eigener biographisch begründeter, unbewältigter und unbewusster Lebensprobleme Forderungen und Vorstellungen an das Kind heran und schränken es damit in seiner Entwicklung ein. Die dem Kind unbewusste Zuweisung von Rollen erfolgt nach bestimmten Beziehungsmustern, die Richter mit den Begriffen Übertragung und narzisstische Projektion beschreibt. Voraussetzung dieser Zuschreibungen ist, dass die Eltern ihr Kind nicht als eigenständige Persönlichkeit ansehen, sondern als Fortsetzung ihrer selbst.

Folgende Rollenzuweisungen beschreibt Richter (2007, S. 81), die den Eltern dazu dienen, sich vom eigenen Konfliktdruck zu entlasten:

- Das Kind als Ersatz für einen anderen Partner
  a. das Kind als Ersatz für eine Elternfigur
  b. das Kind als Ersatz für den (Ehe)partner
  c. das Kind als Ersatz für eine Geschwisterfigur
- Das Kind als Ersatz für einen Aspekt des eigenen (elterlichen) Selbst
  a. das Kind als Abbild schlechthin
  b. das Kind als Ersatz des idealen Selbst
  c. das Kind als Ersatz des negativen Selbst (Sündenbock)
- Das Kind als umstrittener Bundesgenosse

Im ersten Fall stellt das Kind eine Person dar, mit welcher der Elternteil in der Regel einen ungelösten Konflikt hatte; der Elternteil wiederholt also mit dem Kind einen Konflikt, den es selbst nicht bewältigt hat. Dazu wird das Kind in die Rolle der Person aus der eigenen Kindheit gedrängt.

Das Kind kann auch einen fehlenden Partner (durch Scheidung oder Tod) oder einen vorhandenen Partner ersetzen müssen. Im letzteren Fall ist beispielsweise die Mutter von ihrem Mann enttäuscht und sucht sich eins ihrer Kinder als Ersatzpartner aus, mit dem sie alles bespricht und bei dem sie sich unter Umständen auch über ihren Partner beklagt. Wird das Kind in die Rolle eines Ersatzpartners gedrängt, wird heute in der Familientherapie von »Parentifizierung« (lat.: Eltern) gesprochen. Das Kind bekommt Elternfunktionen zugeteilt.

Soll das Kind dagegen einen Teil der Elternperson darstellen und zwar als Abbild der Eltern, wird vom Kind erwartet, dass es genau so ist und sich so verhält wie die Eltern. Werden Aspekte des idealen Selbst auf das Kind projiziert, muss es etwas erfüllen, was dem Elternteil nicht gelungen ist (es soll beispielsweise unbedingt Abitur machen, etwas Bestimmtes studieren, was der Elternteil gerne studiert hätte, eine Sportlerkarriere einschlagen usw.).

Bei der Projektion eigener negativer Anteile in das Kind wird das Kind zum Sündenbock: Gleichgültig, was das Kind macht, es hat immer Schuld, macht alles falsch, ist ein Versager. Diese Rolle wird von Richter als die gefährlichste beschrieben (2007, S. 223), da das Kind zwangsläufig scheitern muss. Dagegen soll es in der Rolle des idealen Selbst zumindest Erfolg haben und etwas erreichen.

Insgesamt sind aber alle Rollenzuschreibungen als schwere Entwicklungsbehinderung anzusehen, da u. a. die autonome Entwicklung des Kindes verhindert wird. Außerdem stellen die Rollenzuschreibungen, insbesondere wenn eine Parentifizierung damit verbunden ist, eine Überforderung für das Kind dar.

Das Kind wird zum umstrittenen Bundesgenossen, wenn die Eltern unterschiedliche Rollenerwartungen an das Kind haben. Das Kind gerät so in einen Zustand, der von späteren Familientherapeuten/innen als »Loyalitätskonflikt« bezeichnet wurde und häufig – aber nicht nur – in Scheidungssituationen, sondern auch in konflikthaften Ehebeziehungen beobachtet werden kann: Das Kind wird von den Elternteilen im Verlauf eines unter Umständen chronischen Konfliktes gezwungen, sich für einen von beiden zu entscheiden bzw. sich auf dessen Seite zu schlagen, was für das Kind aufgrund seiner Bindung an beide Elternteile einen unlösbaren Konflikt darstellt.

Richter erläutert an zahlreichen Fallbeispielen diese pathologischen familiären Muster.

In einer Erweiterung des Modells bezieht Richter in »Patient Familie« (2012) individuumsbezogene Störungskonzepte auf die gesamte Familie und beschreibt ein Zusammenspiel aller Familienmitglieder aufgrund unbewusster Fantasien. Dabei unterscheidet er die angstneurotische, die hysterische und die paranoide Familie.

4.3.1.6 Das Konzept der familiären Individuation nach Stierlin

Helm Stierlin, geb. 1926, studierte Medizin und Philosophie und ging nach dem Studium in die USA, wo er sich zunächst bei bekannten Forschern und Forscherinnen (Sullivan, Fromm-Reichmann) mit der psychologischen Schizophreniebehandlung auseinandersetzte. Er machte eine Ausbildung zum Psychoanalytiker und wandte sich dann der Familientherapie zu. Er lernte bei den berühmtesten Pionieren der Familientherapie (Bateson, Wynne, Lidz, Boszormenyi-Nagy). In einem mehrjährigen Projekt, in dem er sich mit dem Leistungsversagen von Jugendlichen beschäftigte, konnte er das Ablösungsverhalten von Jugendlichen und ihren Eltern beobachten. Die Schlussfolgerungen, die er daraus zog, bilden eine wesentliche Grundlage seines familiendynamischen Konzepts. In den 1970er Jahren kehrte er nach Deutschland zurück und gründete das Heidelberger Institut für systemische Familientherapie.

Stierlin (1975, 1978, 1980, 1989) sieht die Entwicklung des Menschen einerseits als einen Prozess der zunehmenden Selbstentfaltung und Ablösung von den Erziehungspersonen; das führt zu einer in der Adoleszenz zu beobachtenden eigenständigen Lebensführung in emotionaler, intellektueller und moralischer Hinsicht. Dieser Prozess der Selbstentfaltung und der Aufstellung von Ich-Grenzen zur Umwelt wird als Individuation bezeichnet. Andererseits ist der Mensch nach Stierlin ein Wesen, das in gleichem Maße, wie es nach Individualität strebt, auch auf andere Menschen bezogen ist und emotionale Nähe erleben möchte.

Bezogene Individuation: Mit dem Begriff der bezogenen Individuation ist gemeint, dass sich beide grundlegende Bestrebungen des Menschen, die Fähigkeit zur Abgrenzung und die Fähigkeit zu mitmenschlichem Verhalten, in günstiger Weise ergänzen: Jemand ist demnach psychisch gesund, wenn er sich sowohl als eigenständiges Wesen wahrnimmt und von anderen differenziert, sich gleichermaßen aber auch in eine soziale Lebensgemeinschaft integriert. Psychische Störungen entstehen bei einer Überindividuation oder einer Unterindividuation.

Überindividuation: Bei Überindividuierten wird die Beziehung zu anderen vernachlässigt, es besteht die Gefahr des Rückzugs und der Isolation.

Unterindividuation: Bei einer Unterindividuation wird die differenzierte Abgrenzung von anderen, z.B. die Abgrenzung der Familienmitglieder voneinander, vernachlässigt. Je weniger die Individualität eines Menschen entwickelt ist, desto mehr ist er auf die reale Nähe von Bezugspersonen angewiesen.

Nach Stierlin weisen Individuationsstörungen in der Regel nicht nur Einzelpersonen auf, sondern betreffen auch ein ganzes Familiensystem. Die Art der Ablösung des Jugendlichen entspricht der Art des familiären Bindungsmusters.

Die zentripetale Ablösung: Hier haben die nach innen gerichteten Kräfte der Familie das Übergewicht. Bindung ist der vorherrschende Beziehungsmodus. Die Eltern möchten das Selbständigwerden der Kinder verzögern oder verhindern, sie werden übermäßig lange und intensiv in Abhängigkeit gehalten. Den Kindern wird vermittelt, dass es die wesentlichen Befriedigungen und Sicherheiten nur innerhalb der Familie gibt. Die Loyalitätsbereitschaft des Kindes wird ausgenutzt. Wendet es sich tiefer gehenden Beziehungen zu Gleichaltrigen zu, setzen es die Eltern unter massiven Schulddruck. Auf der emotionalen Ebene herrscht Verwöhnung, auf der kognitiven Ebene wird ständig Einfluss genommen und dem Kind ein Selbstbild von Unselbständigkeit vermittelt. Der Beziehungsmodus heißt Bindung.

Die Jugendlichen, die derart gebunden sind, ziehen sich in die familiäre Nische zurück und schrecken dann im Jugendalter vor der Loslösung vom Elternhaus zurück.

Die zentrifugale Ablösung: Diese ist gekennzeichnet durch nach außen gerichtete Tendenzen der Familie. Die Jugendlichen fühlen sich zu einer verfrühten Trennung vom Elternhaus veranlasst. Der Beziehungsmodus ist Ausstoßung. Die Eltern vernachlässigen u. U. die Kinder und wollen frühzeitig den Erziehungsdruck abschütteln.

Die Diagnose der Beziehungsmodi gibt Aufschluss über den Grad der Eigenständigkeit oder Abhängigkeit der jeweiligen Familie und ihrer Mitglieder.

Delegation

Als dritten Modus beschreibt Stierlin den Modus der Delegation, der in seiner Funktion den Rollenzuschreibungen, wie Richter sie postuliert, gleicht.

Die Delegation kann als ein oft schon über Generationen hinweg weitergegebener, meist unbewusster Auftrag der Eltern an das Kind angesehen werden, welcher die Bedürfnisse der Eltern befriedigt und vom Kind aus Loyalität, aus unbedingter Treue zu den Eltern, ausgeführt wird. Die familiäre Weitergabe von »Verdienst-Konten« oder »Schuld-Konten« und anderen Vermächtnissen machte die Einführung einer Mehrgenerationenperspektive sinnvoll, die dazu führte, dass auch die Großeltern zu Familiensitzungen eingeladen wurden.

4.3.1.7 Exkurs: Die Mehrgenerationenperspektive

Das von der Palo Alto Forschungsgruppe eingeführte Konzept der Mehrgenerationenperspektive wurde in Deutschland von Stierlin (1975, 1978, 1980) und Massing, Reich und Sperling (2006) aufgegriffen und ist heute selbstverständlicher Bestandteil systemischer Familientherapie. Das Konzept berücksichtigt zentrale Annahmen der Psychoanalyse, in dem es davon ausgeht, dass die Vergangenheit einen wichtigen Einfluss auf die Gegenwart nimmt: Von Generation zu Generation werden immer gleich strukturierte Konflikte weitergegeben, an die nächstfolgende Generation »delegiert«. Massing (Massing et al. 2006, S. 22 ff) bezeichnet diese Konfliktweitergabe als einen intrafamiliären Wiederholungszwang, der in der Regel mit Verleugnung der Wirklichkeit über Generationen hinweg zu tun hat. Ziel der Familientherapie muss nach Stierlin die Versöhnung sein, die durch Aufdeckung des Konflikts, der Anerkennung und der Betrauerung desselben erreicht wird. Anschließend erfolgt die gemeinsame Suche nach neuen Wegen (Massing et al. a. a. O.). Die von Freud beschriebene therapeutische Aufgabe des Erinnerns, Wiederholens und Durcharbeitens wird hier von der Familie und gemeinsam mit ihr durchgeführt.

Stierlins Theorie einer positiven Balance zwischen Individuation und Beziehung, der Entstehung von Störungen aufgrund zu enger oder zu distanzierter familiärer Beziehungen sowie insbesondere das Delegationsprinzip und die Mehrgenerationenperspektive sind dem Konzept der Rollenaufträge von Horst Eberhard Richter sehr verwandt und beruhen auf der gemeinsamen psychoanalytischen Herkunft.

4.3.1.8 Exkurs: Einfluss auf die Sozialwissenschaften

Stierlins familiendynamisches Konzept hatte weit reichende Auswirkungen auch auf die Gesellschaftswissenschaften. So haben die Sozialwissenschaften mit dem

Modell der produktiven Realitätsverarbeitung (Hurrelmann 2012, S. 66 f) Stierlins Individuationskonzept aufgegriffen und mit ihm den Prozess der Integration des Jugendlichen in die Gesellschaft beschrieben; somit wurde das auf Familien bezogene Entwicklungsmodell auf den gesellschaftlichen Kontext erweitert. Nach Hurrelmann (a. a. O.) müssen sich Jugendliche im Rahmen ihrer Identitätsentwicklung um den Aufbau ihrer individuellen, unverwechselbaren Persönlichkeitsstruktur kümmern. Weiterhin haben sie aber ebenfalls die Aufgabe, sich in die Gesellschaft zu integrieren, sich gesellschaftlichen Werten, Normen und Verhaltensstandards anzupassen. Die Aufgabe im Jugendalter besteht nun darin, eine konstruktive Balance zwischen den entgegengesetzten Aufgaben der Individuation als Individuum auf der einen Seite und der Integration in die Gesellschaft auf der anderen Seite zu erreichen. Nichts anderes meint Stierlin mit seinem Konzept der »bezogenen Individuation« innerhalb der Familie.

 Merke
Die systemische Familientherapie hat zentrale Elemente aus der psychoanalytischen Richtung übernommen. Dazu gehören z. B. das Konzept der Parentifizierung, der Mehrgenerationenperspektive und der Delegation. Der Psychoanalytiker Richter beschreibt krankmachende Rollenzuschreibungen an Kinder durch die Eltern. Stierlin legt den Fokus auf misslingende Individuationsprozesse innerhalb der Familie. Diese psychoanalytischen Familienkonzepte stellen sinnvolle Ergänzungen der systemischen Perspektive dar.

4.3.1.9 Das Konzept der Kollusion nach Willi

Jürg Willi, ein Schweizer Arzt und Paartherapeut, hat mit seinem Kollusionskonzept die psychoanalytische Sichtweise familiärer Konflikte erweitert. Der Begriff der Kollusion findet sich bereits bei Laing (1961) und Watzlawick et al. (2007, S. 105); Schultz von Thun (2000) integriert ihn ebenfalls in sein systemisches Modell der Kommunikationsstile. Da das Kollusionskonzept insbesondere zum tieferen Verständnis nicht nur der intrapsychischen, sondern auch der interpersonellen Dynamik beiträgt und darüber hinaus auch ein weiteres Beispiel für die Anwendung psychoanalytischer Denkweise im systemischen Kontext ist, soll das Konzept im Folgenden kurz vorgestellt werden (Willi, 2010; Willi, 2008). Mit dem Begriff der Kollusion greift Willi ebenfalls die Konzepte von Delegation und Rollenzuschreibung auf; er erweitert diese und integriert sie in ein Modell der Paarbeziehung.

Definition Kollusion
Mit Kollusion (lat.: zusammenspielen) ist das unbewusste Zusammenspiel zweier Partner auf der Basis eines gemeinsamen, unbewältigten Grundkonflikts gemeint (Willi, 2008, S. 35).

Als Psychoanalytiker geht Willi davon aus, dass die Ursache der neurotischen Störung in der Kindheit begründet ist und eine Fixierung an eine der frühen

Entwicklungsphasen darstellt. Es finden sich zwei Partner mit der gleichen Grundthematik, weil aufgrund des Wiederholungszwanges die gleichen frühkindlichen Konstellationen aufgesucht werden; beide Partner bilden ein gemeinsames Unbewusstes. Es kommt zu einem gemeinsamen Zusammenspiel, der Kollusion. Die Kollusion stellt einen Versuch dar, unbewusste Ängste und Konflikte zu lösen. Auch bei einem gleichen Grundthema kann es zu einer komplementären Rollenverteilung kommen: Haben beispielsweise beide Partner ein abhängig-versorgendes Grundthema, kann der eine Partner in die hilflose Position fallen, der andere in die Versorgerrolle. Eine symmetrische Rollenverteilung liegt vor, wenn beide das gleiche Verhalten zeigen: Dies kann etwa bei einem analen Grundthema ein dauernder Machtkampf sein, in dem jeder siegen will und keiner nachgibt.

Willi verbindet die frühen Entwicklungsstufen mit folgenden typischen Kollusionen in Partnerschaften:

1. Narzisstisches Beziehungsthema

Das Grundthema ist der Konflikt zwischen Selbstaufgabe und Selbstverwirklichung in der Partnerschaft. Die Frage nach Willi lautet: Inwieweit muss ich mich in meiner Ehe aufgeben und wieweit kann ich ich selbst bleiben.

2. Orales Beziehungsthema

Das Grundthema ist der Konflikt zwischen der Verteilung der gegenseitigen Fürsorge und Verantwortung. Die Frage lautet: Inwiefern geht es in der Ehe darum, sich nährend, helfend, pflegend zu umsorgen.

3. Anal-sadistisches Beziehungsthema

Das Grundthema ist der Konflikt zwischen dem Ausmaß an Kontrolle und Führung. Die Frage lautet: Wer ist der Führende und wer muss sich unterwerfen, inwieweit wird Abhängigkeit ausgenützt.

4. Ödipales Beziehungsthema

Das Grundthema ist der Konflikt zwischen »typisch« männlichen und weiblichen Verhaltensweisen. Die Frage lautet: Darf ich als Frau mich »männlich« verhalten, darf ich als Mann mich passiv umsorgen lassen.

Welche Methoden und Techniken systemische und psychoanalytische Paar- und Familientherapeuten/innen anwenden zur Behebung systemischer Konflikte, wird im folgenden Kapitel dargestellt.

Merke
Jürg Willi hat das psychoanalytische Neurosemodell auf Paarkonflikte angewandt. Mit dem Konzept der Kollusion beschreibt er Paarbeziehungen, die eine Kollusion eingehen. Eine Kollusion ist ein sich ergänzendes, unbewusstes Zusammenspiel aufgrund eines gemeinsamen, unbewussten Konfliktes; dieser hat seinen Ursprung in der frühen Kindheit.

Verständnisfragen.
- Fassen Sie die zentralen Annahmen des Konstruktivismus zusammen. Was sind Lösungen 1. und 2. Ordnung nach Watzlawick? Erläutern Sie diese anhand von Beispielen.
- Definieren Sie Metakommunikation.
- Um welche Dimensionen erweitert Schulz von Thun das Kommunikationsmodell nach Watzlawick?
- Erläutern sie die Begriffe der Über- und Unterindividuation nach Stierlin.
- Was bedeutet Delegation?
- Zählen Sie einige typische Rollenzuschreibungen von Eltern an ihre Kinder nach Richter auf.
- Was bedeutet die Mehrgenerationenperspektive? Stellen Sie einen Bezug zur psychoanalytischen Erklärung der Neuroseentstehung her.
- Was ist nach Willi eine Kollusion? Überlegen Sie sich ein Beispiel für eine Kollusion im Rahmen einer Paarbeziehung.

Kritisch denken!
- Vergleichen Sie das systemische Neurosenkonzept mit dem Neurosenkonzept der Psychoanalyse. Arbeiten Sie die wesentlichen Unterschiede heraus.

4.4 Wie sieht systemische Beratung/Therapie aus?

Der beraterische Prozess basiert auf den Grundannahmen des systemischen Ansatzes. Dazu gehört zunächst die Ablehnung des Ursache-Wirkung-Denkens: Alles Verhalten bedingt sich gegenseitig, es ist zirkulär bzw. rekursiv. Deshalb erhalten Problemlöseversuche das Problem häufig aufrecht im Sinne etwa systemischer Eskalationen (je mehr der Elternteil das trotzige Verhalten brechen will, desto trotziger verhält sich das Kind, umso mehr wiederum will der Elternteil es brechen usw.; ▶ Kap. 4.3.1.2: Lösungen 2. Ordnung). Außerdem ist Verhalten kontextabhängig.

 Merke
Es gibt keine Eigenschaften, sondern nur Verhaltenweisen, die sich gegenseitig bedingen.

Diese Grundannahme hat weit reichende Auswirkungen für die therapeutischen Maßnahmen.

Die Frage der Beraterperson lautet gemäß dieser Annahme also z. B.: Seit wann *verhält* sich Ihr Sohn schizophren und in welchen Situationen? Und nicht: Seit wann *ist* Ihr Sohn schizophren?

Worin unterscheiden sich beide Formulierungen? Die Formulierung der systemischen Beraterin vermittelt, dass

1. die Erkrankung keine Persönlichkeitseigenschaft ist, die unveränderbar ist, sondern ein selbst gewähltes Verhalten, welches eine Funktion im System hat,
2. dieses Verhalten also genauso gut wieder beendet werden kann und
3. dieses Verhalten nur eine Verhaltensweise von vielen ist und nur in bestimmten Situationen auftritt.

Die Familienangehörigen sollen ein Gespür dafür bekommen, dass Verhaltensweisen sich gegenseitig bedingen. Weiterhin sollen durch diese Art der Fragestellung deklarierte Eigenschaften »verflüssigt« werden. Damit werden sie dynamisch und veränderbar.

Wenn jeder Mensch seine Situation mitgestaltet und weiterhin keine Kausalitäten im Sinne eines Ursache-Wirkung-Modells stattfinden, gibt es weder Opfer noch Täter. Die in Familien häufig auftretende Schuldfrage wird nicht aufgegriffen; vielmehr soll es zu einer Entlastung der Mitglieder von Schuldzuweisungen durch eine Einführung in das zirkuläre Denken kommen (Beispiel: »Wann hat sich Ihre Tochter entschieden, magersüchtig zu werden?« Und nicht: »Warum bekam Ihre Tochter die Magersucht?«).

Diese Verflüssigung von Eigenschaften dient damit auch der Aufweichung von Strukturen innerhalb der Familie. Familien, die eine Beratung oder Therapie aufsuchen, sind in der Regel in destruktiven Beziehungsstrukturen verfangen. Entweder sind ihre Denk-, Gefühls- und Handlungsweisen eng miteinander verflochten und Abgrenzungen sind nicht möglich oder die Subsysteme sind untereinander rigide voneinander abgegrenzt (vgl. Bosch, 1989, S. 135 f).

Durch Verflüssigung sollen Individuationsprozesse initiiert werden und rigide Strukturen aufgeweicht werden.

 Merke
- Wesentliches Merkmal der Beratung/Therapie ist ihre Kürze: Es werden keine Persönlichkeitsveränderungen angestrebt, sondern die Zufuhr neuer Informationen in das System soll erreicht werden.
- Das Ziel ist nicht auf eine Person gerichtet. Diese ist nur der »Symptomträger«. Das Gleichgewicht der Familie soll irritiert werden, ein neues Gleichgewicht soll hergestellt werden.
- Es geht weniger darum, bei den Mitgliedern Einsicht zu erreichen, als darum, das System zu verändern. Eine Technik dazu ist die Verflüssigung von Eigenschaften.

4.4 Wie sieht systemische Beratung/Therapie aus?

Aus der bereits dargestellten Annahme der Selbstorganisation eines Systems (▶ Kap. 4.3.1.1) folgt die Regel des Anstoßens statt des Durcharbeitens: Familientherapeutische Sitzungen umfassen häufig nur drei Sitzungen, maximal zehn Sitzungen in einem Zeitraum von etwa anderthalb Jahren. Dahinter steht das Konzept, dass das System selbst Möglichkeiten der Selbstorganisation findet und dazu auch in der Lage ist, weil es die Ressourcen dazu besitzt. Die Beraterin vertraut auf einen sich selbst vorantreibenden Veränderungsprozess. Dieser findet zwischen den Sitzungen statt und wird angeregt durch Ressourcen aktivierende Hausaufgaben. V. Schlippe und Schweitzer (2007, S. 206) sprechen von einer »langen Kurzzeittherapie«. Das bedeutet wenige Sitzungen in einem langen Zeitraum nach dem Prinzip »weniger ist mehr«, wobei davon ausgegangen wird, dass das Entscheidende außerhalb der Sitzungen geschieht.

Merke
Der Glaube an die Selbstheilungskräfte des Systems und damit an die Ressourcen und Kompetenzen der einzelnen Mitglieder und des gesamten Systems ist beim systemischen Ansatz gewaltig.

4.4.1 Therapeutische Techniken im systemischen Ansatz

Im Folgenden werden die wesentlichen Techniken, die der Neuorganisation des Systems dienen, vorgestellt.

Zirkuläres Fragen
Eine zentrale Technik und eine spezielle Form der systemischen Gesprächsführung stellt das zirkuläre Fragen dar. Die Familienmitglieder erhalten eine Rückmeldung über ihre Beziehung aus der Sicht eines Dritten (▶ **Abb. 20**). Die Familienmitglieder lernen gegenseitig ihre Sichtweisen und Gefühle kennen. Dadurch wird Empathie gefördert. Die Beraterin bekommt nicht nur Informationen, sie erzeugt auch Informationen innerhalb des Systems dadurch, dass sich die Familienmitglieder gegenseitig ihre Bedürfnisse und Gefühle mitteilen.

Das zirkuläre Fragen basiert auf der Annahme des Konstruktivismus, dass es keine Eigenschaften, sondern nur subjektive Konstruktionen der Wirklichkeit und Zuschreibungen an andere gibt. Demgemäß sollen Verdinglichungen und Zuschreibungen aufgeweicht und das Denken in Kreisläufen angeregt werden. Verhaltensweisen sollen im Zusammenhang mit Beziehungen gesehen, Ressourcen (neue Denk- und Verhaltensoptionen) sollen aktiviert werden. Durch erlaubte Unterscheidungen (Du bist anders als Mutter/Vater und das ist in Ordnung) wird Abstand hergestellt zwischen Familienmitgliedern, deren Grenzen verwischt sind (vgl. das Konzept der Unterindividuation nach Stierlin). Dieser Prozess kann angeregt werden durch Fragen, die auf Unterschiede hinweisen.

Beispiel: Frage der Beraterin an die magersüchtige Tochter: »Was glaubst Du, löst es bei deinem Vater aus, wenn er sieht, wie deine Mutter sich von deiner Großmutter Vorschriften machen lässt?«

Abb. 20: Zirkuläres Fragen erzeugt Informationen im System

Hypothesenbildung

Es werden keine Diagnosen gestellt, da diese den Einzelnen als Träger von Krankheiten (Eigenschaften) beschreiben. Vielmehr werden den Familienmitgliedern Hypothesen z. B. über die Funktion des Symptoms oder die Art der Beziehung zwischen Mitgliedern der Familie mitgeteilt. Es ist hierbei nicht das Ziel der Beraterin, etwas zu erfahren, vielmehr will sie wiederum Informationen in das System einführen. Die Familie soll sich mit neuen Denkmustern auseinandersetzen. Das Durchspielen hypothetischer Situationen soll die Bedeutung und das Gewicht vergangener Ereignisse relativieren. Es soll helfen, Zukunftsbilder zu entwerfen und damit Hoffnung und Aktivität mobilisieren.

Beispiel 1: Beraterin: »Stellen Sie sich vor, ein Jahr ist vergangen. Was ist anders als jetzt?«

Beispiel 2: Beraterin: »Stellen Sie sich vor, Anna verhielte sich nicht magersüchtig. Was wäre anders zwischen Ihnen und Ihrem Mann?«

Fragen nach Unterschieden

Wird von der Familie ein Begriff eingeführt, fragt die Beraterperson nach dem Gegenbegriff. Diese Technik dient dazu, den Begriff zu relativieren und den Blick weg vom Symptom hin zu den anderen Aspekten der Symptomträgerin zu lenken.

Beispiel: Die Familie kommt wegen des trotzigen Verhaltens von Maria. Beraterin: »Woran merken Sie, wenn Maria nicht trotzig ist. Was macht sie dann anders?«

Verflüssigung von Unterschieden

Ein starrer Eigenschaftsbegriff wird aufgeweicht. Es soll deutlich gemacht werden, dass die angebliche Eigenschaft nur eine Verhaltensweise ist, die in einem bestimmten Kontext gezeigt wird.

Beispiel: Beraterin: »Wie muss Maria sich verhalten, damit ihr Vater sie für widerspenstig hält?«

Kontextualisierung
Die Beraterin will mit dieser Technik verdeutlichen, dass Verhalten kontextabhängig ist.

Beispiel: Beraterin: »Was tut die Mutter, wenn Maria auf die Toilette geht, um zu erbrechen? Was tut der Bruder? Was ist anders, wenn der Vater dabei ist?«

Verdeutlichung der gegenseitigen Bedingungen
Durch diese Fragetechnik sollen lineare Beziehungen in Frage gestellt werden. Da jede/r der Beteiligten als Handelnde/r definiert wird, werden Opfer-Täter-Beziehungen hinfällig.

Beispiel: Beraterin: »Wenn Du, Peter, wolltest, dass Maria sich noch öfters mit Dir streitet, was müsstest Du dann tun?«

Einführung einer zeitlichen Dimension
Die zeitliche Perspektive relativiert die Vorstellung, dass Menschen dauerhafte Persönlichkeitszüge besitzen.

Beispiel: Beraterin: »Wann hat Eure Mutter damit begonnen, zugunsten ihrer Familie auf ein eigenes Leben zu verzichten?« (vergangenheitsgerichtet) oder: »Wie lange wird sie noch auf ein eigenes Leben verzichten?« (zukunftgerichtet)
Neben der Verflüssigung von Eigenschaften soll zum Nachdenken angeregt werden: Mutter ist kein bedürfnisloser Mensch, sondern hat sich dieses Verhalten (welches sie auch wieder ablegen kann) irgendwann zugelegt.

Fragen zu Beziehungen
Hiermit sind Fragen nach Unterschieden in Beziehungen gemeint.

Beispiel: Beraterin: »Mit wem versteht sich Peter besser, mit dem Bruder oder der Schwester?«

Das neue Denkmuster soll heißen: Es ist erlaubt, dass wir uns nicht alle gleich stark lieben, es darf Unterschiede geben, das ist normal. Weiterhin können Rangfolgen gebildet werden oder triadische Fragen gestellt werden.

Bildung von Rangfolgen in Beziehungen
Beispiel: Beraterin: »Wer ist am meisten besorgt über Marias Abmagern, wer am wenigsten?« (Rangfolge)

Triadische Fragen
Bei triadischen Fragen soll ein Beziehungsmuster aus einer Außenperspektive betrachtet werden.

Beispiel: Beraterin: »Wie sehen Sie die Beziehung Ihres Mannes zu seiner Mutter?«

Ressourcenbetonende Fragen
Mit dieser Fragetechnik soll darauf hingewiesen werden, dass es das erwünschte Verhalten durchaus gibt, auch wenn es zur Zeit kaum gezeigt wird.

Beispiel: Die Familienmitglieder bezeichnen den Vater als stur. Beraterin: »Wann hat der Vater sich das letzte Mal entgegenkommend und nachgiebig gezeigt?«

> **Merke**
> Die hier vorgestellten »Fragetechniken« dienen nur vordergründig der Informationserhaltung und sind damit diagnostische Fragen. Tatsächlich sollen sie aber bereits therapeutisch wirken, da sie – wie bereits erwähnt –
> - der Verflüssigung von Eigenschaften
> - der Eingabe neuer Informationen in das System
> - der Individuierung von Familienmitgliedern
> - der Aktivierung von Ressourcen
> - der Abschaffung des Opfer-Täter-Denkens
>
> dienen.

4.4.2 Weitere Interventionsstrategien

Das reflecting team

Bei dieser von Andersen (1996) entwickelten Technik beobachten zwei oder mehr Therapeuten/innen das Beratungsgeschehen hinter einer Einwegscheibe. Sie unterbrechen die Beratung, wenn ihnen etwas auffällt, was die Berater/innen übersehen haben, kommen in den Raum und teilen ihre Hypothesen mit, möglicherweise polarisieren sie den Konflikt in Anwesenheit der Familie.

Reframing und Paradoxe Verschreibungen

Beim reframing wird das Problemverhalten von der Therapeutin positiv bewertet und umgedeutet; dadurch wird es in einen anderen Rahmen gesetzt (engl. Frame = der Rahmen). Diese Methode ist Teil verschiedener Techniken. So ist eine Möglichkeit des reframing die paradoxe Verschreibung, bei der das Problemverhalten verschrieben wird. Selvini Palazzoli et al. (2011) gelten als Erfinder dieser Technik, die wohl nur von sehr erfahrenen Familientherapeutinnen angewandt werden sollte. Selvini deutete erst das Symptom im Kontext der Familie als bedeutsam, um danach die Symptomträgerin aufzufordern, das Symptom weiterhin beizubehalten oder sogar noch zu verstärken. Sie beschreibt, dass nach der Verschreibung das Symptom meist verschwunden war.

Beispiel: Hatte Selvini Palazzoli (vgl. Selvini Palazzoli et al., 2011) im Gespräch etwa durch Hypothesenbildung (»Stell Dir vor, Du wärst nicht mehr magersüchtig, sondern normalgewichtig, was wäre anders in der Familie, was würden Deine Eltern dann tun?«) herausgefunden, dass das magersüchtige Symptom die Ehe der Eltern zusammenhält, indem diese in gemeinsamer Sorge um das kranke Kind nun nicht mehr streiten, gab sie sinngemäß folgende paradoxe Verschreibung, nachdem sie das Problemverhalten positiv bewertet hatte:
»Du tust etwas sehr Wichtiges für Deine Eltern. Mit Deinem Symptom hältst du die Familie zusammen und opferst Dich sogar auf, indem Du Dein eigenes Leben gefährdest. Das ist eine tolle Leistung. Mach weiter so und nimm bis zum nächsten Mal noch drei weitere Pfund ab.«

Folgendes Beispiel für die Wirksamkeit einer paradoxen Intervention stammt aus der Literatur und findet sich bei Mark Twain
Ein älterer Herr sitzt um die Mittagszeit auf einer Bank im Park. Da kommt eine Horde junger Burschen, die ihn beschimpfen. Beim ersten Mal steigt er auf das Spiel ein, versucht die Burschen zu vertreiben, beschimpft sie ebenfalls. Am nächsten Tag das gleiche Spiel. Am dritten Tag kommt er auf eine glorreiche Idee: Er ruft die schimpfenden Burschen zu

Abb. 20a: Positive Bewertung eines Problems

sich und lobt sie für das, was sie tun, und verspricht ihnen, wenn sie am nächsten Tag wiederkommen, ihnen ein Eis zu spendieren. Jubelnd kommen die Burschen am nächsten Tag und beschimpfen den alten Mann so gut sie können. Dieser macht sein Versprechen wahr und lobt sie dafür, spendiert ihnen ein Eis und sagt: »Morgen sehen wir uns wieder, wenn ihr gut schimpft, bezahle ich euch wieder ein Eis.«
Am anderen Tag sind die Burschen nicht mehr gekommen.

Wie wirkt paradoxe Verschreibung?

Nach Watzlawick (2011, S. 97 ff) liegt die Wirkung der paradoxen Verschreibung in der Spontaneität, die durch die Verschreibung verloren geht. Die Bewusstmachung des Verhaltens führt dazu, dass es nicht mehr spontan ausgeführt werden kann. Es kommt also durch die paradoxe Verordnung zu einer Durchbrechung von relativ automatischen Handlungsmustern. Weiterhin könnte man sich vorstellen, dass der/die Symptomträger/in – wie jeder Mensch – das Selbstbild eines autonomen (selbst bestimmten) Wesens hat. Wird ihm nun das Symptom verordnet, fühlt er sich in seiner Autonomie eingeschränkt; er reagiert mit Trotz und behauptet seine Autonomie, indem er das Gegenteil des Befohlenen tut: Damit macht er genau das therapeutisch Erwünschte und trägt so – ungewollt und paradoxerweise – zu seiner Gesundung bei.

Hausaufgaben

Vor dem Hintergrund der Annahme, dass Veränderungen außerhalb der Sitzungen stattfinden, gehören Hausaufgaben zum wichtigsten Repertoire. Es sollen z.B. Beobachtungsprotokolle geführt werden, die darüber Aufschluss geben, wann und in welchem Kontext Verhalten auftritt, wann etwas anders ist als sonst usw. Im Rahmen von Hausaufgaben können auch Rituale verordnet werden.

Verordnung von Ritualen
Diese regelmäßigen Handlungen sollen das gestörte familiäre Zusammenspiel unterbrechen und ebenfalls spontanes Verhalten durch dessen Verschreibung unmöglich machen (z. B. lautet der Auftrag an die Eltern, sich an geraden Tagen zu streiten, sich an ungeraden Tagen auf keinen Fall zu streiten).

Familienskulpturen
Bei dieser Technik, die besonders durch Virginia Satir (Satir & Baldwin, 1999) bekannt wurde, sollen sich die Familienmitglieder räumlich so aufstellen, wie sie die Beziehungen untereinander wahrnehmen. Die Beziehungsstrukturen innerhalb der Familie werden auf diese Art nonverbal deutlich, die Mitglieder haben nicht die Möglichkeit, durch sprachliche Beschreibungen der Beziehungen ihre Gefühle abzuwehren oder zu beschönigen. Die Aufstellung dient als Basis für eine darauf folgende gemeinsame Besprechung der Beziehungen zueinander.

> **Merke**
> In der Familientherapie wird mit einer Vielzahl von Techniken gearbeitet, die nicht nur auf der verbalen Ebene stattfinden. Es werden – ähnlich der Verhaltenstherapie – Hausaufgaben gegeben und je nach theoretischer Ausrichtung Rituale verordnet oder Familienskulpturen erstellt. Eine Methode auf der Meta-Ebene stellt die Technik des Reflecting Teams dar, bei dem die Therapeuten/innen wiederum von anderen Therapeuten/innen während der Therapie beobachtet und beraten werden.

4.4.3 Der Beziehungsaspekt: Das Arbeitsbündnis und die Allparteilichkeit

Im Gegensatz zu der Psychoanalyse und der klientenzentrierten Gesprächstherapie, bei denen der Beziehungsaspekt zwischen Beraterin-Klientin eine prominente Bedeutung hat, stehen beim systemischen Ansatz aktionale Techniken im Vordergrund. In der Literatur lassen sich ausgiebige Beschreibungen unterschiedlichster, oft sehr einfallsreicher Techniken finden; zum Beziehungsaspekt findet sich dagegen nur wenig.

Welche Haltung nimmt die Beraterin ein?
Eine Familiensitzung stellt andere Ansprüche an die Beraterin als eine Einzelberatung: Sie ist konfrontiert mit mehreren Personen, die in der Regel miteinander zerstritten sind. Jedes Mitglied versucht, um Verständnis für sich und seine Position zu werben und die Beraterin auf seine Seite zu ziehen. Die Beraterin muss versuchen, eine »allparteiliche« Haltung einzunehmen (vgl. z. B. v. Sydow 2000, S. 308; Weber & Stierlin, 2001, S. 98): Die Kompetenz der Beraterperson zeigt sich darin, sich nicht auf eine Seite ziehen zu lassen, nicht Partei zu ergreifen, keine Koalition mit einem Mitglied gegen ein anderes Mitglied der Familie einzugehen. Untersuchungen haben gezeigt, dass sich unerfahrene Familienberater/innen bevorzugt mit dem schwächsten Mitglied der Familie identifizieren und für dieses Partei ergreifen. Ebenfalls besteht die Gefahr der Identifizierung mit dem gleich-

geschlechtlichen Elternteil. Ein solches Verhalten wäre ein Kunstfehler, die Familienmitglieder würden die Parteinahme bemerken und wahrscheinlich nicht wiederkommen.

Der Begriff der Allparteilichkeit charakterisiert treffender als der Begriff der Neutralität das beraterische Verhalten, für alle gleichermaßen Partei zu ergreifen, sich in jedes Familienmitglied einzufühlen und dessen Verhalten zu verstehen. Dies ist gerade nicht eine neutrale Haltung, sondern eine allen Mitgliedern der Familie empathisch zugewandte Haltung. Es handelt sich also hierbei um eine professionelle Haltung, die natürlich kontextabhängig ist und von anderen Grundhaltungen (Anteilnahme, Fürsorge, Konfrontation) ergänzt bzw. abgelöst wird.

Die Beraterin hat die Aufgabe, die Dialogbereitschaft und die Dialogfähigkeit innerhalb der Familie in Gang zu setzen und damit das gemeinsame Gespräch und die Konfliktbearbeitung zu fördern. Das erfordert eine aktive Rolle der Beraterin: Sie muss von Anfang an strukturierend und klärend in das Familiengeschehen eingreifen. Sie bestimmt den Gesprächsverlauf und fordert Einzelne zu Beiträgen auf. Keinesfalls lässt sie die Familiemitglieder miteinander streiten. Durch Anwendung der zahlreichen Techniken versucht sie einen Veränderungsprozess einzuleiten, indem sie das System zunächst »verstört« und aus dem Gleichgewicht bringt, damit sich die Familie selbst auf ein gesünderes Gleichgewicht bringen kann. Sie initiiert neue Erfahrungen, die Veränderungen im System einleiten. Die Beraterin muss dabei Kontrolle ausüben, damit sich die Familie in die von ihr als richtig angesehene Richtung entwickelt. Die Symptome werden als indirekte Versuche, andere zu kontrollieren, gesehen; deshalb muss die Beraterin die symptomatischen Verhaltensmuster, die das System aufrechterhalten, kontrollieren. Sie muss in viele Rollen schlüpfen, so ist sie Modell, z. B. für individuiertes Verhalten, sie fungiert als Katalysator oder auch als Elternfigur, sie neutralisiert und deckt auf, sie nimmt aktiv teil und muss gleichzeitig in einer Beobachterrolle sein.

Nach Schiepek (1999, S. 128) zeichnet sich eine angemessene Kommunikation durch die Verwendung von Metaphern (bildliche Vergleiche) und eine einfache Sprache ohne Fachausdrücke aus, weil sie dazu beitrage, dass die Familie sich verstanden fühle. Lob und positive Rückmeldungen sollen weiterhin die Haltung der Beraterin kennzeichnen (a. a. O.); dadurch sollen Ressourcen angekurbelt und das Selbstwertgefühl gestärkt werden.

 Merke
Die Familientherapeutin bestimmt den Verlauf der Sitzungen und nimmt eine führende, allparteiliche Haltung ein. Sie strukturiert und leitet das Gespräch. Diese Rolle steht im Gegensatz zu der nicht lenkenden und abwartenden Haltung der psychoanalytisch oder klientenzentriert ausgerichteten Therapeutin.

4.4.4 Das Setting

Familientherapien/-beratungen werden – wenn es die personelle Ausstattung erlaubt – häufig von einem gemischtgeschlechtlichen Beraterpaar durchgeführt, weil dieses Arrangement die Allparteilichkeit des/r Therapeuten/in erleichtert und sich auf Seiten der Familie sowohl der männliche als auch der weibliche Teil des eingeladenen Paares besser verstanden fühlt. Weiterhin arbeiten Familientherapeuten häufig mit der bereits erwähnten Einwegscheibe. Sie stellt in gewisser Weise eine Supervision dar, in dem das Geschehen direkt kontrolliert wird; unter Umständen greift das beobachtende Team bereits während der Sitzung ein. Dieses aufwendige Vorgehen trägt der komplexen Situation Rechnung, die erheblich höhere Anforderungen an die therapeutischen Kompetenzen stellt als eine Einzelsitzung.

4.4.5 Widerstand: Wenn die Hausaufgaben nicht gemacht werden

Systemische Ansätze gehen davon aus, dass in einer Familie mit einem Symptomträger Regeln herrschen, die auf die Symptomatik zugeschnitten sind: Das Gleichgewicht der Familie wird auf diese Weise durch das Problemverhalten eines Mitglieds hergestellt. Deshalb ist eine Veränderung dieser Dynamik, d.h. eine Gesundung der Symptomträgerin, nicht im Interesse der Familie. Familien senden oft die paradoxe Botschaft an die Beraterperson: »Ändere uns, ohne uns zu ändern.« Insoweit müssen Familienberaterinnen mit starkem Widerstand rechnen. Wie wird im systemischen Ansatz Widerstand interpretiert? Ähnlich wie es die Verhaltenstherapie tut, wird mangelnder Fortschritt, der sich etwa in nicht erledigten Hausaufgaben zeigt, als Fehler der Beraterperson bewertet, die eine für die Lebensrealität der Familie unpassende Aufgabe gegeben hat oder einen falschen Zeitpunkt für die Aufgabe gewählt hat (Bamberger, 2010, S. 144 ff). Widerstand wird also nicht bearbeitet und aufgedeckt, sondern die Auseinandersetzung wird umgangen, da die Therapeutin die »Schuld« bei sich sieht und ihr Konzept neu überdenkt.

4.4.6 Diagnostik in der Familienberatung: Das Erstgespräch

Nach v. Sydow (2007, S. 298) hat das Erstgespräch folgende Funktionen:

- Informationen zu erhalten,
- Informationen zu geben und
- ein tragfähiges Arbeitsbündnis herzustellen.

Das joining
Das joining (engl.: to join: zusammenkommen, sich verbinden) im Erstgespräch dient dem Aufbau eines tragfähigen Arbeitsbündnisses, der Zugang zu der Familie

4.4 Wie sieht systemische Beratung/Therapie aus?

soll gelingen. Die Beraterin »verbindet« sich mit jedem Familienmitglied, sie spricht es persönlich an und betont dabei die positiven Seiten am Verhalten der Person. Im Erstgespräch sollte auch ein Vertrag mit der Familie über die Ziele der Beratung abgeschlossen werden. Auch der Überweisungskontext ist zu berücksichtigen: Kommt die Familie freiwillig oder wurde sie überwiesen? Dies erlaubt Rückschlüsse auf die Motivation der Familie. Im Erstgespräch kommen die typischen Fragetechniken zum Einsatz, so dass bereits therapeutische Interventionen stattfinden. Ein typischer Ablauf eines Erstkontaktes kann folgendermaßen aussehen: Eine Familie meldet sich an. Daraufhin sendet die Familienberatungsstelle der Familie Fragebögen zu, die umfangreiche Informationen zu den Familienmitgliedern über drei Generationen zu soziodemographischen Daten und krisenhaften Ereignissen und Lebensumbrüchen erfragen.

Abb. 21: Familiendynamik

Die Familie kann zusätzlich gebeten werden, ein Genogramm (siehe unten) anzufertigen. Bevor die Familie persönlich erscheint, haben sich die Familienberater/innen aufgrund der differenzierten Informationen aus Fragebögen und Familienstammbaum ein vorläufiges Bild über die Familiendynamik und Delegationen über Generationen hinweg gemacht. Erscheint die Familie dann zum Erstgespräch, besteht auf Seiten der Berater/innen bereits eine relativ umfassende Kenntnis über die Familiengeschichte; aufgrund dieses Hintergrundwissens haben sie bereits erste Hypothesen über die Familiendynamik und den Sinn des Symptoms aufgestellt. Das Vorgehen im Erstgespräch ist damit hypothesengeleitet und enthält bereits gezielte Interventionen. Im Sinne der angestrebten Kürze der Beratung ist solch ein effizientes Vorgehen sinnvoll.

4.4.7 Exkurs Genogramm

Ein Genogramm (vgl. McGoldrick & Gerson, 2009; Reich, 2003, S. 69ff; Imber-Black, 2006) ist eine graphische Darstellung der Familienstruktur und kann auch als Familienstammbaum bezeichnet werden. Es gehören zu ihm alle wichtigen Daten zu allen Familienmitgliedern über drei Generationen. Wichtige Daten sind neben Geburtsdatum und Beruf z. B. Eheschließungen, Scheidungen, Geburten, Todesfälle, schwere Krankheiten, Umzüge und andere bedeutsame Lebensveränderungen. Anhand des Genogramms stellen die Familientherapeuten/innen im Sinne der Mehrgenerationenperspektive Hypothesen auf, z. B. über die Delegation von Problemverhalten über Generationen hinweg oder über Traumata, die bisher nie thematisiert wurden.

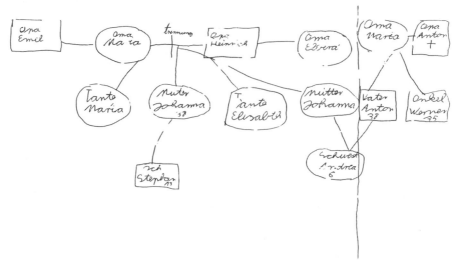

Abb. 22: Genogramm eines 13jährigen Jugendlichen

Genogramm eines Jugendlichen

Ein 13-jähriger Jugendlicher stellt seine Familie aus seiner subjektiven Sicht dar. Die Darstellung entspricht zwar nicht den Regeln, wie ein Genogramm auszusehen hat, ist aber recht aussagekräftig, was die empfundene Stellung des Jugendlichen in seiner Familie betrifft. Versuchen Sie mit Ihrem psychologischen Gespür die Situation aus Sicht des Jugendlichen zu erfassen!

4.4.8 Wann wird die Therapie/Beratung beendet?

Nach dem Prinzip, dass die Therapie nur anstoßen, aber nicht durcharbeiten soll, ist sie beendet, wenn es – in der Terminologie Stierlins (1989) – Fortschritte in der bezogenen Individuation und der familienweiten Ko-Individuation gibt. Allgemein ausgedrückt soll die Familie sich in einem neuen, konstruktiveren Gleichgewicht als vorher befinden. Bedeutsam sind weniger die Änderungen in der Symptomatik als vielmehr die Änderungen in den Beziehungen. So wird es als Fortschritt bewertet, wenn an die Stelle der symmetrischen Eskalation der Dialog tritt. Dialog bedeutet, den anderen zuzuhören, miteinander zu verhandeln, sich durchzusetzen, aber auch nachzugeben, eine Balance auszuhandeln zwischen Nähe und Distanz, zwischen Rechten und Pflichten. Hat eine Familie diese konstruktive Art der Kommunikation erreicht, ist die Beratung beendet.

> **Merke**
> Das Vorgehen in der systemischen Familientherapie ist dem Prinzip der Effizienz verpflichtet. So ist das Erstgespräch aufgrund zahlreicher, zuvor eingeholter Informationen bereits hypothesengeleitet. Hausaufgaben sollen neue Kreisläufe in der Familie in Gang setzen und in den großen Zeiträumen zwischen den einzelnen Sitzungen sollen die in den Sitzungen angeregten Ressourcen der Familie ausprobiert werden. Die Therapie wird beendet, wenn neue, konstruktivere Formen des Umgangs miteinander in der Familie möglich geworden sind. Persönlichkeitsveränderungen der einzelnen Mitglieder werden nicht angestrebt. Insgesamt kann die systemische Familientherapie eher als lösungsorientiert denn als problemorientiert bezeichnet werden.

4.4.9 Weiterentwicklungen

Familientherapie wird in Deutschland – trotz nachgewiesener Wirksamkeit – nicht von den Krankenkassen bezahlt. Deshalb findet sie weniger in der freien Praxis statt als vielmehr in entsprechenden Institutionen (Erziehungsberatung, Familienberatung, Kinderschutzbund). Auch Jugendämter setzen Familientherapeutinnen z. B. im Rahmen der aufsuchenden Familientherapie ein.

Organisationsberatung
Der systemische Ansatz beschränkt sich nicht mehr auf Familien und Paare, sondern findet als Beratung jedweder Organisationen weite Verbreitung. Im Rahmen von Supervision oder Coaching werden Kommunikations- und Interaktionsmuster verändert mit dem Ziel, die Leistung des Unternehmens zu optimieren.

> **Verständnisfragen**
> - Beschreiben Sie die Technik des zirkulären Fragens und nennen Sie einige Beispiele dafür. Was soll damit erreicht werden?
> - Erläutern Sie, was mit dem Begriff der Allparteilichkeit gemeint ist.
> - Welche Rolle nimmt die Familientherapeutin ein? Vergleichen Sie diese mit der Rolle der klientenzentrierten Therapeutin.
> - Was ist ein Genogramm und wozu dient es?
>
> **Kritisch denken!**
> - Was halten Sie von der Technik der paradoxen Intervention? Ist es ethisch vertretbar und mit dem Grundsatz der Ehrlichkeit vereinbar, der Klientin eine Hausaufgabe zu geben mit der Absicht, dass sie das Gegenteil tut? Diskutieren Sie pro und contra.

4.5 Die Lösungsorientierte Beratung

> »Problem talk creates problems, solution talk creates solution.«
> *Steve de Shazer*

Die Lösungsorientierte Kurztherapie wurde von de Shazer (1989, 1997, 2003) geprägt und hat ihren Ursprung bei Milton Erickson. Gute Überblicke bieten Schmidt (1997), Weiss (2008) und Bamberger (2010, 2004). Der Ansatz basiert auf den Annahmen des systemischen Konzepts, wobei der Aspekt der Ressourcenstärkung, der im systemischen Konzept eher implizit enthalten ist, als zentral herausgehoben wird. Es wird davon ausgegangen, dass jedes System bereits über die Ressourcen verfügt, die es zur Lösung seines Problems benötigt; diese werden aber nicht genutzt. Lösungsorientiertes Denken steht damit ganz im Gegensatz zu anderen Therapie-Konzepten, die ihren Blick auf das Problem richten (»es gibt einen Mangel, eine Unfähigkeit, eine Neurose«).

Im Einklang mit dem systemischen Ansatz werden Probleme als Fehlkonstruktionen der Wirklichkeit bewertet. Diese Konstruktionen können auch umkonstruiert werden. Es geht nicht um eine völlige Neustrukturierung und eine Lösung aller Probleme, vielmehr soll sich die Intervention nur auf ein Minimum beschränken und einen Anstoß geben. Im Unterschied zu den bisher beschriebenen systemischen Ansätzen findet die lösungsorientierte Beratung auch mit Einzelklienten/innen statt, denn die Lösungen, die konstruiert werden, sollen sich nicht nur auf die interaktionell-systemische Ebene, sondern auch auf die individuelle, intrapsychische Ebene beziehen (Schmidt, 1997, S. 78). Insoweit stellt das Konzept eine Erweiterung des systemischen Ansatzes dar.

Merke
Die lösungsorientierte Beratung ergänzt den systemischen Ansatz um die Perspektive auf die intrapsychische Ebene. Im Mittelpunkt steht die Aktivierung der vorhandenen Ressourcen des Einzelnen.

4.5.1 Prinzipien der Beratungsform

Die wesentlichen Beratungsprinzipien sind:

- **Prinzip der Lösungsorientierung**: Das Merkmal von psychologischer Beratung ist das Problem. Zweck der Beratung ist die Lösung. Beraten heißt also Lösungen zu konstruieren.
- **Prinzip der Nützlichkeit**: Menschen verfügen über vielfältige Ressourcen und sind Experten für ihr Leben, sie sind kooperativ. Beratung nutzt alles, was Klientinnen mitbringen und was sich für die Gewinnung einer Lösungsperspektive eignet.

- **Prinzip der Konstruktivität:** Das, was wir als Wirklichkeit betrachten, ist etwas, was wir mit unseren Sinnen, unserem Verstand, unserer Sprache konstruiert haben. Auch Probleme sind Konstruktionen. Die Beraterperson weiß, dass etwas Konstruiertes auch umkonstruiert werden kann.
- **Prinzip der Veränderung:** Lösung bedeutet Veränderung: Veränderung von Wahrnehmung, Gedanken, Gefühlen, Verhalten, Lebensplänen. Ein erster Schritt genügt; er kann aufgrund von Rückkopplungsprozessen einen Veränderungsprozess in Gang bringen.
- **Prinzip der Minimalintervention:** »Wenn etwas nicht kaputt ist, dann repariere es nicht. Und wenn etwas repariert ist, ist es gut.« Beratung will keine »Gesamtrenovierung«. Deshalb sollte sie bald wieder beendet werden.

(Bamberger, 2004, S. 739)

Mit welchen Techniken werden diese Prinzipien umgesetzt? Es findet sich wieder eine Vielzahl von Fragetechniken, die den Interventionen des systemischen Ansatzes sehr verwandt sind.

4.5.2 Techniken

Die »Lösungs-Werkzeuge« in der Praxis

Die Wunder Frage
Die Wunderfrage gilt als stärkste Interventionstechnik. »Stellen Sie sich vor, Sie schlafen und während dessen geschieht ein Wunder und alle Ihre Probleme sind verschwunden. Sie wissen gar nicht, dass dieses Wunder geschehen ist, weil Sie schlafen, während es passierte. Woran merken Sie nun morgens, dass ein Wunder geschehen ist? Was wird anders sein? Was werden Sie dann anderes tun? Wie würden die anderen auf Ihr verändertes Verhalten reagieren? Wer wäre am meisten überrascht? Und was wäre, wenn das Wunder 1, 2, 5 Jahre vergangen wäre, wie würden sich Ihre Beziehungen dann verändert haben?«

Die Wunderfrage zielt auf Ausnahmen, die noch gar nicht passiert sind. Durch die Auseinandersetzung auf der Vorstellungsebene mit einem Leben ohne das Problem, sollen Impulse zur Veränderung gesetzt werden; diese soll vorstellbar werden.

Ausnahmefragen
Es wird davon ausgegangen, dass kein Problem ohne Ausnahme ist: »Zu welcher Uhrzeit, an welchem Tag hatten Sie das Problem nicht?« Diese Ausnahmen vom Problem enthalten gemäß diesem Konzept die gesamte Lösung darüber, was hilft, und kommen insofern als Lösung in Betracht.

Im folgenden Beispiel sucht der Berater bei dem Klienten, der angibt, nie Nein sagen zu können, nach Ausnahmen und schlägt letztlich den Klienten mit seinen eigenen Mitteln:

Beispiel
Kl.: »Ich fühle mich in meinem Beruf *nur noch* überfordert – aber das war schon *immer* das Problem, dass ich *nie Nein sagen* konnte, von *allen* ständig ausgenutzt werde!«
T.: »Könnte es manchmal auch so sein, dass man Sie für kompetent hält und deswegen...«

Kl.: »Nein, nein, die suchen einfach einen Dummen, der ihre Arbeit macht!«
T.: »Wenn ich Sie jetzt einladen würde, einfach mal tatsächlich einen ›Dummen‹ zu spielen, der...«
Kl.: »Oh nein, das möchte ich nun wirklich nicht. Die würden sich auch noch lustig über mich machen!«
T.: «Vielleicht wäre es dann doch besser, sich einen Arbeitsplatzwechsel zu überlegen.«
Kl.: »...und die hätten mich endgültig geschafft? Nein, diese Freude will ich ihnen auch nicht machen!«
T.: »Ist Ihnen bewusst, wie oft Sie in den letzten Minuten ›Nein!‹ gesagt haben?«
Kl.: »Nein!«
Therapeut und Klient lachen.
(Bamberger, 2010, S. 55)

Hypothetische Fragen

»Angenommen, unser Gespräch würde Ihnen helfen, was wäre die kleinste Veränderung in Ihrem Leben, an der Sie das erkennen könnten?« Mit dieser Intervention soll Mut gemacht werden, die problembelastete Situation zu verlassen und in eine – zunächst virtuelle – Zukunft hineinzugehen.

Ressourcen-Fragen

Wenn eine Ausnahme-Situation eintritt, was tut die Klientin dann, was sie sonst nicht tut, was denkt sie, was sie sonst nicht denkt, was fühlt sie, was plant sie? Mit diesen Fragen wird das Ziel verfolgt, die Klientin ihre Begabungen, Interessen, Werthaltungen, Ziele, eben ihre Ressourcen, entdecken zu lassen, die für eine Lösung in Betracht kommen.

Hausaufgaben

Sind Kompetenzen und Ressourcen über die Fragetechniken identifiziert, soll im nächsten Schritt ein geeignetes Lösungsverhalten im Alltagsleben ausprobiert werden. Ein Typ von Aufgaben bezieht sich auf Beobachtungsaufgaben (Welches Verhalten funktioniert wie oft); ein weiterer Typ bezieht sich auf Vorhersagen (Wenn Ausnahmen identifiziert sind, soll die Klientin Vorhersagen machen, unter welchen Bedingungen diese Ausnahmen auftreten. Nur wenn man diese Bedingungen kennt, kann man für ein häufigeres Auftreten sorgen). Ein dritter Aufgabentyp zielt auf direktes Handeln (»Als ob«-Aufgabe: »Wählen Sie in der nächsten Woche einen Tag aus, an dem Sie so tun, als ob das Wunder schon eingetreten wäre. Beobachten Sie genau, wie die anderen darauf reagieren.«). Die Klientin erhält die Möglichkeit, etwas zu ändern, ohne sich ändern zu müssen, sie tut »als ob« und beobachtet die anderen, nicht sich selbst. Dadurch, dass der Fokus nicht auf dem eigenen Verhalten liegt, sondern auf Aspekten der Außenwelt, wird der Druck genommen, sich anders zu verhalten. Erst ohne diesen Druck wird ein anderes Verhalten möglich. Das verdeutlicht das folgende Beispiel von Furman und Ahola (1995, S. 102 f). Die verblüffend einfache Lösung mutet ebenfalls wie ein Wunder an.

Beispiel
Eine Frau sucht wegen heftiger Streitigkeiten mit ihrem Mann alleine eine Beratung auf. Fast täglich gebe es um eine Schranktür Streit, die sie meist offen zu lassen pflege, während ihr Mann darauf bestünde, dass sie geschlossen sei. Nach der Diskussion des Beratungsteams erhielt sie den Auftrag, dem Mann mitzuteilen, das Team sei der Ansicht, dass das Offenlassen des Schrankes eine unbewusste, vielleicht sogar vorbewusste Geste sei, mit

der die Frau ihre Bereitschaft signalisiere, mit ihm zu schlafen. Drei Wochen später berichtet die Klientin lachend, es habe überhaupt keinen Streit mehr gegeben. Ihr Mann habe gesagt, dies sei das Verrückteste, was er je gehört habe – und die Tür mache er nun immer selbst zu.

Joker Auftrag (»Mach, was Du willst, aber mach was anders.«). Wenn die Klientin irgendetwas in ihrem Lebenskontext, in ihren Interaktionen anders macht, bewirkt sie damit neue Reaktionen aus der Umwelt. Auf diese verhält sie sich wieder auf ungewohnte Weise. Es kommt also zu Rückkoppelungsprozessen, die neu sind und das System verändern. Diese Veränderung in der Dynamik des Systems kann Ausgangspunkt für einen positiven Welleneffekt sein.

Im folgenden Beispiel soll der »Auftrag« an die Klientin positive Reaktionen bei den anderen auslösen; diese sollen dazu führen, dass sich die Klientin tatsächlich besser fühlt.

Beispiel
Die Klientin wird eingeladen, an bestimmten Tagen so zu tun, als ob es ihr gut ginge, und darauf zu achten, durch welches Verhalten ihr die Täuschung der verschiedenen Bezugspersonen am besten gelingt, so dass diese denken, dass es ihr gut geht.

Merke
In der lösungsorientierten Beratung werden nicht die Probleme, d. h. die Defizite thematisiert. Vielmehr ist der Blickwinkel zukunftsgerichtet und auf Lösungen fokussiert.
Durch eine Vielzahl von Techniken wird die Sichtweise der Klientin verändert. Hausaufgaben sollen positive Rückkopplungsprozesse in Gang setzen. In wenigen Sitzungen werden Sicht- und Verhaltensweisen geändert.
Es geht nicht um eine Veränderung der Persönlichkeit.

4.5.3 Phasen der Beratung

Bamberger (2004, S. 744 ff) beschreibt fünf Phasen einer Lösungsorientierten Beratung, wobei er jedoch betont, dass Beratung als eine Interaktion immer wieder unterschiedlich ist und deshalb weniger von einem Leitfaden als eher von einer »Landkarte« zu sprechen ist, die verschiedene Formationen in systemischer Weise beschreibt.

Synchronisation: Gemeinsam etwas beginnen
Üblicherweise neigt die Beraterperson dazu, das vorgestellte Problem als »Hauptperson« anzusehen und sofort in die Problemanalyse einzusteigen. Im lösungsorientierten Ansatz verbindet sich die Beraterin mit der Klientin und sieht das Problem als dritte Person an.

Lösungsvision: Vom Problem zum Nicht-Problem
Es wird nicht – wie in den meisten Beratungskonzepten – der problemrelevante Kontext fokussiert und exploriert. Vielmehr muss die Beraterperson einen Perspektivenwechsel bei der Klientin erreichen vom Problem auf das Nicht-Problem. Das ist der zentrale Ansatz in der lösungsorientierten Beratung. Die allgemeinste

lösungsvisionäre Frage lautet: »Woran werden Sie merken, wenn Ihr Problem gelöst ist? Was werden Sie dann tun, was Sie jetzt noch nicht tun?« Auch durch die bereits beschriebenen Frageformen soll ein Lösungsprozess in Gang gesetzt werden. Eine lösungsorientierte Sichtweise soll gefördert werden, weil dies die Lösung fördert.

Lösungsverschreibung: Von der Vision zum Tun
Nachdem nun ein Unterschied eingeführt worden ist, nämlich der zwischen Problem und Nicht-Problem, muss der nächste Beratungsschritt darin bestehen, diesen Unterschied zu vergrößern. Dazu werden im Rahmen von Hausaufgaben Verhaltensaufträge gegeben (Beobachtung, Vorhersage, Handlung). Nachdem im Stadium der Lösungsvision nutzbare Ressourcen gesucht wurden, muss bei der Lösungsverschreibung ein einzelner Aspekt fokussiert und umgesetzt werden.

Lösungsevaluation: Fokussierung der Verbesserungen
In einem zweiten Gespräch wird weiterhin darauf fokussiert, was funktioniert. Die erste Frage lautet: »Was hat sich seit unserem ersten Gespräch an Positivem verändert?« Aus der lösungsorientierten Beratung wird eine verbesserungsorientierte Beratung. Alle auch noch so kleinen Verbesserungen müssen herausgearbeitet werden und positiv und bewundernd betont werden. Durch den Veränderungsprozess merkt die Klientin, dass sie »wieder den Lenker in der Hand hat und das Steuer ihres Lebens übernommen hat«. Wenn es nicht besser geworden ist, muss die Beraterperson loben, dass die Situation nicht noch schlimmer geworden ist.

4.5.4 Die Rolle der Beraterperson: Sich entbehrlich zu machen

Es gilt das Prinzip der Minimalintervention. Die Beraterperson versteht sich als Impulsgeber für Selbstregulation. Eine lösungsorientierte Beratung kann aus einer einzigen Sitzung bestehen.

Bamberger (2010, S. 25 ff) beschreibt die Aufgaben der Beraterperson folgendermaßen:

- Entwickler/in von Möglichkeiten: Die Klientin wird zu Handlungsalternativen angestoßen.
- Aktivierer/in von Ressourcen: Anteile der Person, die dem Beratungsziel dienen, werden hervorgehoben.
- Ermutigende/r für den ersten Schritt.
- Bewunderer von Autonomie: Der Mensch ist aktiver Gestalter seiner Welt.
- Moderator/in und Mitgestalter/in der Entwicklung der Klientin.
- Förderer/in von Normalität: Er/sie sieht Probleme als etwas Normales, als Impuls für Weiterentwicklung.
- Unterstützer/in von Selbstwirksamkeit: Durch Anstöße der Klientin bewusst machen, dass sie sich selbst regulieren kann und Probleme selbst lösen kann.

Man kann das hier beschriebene professionelle Verhalten als eine Ressourcen aktivierende Beziehungsgestaltung bezeichnen, die eine äußerst positive Weltsicht fördern will (das halbvolle Glas im Gegensatz zum halbleeren Glas). Bamberger (2010, S. 103) betont weiterhin die Bedeutung einer wertschätzenden Haltung, wobei er eine empathische Haltung kritisch bewertet, da diese unter Umständen das Leiden der Klientin verstärke. Er empfiehlt deshalb, eher die Leistungen der Klientin trotz Leiden zu bewundern, anstatt das Leiden selbst empathisch zu verstehen.

 Merke
Die Rolle der Beraterperson ist aktiv und strukturierend. Sie soll Entwicklungsprozesse anstoßen und ermutigen. Ebenso führt sie auch einen kritischen Diskurs mit der Klientin, in dem sie Argumente und Sichtweisen der Klientin widerlegt. Ein empathisches Verstehen der Probleme wird kritisch gesehen.

Verständnisfragen
Nennen Sie die wesentlichen Prinzipien des lösungsorientierten Ansatzes.
Wodurch ergänzt er den systemischen Ansatz?
Welches Ziel wird mit der Wunderfrage verfolgt?

Kritisch denken!
Eine empathische Haltung könne das Leiden der Klientin verstärken und ist deshalb kritisch zu bewerten, schreibt Bamberger. Nehmen Sie kritisch Stellung und begründen Sie Ihre Position.

5 Eine Einführung in den verhaltenstherapeutischen Ansatz

5.1 Gründungsväter der Verhaltenstherapie: Biographische Aspekte

Ähnlich dem systemischen Ansatz gibt es in der Verhaltenstherapie mehrere Gründungsväter, die in Kenntnis der gegenseitigen Forschungen unterschiedliche Aspekte der Lerngesetze entwickelten. Diese bilden heute die Grundlage der Verhaltenstherapie bzw. der verhaltensorientierten Beratung.

Burrhus Frederic Skinner

Skinner gilt nicht nur als einer der maßgeblichen Entwickler und Vertreter des klassischen Behaviorismus. Neben Freud und Rogers ist er auch der meistzitierte Psychologe der Gegenwart (Korn et al., 1991).

Skinner wuchs in New York in einer Mittelschichtfamilie auf. Er selbst beschreibt seine Kindheit als glücklich: Aufgewachsen in einer als liebevoll erlebten Familie und geistig angeregt durch die Schule, welche er gerne besuchte. Nach dem Besuch des College wollte er zunächst Schriftsteller werden und studierte Literaturwissenschaften. Nachdem ihm aber nach eigener Aussage »nichts Interessantes einfiel«, das er zu Papier bringen konnte, schrieb er sich für ein Promotionsstu-

Abb. 23: Burrhus Frederic Skinner

dium für Psychologie in Harvard ein. Anlass war die Lektüre von Pawlow und Watson, die sein Interesse geweckt hatte. Es war der Beginn einer lebenslangen Erforschung tierischen und menschlichen Verhaltens. Angeblich begannen seine Tierforschungen damit, dass er von einem Universitätsabsolventen Ratten erbte (Slater, 2009, S. 20). Schon in seiner Kindheit hatte er sich gerne mit der Konstruktion von Apparaten beschäftigt und in der folgenden Zeit entwickelte Skinner zahlreiche Geräte, anhand derer er das Verhalten von Ratten, später dann das Verhalten von Tauben studierte. Im Gegensatz zu Pawlow, der das Verhalten von Tieren auf einen vorhergehenden Reiz untersucht hatte, interessierte sich Skinner für das Verhalten der Tiere, das einer Konsequenz folgte. Skinner griff hiermit zunächst Forschungen von Thorndike auf, der Katzen in einem Käfig immer mit Futter belohnt hatte, wenn sie zufällig auf ein Pedal getreten waren. Das hatte dazu geführt, dass die Katzen begannen, absichtlich auf das Pedal zu treten: Ein Lernprozess hatte stattgefunden. Skinner wiederholte diese Experimente mit Ratten und weitete sie aus, indem er zum Beispiel die Belohnungshäufigkeit variierte. So stellte er fest, dass das gelernte Verhalten besonders gut behalten wird, wenn die Belohnung nur unregelmäßig erfolgt. Gelerntes Verhalten konnte aber auch gelöscht werden, wenn die Belohnung (das Futter) – von Skinner als Verstärker bezeichnet – dauerhaft ausblieb. Skinner entwickelte sich zum erfahrenen Tiertrainer und stellte zentrale Lernprinzipien auf. Ihn interessierte die Frage, wie die Umwelt eines Tieres zu beeinflussen, zu manipulieren, zu kontrollieren ist, damit das Tier sich in vorhersehbarer Weise verhält. Auf diese Weise erfand Skinner das »operante Konditionieren«, welches menschliches und tierisches Verhalten durch Belohnung und Bestrafung steuert. Das Neue an den von Skinner dafür entwickelten Automaten (Hebel, die zu drücken, Knöpfe, an die zu picken war) war, dass die Tiere automatisch belohnt wurden und der Versuchsleiter keinen subjektiven Einfluss auf das Experiment nehmen konnte. Diese Automaten wurden in die so genannte »Skinner Box«, eine schalldichte Box, eingebaut.

Später entwickelte Skinner anlässlich der Geburt seiner ersten Tochter sogar eine »Baby Box«, die ihm geeignet für das Aufwachsen von Kindern erschien.

Die meisten Jahre seines Forscherlebens verbrachte Skinner an der Harvard Universität, er verfasste unzählige Artikel und Bücher und auch literarische Werke wie »Jenseits von Freiheit und Würde«. Unter dem Eindruck des Zweiten Weltkrieges und hunderttausender Kriegsheimkehrer schrieb er den utopischen Roman »Walden II«. In diesem beschreibt er das Leben einer Gemeinschaft, das exemplarisch für menschliches Zusammenleben sein sollte. In dieser Gemeinschaft sollte es nur Gemeinschaftsbesitz geben und alle Mitglieder sollten Verantwortung für die Gesellschaft übernehmen. Geld sollte es nicht geben, sondern »Arbeitspunkte« je nach Schwierigkeit der Arbeit. Das Verhalten der Mitglieder sollte von den Anführern durch Belohnung gesteuert werden. In den 1970er Jahren wurden in Kalifornien mehrere Kommunen gegründet, die nach den Skinnerschen Prinzipien lebten. »Walden II« wurde sehr populär, gleichzeitig aber auch sehr umstritten, da der Roman u. a. die Frage offen lässt, wer das Recht auf Anführerschaft und damit auf Beeinflussung und Manipulation der Gemeinschaft durch Belohnungen hat und wer wiederum die Anführer kontrolliert.

Wie anhand seiner literarischen Werke deutlich wird, wollte Skinner die von ihm entwickelte Verhaltenformung nicht ausschließlich zur Beseitigung psychischer Störungen anwenden. Ihm schwebte vielmehr eine Veränderung der Gesellschaft vor.

Skinner beschäftigte sich auch mit der Anwendung seiner Lerngesetze im schulischen Bereich (Skinner, 1971). Anlässlich des Besuchs einer Mathematikstunde in der Schule seiner Tochter stellte er die mangelhafte Qualität des Unterrichts fest, die nicht dem Stand der Forschung entsprach. Er entwickelte anschließend eine »Lehrmaschine«, die u. a. den Stoff in kleine Sequenzen einteilte und regelmäßig Feedback gab. Seine Methoden können als Vorläufer des programmierten Unterrichts angesehen werden.

Skinner forschte und publizierte bis zu seinem Tode und wurde im Laufe seines Lebens mit zahlreichen Ehrungen ausgezeichnet. In seiner Berühmtheit – aber auch in seiner Umstrittenheit – wird er mit Freud gleichgesetzt.

Iwan Petrowitsch Pawlow

Pawlow wuchs in Rayazan bei Moskau als ältestes von zehn Kindern auf. Mit elf Jahren wurde er in ein Priesterseminar geschickt, um Geistlicher zu werden und bekam auf diese Weise Zugang zur Bildung. Anstatt Priester zu werden, studierte Pawlow zunächst Jura und Naturwissenschaften in St. Petersburg, dann Medizin und wurde Professor für Physiologie. Im Rahmen seiner Forschungen über den Verdauungstrakt bei Hunden entdeckte er, dass Hunde bereits bevor sie Futter erhielten, Speichel absonderten. Die Speichelabsonderung erfolgte schon beim Anblick des Futternapfes oder der Person, die zumeist das Futter brachte. Ehemals

Abb. 24: Iwan Petrowitsch Pawlow

neutrale Umweltreize wurden also zum Signal für ein Verhalten bzw. in diesem Fall für einen Reflex, weil sie mit einem bestimmten Reiz assoziiert wurden. Dies war der Auftakt für Pawlows lebenslange Forschungen, die zum Lernprinzip des

Assoziationslernens bzw. klassischen Konditionierens führten. Pawlow erhielt 1904 den Nobelpreis für Medizin und forschte bis zu seinem Tod auf dem Gebiet des klassischen Konditionierens. Die Demonstration des bedingten Reflexes bei Hunden ist in jedem Lehrbuch der experimentellen Psychologie zu finden und gehört zu den berühmtesten psychologischen Experimenten überhaupt.

John B. Watson

Watson wird als eigentlicher Vater des Behaviorismus bezeichnet. Er wuchs in einem kleinen Dorf in South Carolina auf. Als Jugendlicher fiel er bereits durch Prügeleien und Schusswaffengebrauch auf. Er begann ein Studium der Psychologie in Chicago und wurde Professor in Baltimore. Watson setzte sich mit den Arbeiten Pawlows auseinander, die zeitgleich in Russland entstanden, und prägte den Begriff des Behaviorismus. Berühmt-berüchtigt wurde Watson durch seine Experimente mit Kleinkindern, besonders durch das Kaninchen-Experiment mit Albert, einem Heimkind. Watson trainierte diesem nach dem von Pawlow entdeckten Prinzip des Klassischen Konditionierens eine Angst vor Kaninchen an.

Watsons sehr erfolgreiche Karriere wurde beendet durch sein für die damalige Zeit unkonventionelles Leben und Forschen. Sowohl die Beziehung zu einer Studentin, die anschließende Ehescheidung und darauf folgende Heirat der Studentin als auch das Thema seines neuen Forschungsgebietes (Messung der physiologischen Aspekte sexueller Erregung) führten zum Rauswurf aus der Universität. Watson wurde zunächst Verkäufer und später ein erfolgreicher Werbepsychologe.

Abb. 25: John B. Watson

Albert Bandura

Albert Bandura ist Kanadier und studierte an den Universitäten British Columbia und Iowa. Sein Forschungsschwerpunkt waren zunächst die Lerntheorien. Er beschäftigte sich auch mit Interaktionsprozessen und versuchte Faktoren der Aggressionsentstehung zu bestimmen. Berühmt wurde er für seinen experimentellen Nachweis der Rolle des Modelllernens (Lernen durch Beobachtung von anderen) für das Ausüben von Aggressionen. Bandura verfasste zahlreiche Bücher und wurde mehrfach ausgezeichnet für seine Forschungen auf dem Gebiet des Modellernens und für seine Persönlichkeitstheorie der Selbstwirksamkeit.

Abb. 26: Albert Bandura

5.2 Das verhaltenstheoretische Menschenbild

»Fast alle unsere Hauptprobleme haben mit menschlichem Verhalten zu tun...«
Burrhus Frederic Skinner

Die verhaltenswissenschaftliche Forschung und ihr Menschenbild haben ähnlich wie Freuds Auffassungen massive Kontroversen ausgelöst. Die Vertreter des klassischen Behaviorismus Pawlow, Skinner und Watson hatten ein grundlegend anderes Wissenschaftsverständnis und auch Menschenbild, als es die Psychologie ihrer Zeit vertrat. So beruht der Behaviorismus auf dem Positivismus nach John Locke (1632–1704), dessen zentrale Annahme ist, dass alle menschliche Erkenntnis auf sinnlich erfassbare Tatsachen zurückzuführen ist und der Mensch als

»tabula rasa« auf die Welt kommt: Er ist ein unbeschriebenes Blatt und wird erst durch die Erfahrungen mit der Umwelt zu einer Persönlichkeit. Skinner erklärt also Verhalten nicht durch innere, mehr (Rogers) oder weniger (Freud) freie Willensentscheidungen, sondern sieht alles Verhalten in vollständiger Abhängigkeit von Umweltreizen. Diese grenzenlose Überbewertung der Umwelt unter Ausschluss von Persönlichkeitsfaktoren zeugt von einem ausgesprochen großen – ganz im Gegensatz zu Freuds Pessimismus – pädagogischen Optimismus; dieser wird in einem Watson zugeschriebenen Ausspruch deutlich:

»Gebt mir ein Dutzend gesunder, wohlgebildeter Kinder und meine eigene Umwelt, in der ich sie erziehe. Ich garantiere, dass ich zufällig eines von ihnen auswähle und es zum Spezialisten irgendeines Berufes ausbilde, zum Arzt, Richter, Künstler, Kaufmann oder Bettler, ohne Rücksicht auf seine Talente, Neigungen, Fähigkeiten, Anlagen und die Herkunft seiner Vorfahren« (Watson, 1968, zit. nach Neel 1969, S. 152).

Introspektion, Bewusstsein, Geist und Seele waren also für Skinner keine Begriffe einer objektiven Wissenschaft. Vielmehr war er der Ansicht, dass die Erforschung menschlicher Empfindungen und Wesenszüge eine Sackgasse sei und nur die Messung und Objektivierung von Verhaltensweisen neue wissenschaftliche Erkenntnisse bringe (Skinner, 1972, S. 31). Nach Skinner sollten sich Aussagen über den Menschen auf empirisch überprüfbare, objektive Befunde stützen und nicht auf Interpretationen oder klinische Beschreibungen einzelner Therapiefälle, wie es etwa Freuds Vorgehensweise war.

Lauren Slater »skinnerisiert« ihre Tochter

Liebe Leserin, lieber Leser, befassen Sie sich erst mit den verhaltenstherapeutischen Techniken in ▶ Kapitel 5.4, bevor Sie folgenden Text lesen. Lauren Slater schildert, wie sie ihre Tochter mit lerntheoretischen Techniken dazu bringt, durchzuschlafen. Wie gefällt Ihnen die hier geschilderte Vorgehensweise? Reflektieren Sie Ihr eigenes Menschenbild anhand dieses Beispiels.

Meine kleine Tochter wacht in der Nacht auf und schreit. Sie ist in Schweiß gebadet, ihre Augen sind weit aufgerissen, die Träume schwinden langsam, als sie zu Bewusstsein kommt. »Schh. Schhhh.« Ich nehme sie auf den Arm. Ihr Schlafanzug ist schweißnass, ihr Haar eine dunkle Haube von glatt gepressten Locken. Ich streiche ihren Kopf an der Stelle, wo sich die Fontanelle längst geschlossen hat. Ich streiche ihre Stirn, hinter der ihr frontaler Kortex täglich sein wildes Wurzelwerk sprießen lässt, und fahre dann mit meiner Hand über ihren angespannten Nacken, wo ich die Basalganglien zu spüren glaube, kleine Knötchen, die an Seetang erinnern. Ich wiege mein Kind in der Nacht, draußen vor dem Fenster heult ein Hund, und als ich hinaussehe, steht dort ein elfenbeinweißes Tier im Mondlicht.

Zunächst schreit meine Tochter, weil sie Angst hat, wegen eines Albtraums, nehme ich an. Sie ist zwei Jahre alt und ihre Welt erweitert sich in beängstigendem Tempo. Doch in den nächsten Nächten schreit sie nur noch, weil sie auf den Arm genommen werden will. Sie hat sich jetzt an diese nächtliche Nähe zu ihren Eltern gewöhnt, an den wiegenden Rhythmus des Schaukel-

stuhls, draußen der so verschwenderisch mit Sternen übersäte Himmel. Mein Mann und ich sind zunehmend erschöpft.
»Vielleicht sollten wir sie skinnerisieren«, sage ich.
»Wir sollten was?« fragt er.
»Vielleicht sollten wir Skinners Techniken anwenden, um ihre Gewohnheit zu durchbrechen. Jedes Mal, wenn wir zu ihr gehen und sie hochheben, geben wir ihr schließlich das, was Skinner eine positive Verstärkung nennt. Wir müssen dieses Verhalten abstellen, indem wir weniger und schließlich gar nicht mehr darauf reagieren.«
Mein Mann und ich führen dieses Gespräch im Bett. Ich staune, wie gewandt mir Skinners Sprache über die Lippen kommt. Ich klinge geradezu wie eine Expertin. Skinnerianisch zu sprechen macht beinahe Spaß. Chaos begrenzen. Schlaf zurückgewinnen.
»Du meinst also«, sagt er, »dass wir sie einfach schreien lassen sollen?« Er klingt müde. Alle Eltern kennen diese Debatte.
»Nein«, sage ich. »Hör zu. Nicht einfach schreien lassen. Wir müssen sie auf eine Diät verringerter Verstärkung setzen. Das erste Mal, wenn sie schreit, nehmen wir sie drei Minuten lang auf den Arm. Das nächste Mal nur zwei Minuten. Wir können es sogar mit der Stoppuhr machen.« In meiner Stimme klingt Erregung mit oder ist es eher Angst? »Dann lassen wir sie allmählich länger schreien. Wirklich nur sehr allmählich. Langsam werden wir das Verhalten abstellen, wenn wir unsere Reaktion abstellen ... die Kontingenz«, sage ich und lasse meine Hand über das grüne Karomuster der Bettdecke gleiten. Was vorher wie ein rustikaler Bettbezug aussah, gleicht plötzlich kariertem Laborpapier.
Mein Mann sieht mich an, argwöhnisch, muss ich zugeben. Er ist kein Psychologe, aber wenn er einer wäre, würde er der humanistischen Schule von Carl Rogers angehören. Er hat eine sanfte Stimme und eine noch sanftere Art, einen zu berühren.
»Ich weiß nicht«, sagt er. »Was glaubst du, bringen wir ihr bei, wenn wir das tun?«
»Allein durchzuschlafen«, sage ich.
»Oder zu erkennen, dass wir, wenn sie Hilfe braucht, nicht reagieren, dass wir bei Gefahr – ob wirklich oder eingebildet – nicht da sind. So ein Weltbild möchte ich ihr nicht vermitteln.«
Dennoch setze ich mich durch. Wir beschließen, unser Mädchen zu skinnerisieren, und sei es nur, weil wir unsere Nachtruhe brauchen. Am Anfang ist es schlimm, ihre Schreie zu hören: »Mama, Mama, Papa!«, sie hinzulegen, wenn sie ihre süßen Ärmchen ins Dunkel streckt, aber wir tun es trotzdem und es funktioniert. Es funktioniert wie Magie oder vielmehr wie Wissenschaft. Innerhalb von fünf Tagen benimmt sich das Kind wie eine trainierte Narkoleptikerin (Anmerk.: Schlafsüchtige); sowie sie im Kinderbettchen liegt und das Betttuch an ihrer Wange spürt, fällt sie in einen zehn Stunden währenden Tiefschlaf und unsere Nächte bleiben ungestört.
Da haben wir's. Alle unsere Nächte sind ungestört. Doch manchmal kommt es vor, dass wir nicht schlafen können, mein Mann und ich. Haben wir das

Babyphon angestellt? Ist die Lautstärke groß genug? Ist vielleicht der Schnuller in ihrem Mund abgebrochen, so dass sie daran ersticken kann? Wir stehen auf, und durch das Babyphon können wir sie manchmal atmen hören, wie eine Art stark knisternden Wind, aber nie ihre Stimme – kein Schrei, kein Kichern, kein süßes Schlafgebrabbel. Auf geradezu unheimliche Weise ist sie wie geknebelt.
Sie schläft still in ihrer weißen Babybox.
(Slater, 2009, S. 29 ff)

Die Black Box

Die frühen Behavioristen versuchten, sowohl den menschlichen als auch den tierischen Organismus nach dem Vorbild einer Maschine zu verstehen. In diese Maschine kann man allerdings nicht hineinsehen, sie ist eine »Black Box«. Wie die Maschine funktioniert, lässt sich allein aus dem Input (Reiz) und dem Output (Reaktion) erschließen. Es interessieren die Gesetzmäßigkeiten zwischen Reiz und Reaktion, nicht die Prozesse im Inneren, der so genannten »Black Box«.

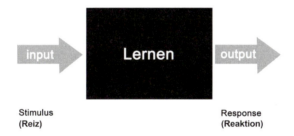

Abb. 27: Das Black-box-Modell der Behavioristen

Skinner lehnte aber keinesfalls die Existenz innerer Prozesse ab. In »Jenseits von Freiheit und Würde« vertritt er die Überzeugung, dass es angesichts der vielfältigen Missstände auf der Welt einfach nicht hilfreich sei, die innere Welt des Menschen zu verstehen, sondern es allein sinnvoll sei, sein Verhalten in die richtige Richtung zu steuern und zwar durch Einflussnahme von außen. Diese Einflussnahme besteht aus der Anwendung von Verstärkern. Spätestens an dieser Stelle drängt sich das humanistische Menschenbild Carl Rogers als gegenteiliger Entwurf auf. Tatsächlich führten Skinner und Rogers 1956 ein öffentliches Streitgespräch (vgl. Groddeck, 2011, S. 118), in dem Rogers insbesondere die von Skinner in »Walden II« beschriebene Kontrolle der Menschen durch Kontrolleure kritisiert. In einem solchen rigiden Klima könne der Mensch seine positiven Eigenschaften nicht entfalten. Skinner verwies dagegen auf seine ausschließliche Verwendung positiver Verstärker: In der von Skinner beschriebenen Zukunftsvision wird das Verhalten der Menschen nur durch Belohnungen gesteuert. Unerwünschtes Verhalten wird u. a. ignoriert und damit gelöscht. Aber auch wenn die Menschen freundlich behandelt werden, bleibt die Kritik an der Manipulation dennoch bestehen. Die Diskussion blieb ergebnislos, es erfolgte keine Annäherung der Positionen.

5 Eine Einführung in den verhaltenstherapeutischen Ansatz

> **Merke**
> Nach der klassischen Lerntheorie (Skinner, Watson, Pawlow) wird der Mensch allein durch Lernprozesse gesteuert und nicht durch seine Persönlichkeitsstruktur einschließlich seiner Motive und seines Selbstkonzepts. Die Beeinflussung findet also von außen statt, nicht von innen. Das Verhalten ist durch die Umwelt determiniert.

Aus Sicht dieses frühen lerntheoretischen Ansatzes ist der Mensch ein passives Wesen, von seiner Umwelt gesteuert und damit Opfer der Umweltbedingungen. Heute wird diese Position in der Verhaltenslehre nicht mehr so einseitig vertreten, die Existenz innerer Prozesse, wie z. B. Reflexionen, welche individuelle Veränderungen und Entwicklungen initiieren, werden einbezogen. Denn wie sollte man die Entwicklung neuer Theorien erklären, wenn der Mensch nur von situativen Bedingungen gesteuert wäre? Diese Gedanken greift die kognitiv-verhaltenstheoretische Perspektive auf, die unter dem Schlagwort »Kognitive Wende« berühmt wurde. Sie entstand in den 50er Jahren des letzten Jahrhunderts und begreift den Menschen als handelndes Subjekt, das nicht nur Reaktionsempfänger eingehender Reize ist, sondern welches die Reize aktiv durch kognitive Prozesse wie Bewertungen und Interpretationen einschätzt. Menschen unterscheiden sich demnach in ihren Interpretationen von Reizen und Situationen. Deshalb und nicht nur aufgrund ihrer individuellen Lerngeschichte unterscheiden sich Menschen in ihren Reaktionen voneinander. Einige bedeutende Vertreter der so genannten Kognitiven Wende sind Albert Bandura, der Entdecker des sozialen Lernens, die Depressionsforscher Albert Ellis und Aaron Beck sowie Donald Meichenbaum, Frederick Kanfer, Martin Seligman und Arnold Lazarus. Diese Forscher entwarfen das Bild eines Menschen, der in der Lage ist, sein Leben rational zu steuern und der genau auf dieser rationalen Ebene beeinflusst werden kann. Auf ihre Therapiekonzepte wird im folgenden Kapitel näher eingegangen.

Das sozial-kognitive Menschenbild Banduras sieht den Menschen nicht als passives Opfer von Umweltreizen an, sondern als Wesen, welches in Interaktion zur Umwelt tritt. Es wird eine gegenseitige Abhängigkeit angenommen (reziproker Determinismus). Menschen wählen aus der Umwelt Reize aus, auf die sie reagieren. Die Auswahl wird bestimmt von ihren Kognitionen (z. B. der Frage: Kann ich das Ziel erreichen?). Die Kognitionen bestimmen wiederum die Ausdauer, mit der ein Mensch eine Situation meistert; auch seine Bewältigungsfähigkeiten und seine Stimmungslage werden von seinen Gedanken beeinflusst.

> **Merke**
> Die klassischen Lerntheorien wurden vor ca. 50 Jahren um die kognitive Dimension erweitert. Diese so genannte »Kognitive Wende« besagt folgendes: Der Mensch ist nicht Opfer der Umweltreize, sondern auch Kontrolleur; er wählt aktiv Reize aus der Umwelt aus, bewertet und interpretiert diese Reize. Von dieser subjektiven Interpretation ist seine Reaktion wesentlich abhängig.

5.3 Theoretischer Hintergrund der Verhaltenstherapie

Die Theorie des klassischen verhaltensorientierten Ansatzes beruht auf den Gesetzen der klassischen Lerntheorie: Dem klassischen und dem instrumentellen (operanten) Konditionieren. Gute Darstellungen von Theorie und Praxis der Verhaltenstheorie und -therapie finden sich in Hautzinger (2007), Reinecker (1999) und Margraf (2009).

5.3.1 Persönlichkeitskonzept und Störungslehre

5.3.1.1 Klassisches Konditionieren

Wie bereits dargestellt hatte Pawlow das Prinzip des klassischen Konditionierens durch Experimente mit Hunden entdeckt. Er hatte einen neutralen Reiz (Laut eines Gongs) mit Futtergabe gekoppelt und beobachtet, dass Hunde nach einer gewissen Zeit allein beim Hören des Gongs ohne gleichzeitige Futtergabe Speichelfluss zeigten. Der neutrale Reiz »Laut eines Gongs« war damit zu einem Hinweisreiz, einem konditionierten Reiz, geworden, der eine Reaktion auslöste. Diese Reaktion nannte Pawlow konditionierte Reaktion. Bei der von Pawlow beschriebenen klassischen Konditionierung wird also ein ursprünglich neutraler Reiz gemeinsam mit einem Reiz dargeboten, der eine Empfindung oder ein Verhalten auslöst. Durch die gleichzeitige Darbietung erhält der ehemals neutrale Reiz Auslösefunktion für die entsprechende Reaktion. Das Erlernen einer solchen Verkopplung geschieht durch mehrfache gleichzeitige Darbietung, kann aber auch bereits durch ein einmaliges Zusammentreffen geschehen.

Beispiel
Der neutrale Reiz »ICE Zug« wird durch die einmalige Koppelung mit einem traumatischen Erlebnis (Der Zug entgleist, es gibt eine Katastrophe) zu einem angstauslösenden Reiz. Künftig genügt allein der Anblick eines ICE Zuges, um starke Angstgefühle auszulösen.

Abb. 28: Die Entstehung der klassischen Konditionierung I

Der ehemals neutrale Reiz (ICE Zug) wird zum konditionierten Reiz, der eine konditionierte Reaktion, nämlich Angst, auslöst:

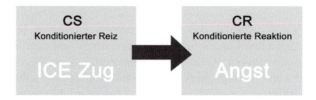

Abb. 29: Die Entstehung der klassischen Konditionierung II

Der Prozess der Generalisierung

Pawlow stellte fest, dass Hunde, die auf einen Glockenton konditioniert worden waren, auch auf andere, ähnliche Geräusche, vermehrten Speichelfluss produzierten. Es hatte eine Generalisierung stattgefunden.

Beispiel: Ein Kind, das von einem Schäferhund gebissen worden ist, hat zunächst nur Angst vor Schäferhunden. Dann generalisiert die Angst auch auf andere Hunderassen, später vielleicht sogar auf Katzen, Kaninchen und alle Vierbeiner.

»Es ist mir egal, ob sie ein Klebebandhalter ist. Ich liebe sie.«

Abb. 30: Reizgeneralisierung

Der Prozess der Diskriminierung

Der entgegengesetzte Prozess zur Generalisierung ist die Diskriminierung. Pawlow brachte einem Hund durch klassische Konditionierung bei, auf das Zeichen eines Kreises Speichel abzusondern. Weiterhin wurde dem Hund eine Ellipse gezeigt, eine Reaktion darauf aber nicht mit Futter verstärkt. Als die Ellipse mehr und mehr die Form des Kreises annahm, entwickelte der Hund zunächst ein feines Unterscheidungsvermögen, wurde dann aber zunehmend nervös und zeigte ein gestörtes Verhalten. Pawlow beschreibt diesen Vorgang als das Herbeiführen einer experimentell erzeugten Neurose.

Löschung (Extinktion)

Wie bringt man die konditionierte Reaktion auf einen konditionierten Reiz zum Erliegen? Man präsentiert immer wieder den konditionierten Reiz (Glockenklang) ohne den unkonditionierten Reiz (Futter); dann verschwindet bald die konditionierte Reaktion (Speichelfluss). Es kommt zur Löschung. Will man die konditionierte Reaktion erhalten, reicht es, wenn nur gelegentlich der unkonditionierte Reiz (das Futter) dargeboten wird.

5.3.1.2 Exkurs: Klein Albert und das weiße Kaninchen

Watson erzeugte ebenfalls eine Neurose auf experimentellem Weg. Er wählte dazu einen elf Monate alten Jungen namens Albert, der keine Angst vor Kaninchen hatte. Albert wurde mit einem weißen Kaninchen zusammengebracht. Immer wenn Albert das Kaninchen streicheln wollte, schlug Watson – nicht sichtbar für den Jungen – mit einem Hammer auf eine Eisenstange. Albert erschrak jedes Mal und weinte. Schon nach kurzer Zeit fing Albert beim Anblick eines weißen Kaninchens an zu weinen, auch wenn kein Hammerschlag erfolgte. Nach dem Prinzip des klassischen Konditionierens assoziierte Albert mit dem Kaninchen den angstauslösenden Lärm (ausführlich im Original in Watson und Rayner 1920). Watson beobachtete auch den Prozess der Generalisierung: Albert zeigte zunehmend Angstreaktionen auf andere Tiere, auf pelzige Gegenstände, schließlich sogar auf die Farbe weiß.

Leider wurde die experimentell erzeugte Neurose nicht gelöscht. Watson hatte sein Forschungsziel – das Erzeugen einer klassisch konditionierten Neurose – erreicht und verlor wahrscheinlich das Interesse an dem Fall. Deshalb gilt das Experiment zu Recht als fragwürdig und würde in heutiger Zeit aus ethischen Gründen keinesfalls durchgeführt.

Wie hätte Extinktion ausgesehen? Ein Fallbeispiel

Bei Pervin (2005, S. 299 ff) findet sich die Schilderung eines ganz ähnlich gelagerten Falls, der aber ein glücklicheres Ende nahm: Es ist der Fall des zweijährigen Peter, der ebenfalls eine emotionale Angstreaktion auf Kaninchen zeigte. Diese war jedoch nicht künstlich erzeugt worden; die Angst war bereits generalisiert auf pelzige Gegenstände, Federn und Ähnliches. In einem Prozess der Löschung oder auch Gegenkonditionierung (durchgeführt und beschrieben von Jones, 1924) verlor der Junge die Angst. Zunächst führte Jones Peter in kleinen Schritten an das Angstobjekt Kaninchen heran. In diesen Situationen waren immer mehrere Kinder im Raum, die keine Angst vor dem ebenfalls im Raum befindlichen Kaninchen hatten (Lernen am Modell). Weiterhin ging Jones dazu über, dem Jungen etwas Leckeres zu essen zu geben, wenn der Käfig mit dem Kaninchen näher an ihn herangebracht wurde. Sie führte also eine Gegenkonditionierung durch: Der angenehme Reiz (leckeres Essen), der positive Gefühle hervorrief, wurde gleichzeitig mit dem Angstreiz präsentiert. Dies führte zu einer allmählichen Löschung der Angstreaktion. Schließlich verlor Peter seine Angst vollständig, auch die Generalisierung auf andere Objekte verschwand. Der Löschungsprozess war erfolgreich verlaufen, obwohl jegliches Wissen über die Ursachen der Angstentstehung fehlte. In dieser Fallbeschreibung sind bereits mehrere verhaltenstherapeutische Techniken enthalten, auf die später noch eingegangen wird (▶ Kap. 5.4).

Merke
Lernen im Sinne des klassischen Konditionierens ist das Erlernen von Assoziationen. Ein neutraler Reiz wird durch seine zeitliche und räumliche Kopplung an einen unkonditionierten Reiz mit diesem Reiz assoziiert. Der neutrale Reiz ersetzt dann den unkonditionierten Reiz: Er löst die gleiche Reaktion aus wie dieser.

5.3.1.3 Operantes Konditionieren

Bei der von Skinner entwickelten operanten (instrumentellen) Konditionierung wird Verhalten nicht wie bei der klassischen Konditionierung durch einen vorausgehenden Reiz bestimmt, sondern durch die nachfolgenden Konsequenzen, die auf das Verhalten folgen.

Skinner experimentierte mit Tauben. Diese pickten auf alles, was sich in ihrem Käfig befand. Dabei pickten sie auch zufällig auf einen Hebel, der daraufhin Futter aus einer Öffnung schüttete. Nun pickten die Tauben nicht mehr zufällig, sondern gezielt nur noch auf diesen einen Hebel. Ihr zunächst zufällig ausgeführtes Verhalten (Hebelpicken) war durch Futter belohnt worden und wurde daraufhin häufiger ausgeführt. Es hatte eine positive Verstärkung des Verhaltens »Hebelpicken« stattgefunden. Die Verstärkung führte zu einer Auftretenserhöhung des zuvor gezeigten Verhaltens. Später stellte Skinner fest, dass das gelernte Verhalten besonders lange und zuverlässig ausgeführt wurde und damit besonders löschungsresistent war, wenn die Belohnung (das Futter) nur gelegentlich und nicht bei jedem Hebelpicken erfolgte. Die nur gelegentlich stattfindende Belohnung nennt man intermittierende Verstärkung.

 Merke
Bei der operanten Konditionierung wird Verhalten durch Belohnung oder Bestrafung beeinflusst. Verhalten wird also nicht vom Stimulus (Reiz) gesteuert, sondern durch die Konsequenzen, die dem Verhalten folgen. Voraussetzung dafür, dass eine operante Konditionierung stattfinden kann, ist, dass Verhalten überhaupt gezeigt wird.
Das SORKC-Modell zeigt die Bestimmungsstücke für eine operante Konditionierung:

S	O	R	K	C
Stimulus	Organismus	Reaktion	Kontingenz	Konsequenz

Die einzelnen Bestimmungsstücke

Der Stimulus

Der Stimulus (S) beinhaltet die Gesamtheit der inneren und äußeren Reize, die ein Verhalten (R) auslösen. Es gibt z. B. soziale Reize (Lächeln) oder von der Person selbst erzeugte, innere Reize (Phantasien, Vorstellungen).

Der Organismus (O)
Der Organismus(O) stellt die biologische Ausstattung dar und meint generell die körperliche Verfassung und auch die speziellen körperlichen Reaktionen auf den Reiz, wie ein Schweißausbruch oder erhöhter Herzschlag. Weiterhin sind damit auch Persönlichkeitsmerkmale wie z. B die Motivationslage der Person und Überzeugungen, Vorstellungen, Interpretationen der Situation gemeint (vgl. Kognitive Wende).

Die Reaktion bzw. das Verhalten (R)
Das Verhalten (R) ist das zentrale Bestimmungsstück der Abfolge. Das Verhalten kann ein physiologischer Vorgang (Reflex, Schweißausbruch), ein Verhalten oder eine verbale Äußerung sein. Heute wird auch subjektives Erleben zum Verhalten gezählt. Es gilt als verdecktes Verhalten und umfasst z. B. Gefühle. Das ausgeführte Verhalten kann also auf motorischer, emotionaler und kognitiver Ebene stattfinden.

Die Kontingenz (K)
Die Kontingenz (K) meint den zeitlichen Abstand zwischen Verhalten und Konsequenz. Ein Lob folgt meistens zeitnah auf ein Verhalten, der soziale Abstieg dagegen ist eine langfristige Folge eines bestimmten Verhaltens (z. B. des chronischen Alkoholkonsums). Zahlreiche Befunde sprechen dafür, dass die Konsequenz zeitlich dicht auf das Verhalten folgen sollte, damit sie vom Lernenden in Verbindung mit seinem Verhalten gebracht wird.

Die Konsequenzen (C)
Das Verhalten wird durch die Konsequenzen (C) gesteuert. Konsequenzen sind Ereignisse, die dem Verhalten folgt und als Verstärker bezeichnet werden. Eine Konsequenz kann positiv oder negativ sein; eine positive Konsequenz erhöht die Auftretenswahrscheinlichkeit des Verhaltens, eine negative Konsequenz verringert sie.

> **Definition Verstärker**
> Ein Verstärker ist ein Reiz, der eine zuvor stattgefundene Reaktion oder ein Verhalten in seiner Auftretenswahrscheinlichkeit erhöht (positiver oder negativer Verstärker) oder senkt (Bestrafung).
> Verstärker können nach verschiedenen Kriterien eingeordnet werden: Man unterscheidet primäre Verstärker (durch sie werden biologische Bedürfnisse wie Hunger und Durst befriedigt; aber auch Lächeln gehört dazu) und sekundäre Verstärker. Letztere sind erlernte Belohnungen wie Schulnoten oder materielle Verstärker wie Geld, Kleider, Schmuck usw.

Konsequenzen, durch die Verhalten häufiger auftritt
Verstärker sind definiert durch ihre Folgen: Tritt ein Verhalten (oder ein Gefühl, ein Gedanke) nach dem Verstärker häufiger auf, handelt es sich um einen positiven oder um einen negativen Verstärker.

Positive Verstärker (positive Konsequenzen)

Bei der positiven Verstärkung wird nach dem gezeigten Verhalten, Gefühl oder Denkmuster etwas Positives gegeben.

Beispiel 1: Das Kind räumt auf, der Vater lobt das Kind. Das Lob ist der positive Verstärker. Es führt dazu, dass das zuvor gezeigte Verhalten (Aufräumen) häufiger auftreten wird.

Beispiel 2: Das Kind macht im Unterricht Clownereien. Die anderen lachen. Die Zuwendung der Mitschüler/innen ist ein positiver Verstärker. Das Kind wird sich deshalb häufiger durch Clownereien in den Mittelpunkt stellen.

Negative Verstärker (negative Konsequenzen fallen weg)

Bei der negativen Verstärkung wird ein negativer Reiz entfernt. Es handelt sich also auch um eine Belohnung, die ebenfalls zu einer Erhöhung des Verhaltens führt. Negative Verstärkung ist also keinesfalls eine Bestrafung – wie der Ausdruck suggeriert –, sondern die Entfernung von etwas Negativem.

Beispiel 1: Eine Ratte sitzt im Käfig, dessen Boden unter Strom steht. Die Ratte zeigt verschiedene Verhaltensweisen, unter anderem drückt sie einen Hebel. Das Hebeldrücken hat eine positive Konsequenz: Der Strom wird ausgeschaltet. Bei einem weiteren Unter-Strom-Setzen des Bodens wird die Ratte sofort den Hebel drücken, der zur Abschaltung des Stroms führt.

Beispiel 2: Der Student hat Angst vor dem Halten eines Referates. Kurz bevor er drankommt, verlässt er den Hörsaal. Die Flucht beendet seinen Angstzustand und wirkt deshalb verstärkend: Er wird auch künftig vor diesen Situationen fliehen.

Konsequenzen, durch die Verhalten seltener auftritt

Tritt das Verhalten (das Gefühl, der Gedanke) nach dem Verstärker seltener auf, handelt es sich um Bestrafung.

Bestrafung

Direkte Bestrafung

Bei der direkten Bestrafung folgt dem Verhalten etwas Unangenehmes.

Beispiel: Das Kind probiert heimlich einen Schnaps. Ihm wird schlecht, es muss sich übergeben. Künftig wird es keinen Schnaps mehr probieren.

Time-Out

Etwas Angenehmes wird beendet.

Beispiel: Das Kind, welches die Spiele der anderen zerstört, wird in einen Nachbarraum gebracht, in dem es alleine bleiben muss. Weil das Kind nicht gerne alleine ist, wird es künftig die anderen Kinder nicht mehr beim Spielen stören.

Löschung

Ein angenehmer Reiz folgt nicht dem Verhalten.

Beispiel: Das Kind rast durch die Klasse. Die Lehrerin spendet ihm keine Aufmerksamkeit, vielmehr beachtet sie es nicht. Das Kind hört auf, herumzurasen.

Skinner war davon begeistert, durch Verstärker Verhalten zu formen und durch sie neues, erwünschtes Verhalten aufzubauen und unerwünschtes Verhalten abzubauen. Er war offensichtlich von dem Gedanken einer Gesellschaft fasziniert, in der das

Verhalten der Mitglieder nach dem Prinzip der Verstärkung verändert werden kann; damit könnte man seiner Meinung nach menschliches Verhalten vorhersehbar machen. Die Beschreibung weiterer Formen des Aufbaus und Umformens von Verhalten (chaining, shaping, fading, prompting), wie sie nicht nur bei Menschen, sondern auch in der Tierdressur angewandt werden, findet sich bei Reinecker (1999, S. 212 ff).

Abb. 31: Verhaltensmodifikation

Missverständnis!
Die Schlussfolgerung, dass Bestrafung die Verhaltenshäufigkeit reduziert, weil Belohnung die Verhaltenshäufigkeit erhöht, ist zu einfach, weil sie verschiedene Faktoren unberücksichtigt lässt.

Ist Bestrafung sinnvoll und vertretbar?
Es herrscht in der Literatur Einigkeit darüber (z. B. Bodenman et al., 2011, S. 127), dass Bestrafung aus folgenden Gründen abzulehnen ist: Es wird kein alternatives Verhalten aufgebaut und auch keine Hilfestellung gegeben, wie erwünschtes Verhalten aussieht oder erreicht werden kann. Außerdem löst Bestrafung negative Emotionen aus (Aggressionen, Frustrationen, Trotz, Angst, Resignation, mangelnde Selbstsicherheit). So kann etwa Trotzverhalten als Reaktion auf die Bestrafung sogar zu einer Erhöhung des unerwünschten Verhaltens führen. Zusätzlich wird das Verhältnis zur Erzieherperson belastet. Aus all diesen Gründen sollte von Bestrafung im beraterisch-therapeutischen Kontext sowie im erzieherischen Kontext abgesehen werden. Die in der Literatur beschriebenen wenigen Ausnahmesituationen (z. B. die mit Bestrafung arbeitende Aversionstherapie bei Alkoholikern oder die Aversionstherapie bei Pädophilen) werden ebenfalls kritisch diskutiert.

Skinner lehnte im Übrigen die Bestrafung als Mittel der Verhaltensformung ab, allerdings nicht aus ethischen Gründen, sondern weil sie nur begrenzt zeitlich wirksam ist und der positiven Verstärkung in vielerlei Hinsicht unterlegen ist.

Merke
Durch operante Konditionierung wird ein Verhalten dadurch aufgebaut oder abgebaut, dass ihm eine Konsequenz (Belohnung oder Bestrafung) folgt, und zwar möglichst direkt.

5.3.1.4 Das Zwei-Faktoren-Modell: Die Kombination klassischen und operanten Lernens

Das Zwei-Faktoren-Modell nach Mowrer (1960) besagt, dass an der Entstehung und Aufrechterhaltung psychischer Störungen sowohl der Prozess des klassischen als auch der Prozess des operanten Konditionierens beteiligt ist. Das klassische Konditionieren ist maßgeblich für die Entstehung der Störung, das operante Konditionieren ist verantwortlich für die Aufrechterhaltung der Störung. Demnach entsteht die Störung durch die Assoziation eines ehemals neutralen Reizes mit einem Angst auslösenden Reiz. Der neutrale Reiz wird somit zum konditionierten, Angst auslösenden Reiz (Beispiel: das Kaninchen bei Albert). Eine Löschung der Angst müsste leicht erreicht werden durch mehrfache Konfrontation mit dem Angstreiz, ohne dass das Befürchtete eintritt (im Falle Alberts fällt der Angstauslöser »Lärm« fort). Das funktioniert in der Regel auch. Falls aber – was insbesondere bei Angststörungen häufig der Fall ist – ein Vermeidungsverhalten stattfindet (Albert vermeidet den Anblick von Tieren, der Student flieht vor Redesituationen oder meidet diese), kann die Erfahrung nicht gemacht werden, dass bei der Konfrontation mit dem Angstreiz nichts Schlimmes passiert. Es wird also eine Löschung verhindert, die Vermeidung bzw. die Flucht wirkt als negativer Verstärker: Er beendet nämlich das aktuelle Angstgefühl und hält somit die Angst vor dem Reiz langfristig aufrecht. Damit hält der Mechanismus der operanten Konditionierung die Störung aufrecht.

Merke
Nach Mowrer entsteht eine psychische Störung durch klassische Konditionierung. Aufrechterhalten wird sie durch operantes Konditionieren.

5.3.1.5 Modelllernen: Die soziale Lerntheorie von Bandura

Das Modelllernen ist mit dem Namen Bandura (1976) eng verknüpft und stellt eine erhebliche Erweiterung der beiden bisher dargestellten Lernmodelle dar. Banduras Modell ist durch die Einbeziehung kognitiver Faktoren ein Bindeglied zu den im Anschluss dargestellten kognitiven Theorien der Kognitiven Wende.

5.3 Theoretischer Hintergrund der Verhaltenstherapie

Nach Bandura ist von Modelllernen dann zu sprechen, wenn eine Person sich das Verhalten einer anderen Person durch Beobachtung aneignet. Das Kind muss sich also nicht selbst die Hand auf der Herdplatte verbrennen, um zu lernen, diese nicht zu berühren (Lernen durch die Konsequenz, also operantes Lernen); es lernt ebenso, wenn es die ältere Schwester beobachtet, die sich die Hand an der Herdplatte verbrennt. Wir sprechen hier von stellvertretendem Lernen",4,0>Lernen. Durch Beobachtung wird neues Verhalten gelernt; aber auch bereits vorhandenes Verhalten wird beeinflusst, indem es abgeschwächt oder verstärkt wird.

Banduras Experimente zur Nachahmung aggressiven Verhaltens

Berühmt wurde Bandura durch seine Versuche zur Nachahmung aggressiver Vorbilder. Bandura (1976) spielte Kindergartenkindern Filme vor, in denen ein Modell in verschiedenen Variationen aggressives Verhalten zeigte (das Modell schlug und trat eine Puppe). Nach dem Film konnten die Kinder in einem Raum, in dem sich unter dem Spielzeug ebenfalls die im Film gezeigte Puppe befand, spielen. Bandura beobachtete, dass die Kinder das zuvor gesehene aggressive Verhalten nachahmten. War das Modell im Film ein Erwachsener, führte dies zu einer Enthemmung: Mehr Aggressionen wurden im nachfolgenden Spiel gezeigt. Eine Enthemmung trat ebenfalls auf, wenn das Modell im Film für sein Verhalten belohnt wurde. Diese Beobachtung positiver Verstärkung nannte Bandura stellvertretende Verstärkung. Weiterhin stellte Bandura fest, dass das Beobachten aggressiver Verhaltensmodelle, die belohnt wurden, dazu führte, dass die Nachahmenden nicht nur das Gesehene nachahmten, sondern darüber hinaus weitere aggressive Verhaltensweisen zeigten.

Abb. 32: Nachahmung von Gewaltmodellen

Eltern als Modelle für aggressives Verhalten

Bandura und Walters (1963) konnten zeigen, dass aggressives elterliches Verhalten zur Nachahmung durch die Kinder führte: Eltern, die ihre Kinder körperlich bestraften, hatten ebenfalls aggressive Kinder. Die Kinder zeigten die gleichen Verhaltensweisen der Eltern (Drohungen, Gewalt), wenn sie mit Gleichaltrigen zusammen waren. Diese Beobachtung sowie die Tatsache, dass misshandelte

Kinder später ebenfalls häufig ihre eigenen Kinder misshandeln, steht laut Bandura im Einklang mit seiner Theorie des Modelllernens (vgl. dazu die psychoanalytische Erklärung des Wiederholungszwangs ▸ Kap. 2.3.2).

Merke
Die Nachahmung von Modellen unterliegt bestimmten Gesetzmäßigkeiten:
1. Modelle, die für ihr Verhalten belohnt werden, werden eher nachgeahmt als andere. Weiterhin ahmen Kinder Modelle eher nach, zu denen sie
2. eine emotionale Beziehung haben,
3. die einen hohen Status haben und
4. denen die Kinder sich ähnlich fühlen.

Macht das Beobachten von Gewalt gewalttätig?

Banduras Forschungen hatten nicht nur Auswirkungen auf Techniken der Verhaltenstherapie (vgl. das folgende Kapitel), sie waren auch Auslöser für eine Vielzahl von Untersuchungen zur Wirkung von gewalthaltigen Filmen und Videospielen. Zahlreiche Untersuchungen (z. B. Rule & Ferguson, 1986; Donnerstein et al., 1987) konnten nachweisen, dass langes Anschauen von Gewaltszenen nicht nur zu einer Abstumpfung gegenüber Gewalt im Fernsehen oder im wirklichen Leben führt, sondern auch zu weniger Mitgefühl Gewaltopfern gegenüber.

Eines der wichtigsten Ergebnisse von Banduras Forschungen ist, dass das Beobachten aggressiver Handlungen nicht zu einem Abbau eigener aggressiver Regungen führt. Diese These der kathartischen (reinigenden) Wirkung wird teilweise heute immer noch vertreten. Es ist aber vom Gegenteil auszugehen: Das Anschauen aggressiver Modelle (die meist Helden sind, also belohnte Modelle) führt nicht nur zur Nachahmung dieser Helden, sondern hat auch einen enthemmenden Effekt in Bezug auf weitere Aggressionen.

Merke
Soziales Lernen bezeichnet den Erwerb von Verhaltensweisen durch Beobachtung und Nachahmung. Dabei spielen kognitive Prozesse des Beobachters/der Beobachterin eine wichtige Rolle (Auswahl der Modelle, Bewertung der Modelle). Forscher fanden heraus, dass das Beobachten gewalthaltiger Filme aggressiv macht. Ob die aggressive Stimmung allerdings zu aggressivem Verhalten führt, hängt von zahlreichen weiteren Faktoren ab.

Das Konzept der Selbstwirksamkeit

Bandura (1986, 2001) entwickelte weiterhin das Konzept der Selbstwirksamkeit. Mit der Erwartung an die Selbstwirksamkeit ist die Überzeugung gemeint, aufgrund eigener Kompetenzen erfolgreich Handlungen auszuführen. Es beinhaltet den Glauben, etwas bewirken zu können und sein Schicksal durch eigenes Handeln beeinflussen zu können.

Das Konzept geht davon aus, dass diese Kompetenzerwartungen an die eigene Person maßgeblich für eine Verhaltensänderung sind. Die subjektive Erwartung an die eigene Selbstwirksamkeit bestimmt nach Bandura, ob eine Person motiviert ist, ihr Verhalten zu ändern und zum Beispiel motiviert ist, gesundheitsbezogene Verhaltensänderungen in Angriff zu nehmen.

Damit schreibt Bandura den Überzeugungen und Erwartungen des Menschen eine wichtige Bedeutung zu und kann zu den Vertretern der Kognitiven Wende gezählt werden, die im Folgenden näher erläutert wird.

5.3.1.6 Kognitive Lerntheorien: Die Kognitive Wende und ihre Vertreter

> »Was die Menschen bewegt, sind nicht die Dinge selbst, sondern die Ansichten, die sie von ihnen haben.«
> *Epiktet, 55–135 n. Chr.*

Zahlreiche Forscher der lerntheoretischen Schule erkannten zunehmend, dass zur Erklärung menschlichen Verhaltens weitere Annahmen herangezogen werden mussten. Frühe Einwände gegen die Fokussierung allein auf beobachtbares Verhalten kamen von Tolman (Neel, 1969, S. 205 ff), der Begriffe wie »latentes Lernen« und »Absicht« einführte und den Einfluss von Erwartungen und Selbstbewertungen verantwortlich machte für stattgefundene Lernprozesse, die nicht beobachtbar waren. Die kognitive Erweiterung der klassischen Lerntheorien bedeutet, dass die »Black Box«, die Skinner nicht interessierte, nun als Quelle von kognitiven Prozessen angesehen wurde. Die im Inneren der Person stattfindenden Kognitionen sind zwischen Reiz und Reaktion geschaltet und werden als Ursache für das Verhalten der Person angesehen.

Im Rahmen der Kognitiven Wende wird diesen internen, nicht beobachtbaren Vorgängen, nämlich den Kognitionen und Bewertungen von Situationen, eine maßgebliche Ursache für die Entstehung psychischer Störungen beigemessen. So untersuchten Vertreter dieser Richtung Denkmuster von Depressiven und machten verzerrte Denkmuster für das Entstehen einer Depression verantwortlich. Die kognitiven Therapien streben eine Veränderung dysfunktionaler Denkmuster an, wobei je nach Autor unterschiedliche Aspekte der kognitiven Verzerrung fokussiert werden.

 Merke
Gemäß dem Ansatz der Kognitiven Wende ist der Mensch ein aktives, sich selbst steuerndes Wesen, dessen Verhalten keinesfalls nur von äußeren Reizen gesteuert wird. Vielmehr bestimmen die subjektive Wahrnehmung, Interpretation und Bewertung des wahrgenommenen Reizes die folgende Reaktion.

Wichtige Vertreter dieser Richtung, die den Ansatz der klassischen Verhaltenstherapie erheblich erweiterten, sind Albert Bandura, Arnold Lazarus, Donald Meichenbaum, Frederick Kanfer, Aaron Ellis und Aaron Beck.

- Ellis (Ellis & Hoellen, 2004) und Beck et al. (1999) entwickelten das Konzept der verzerrten Denkschemata.
- Seligman (Seligman et al., 1979) betont in seinem kognitiven Modell der Depression den Aspekt der erlernten Hilflosigkeit.

- Lazarus (1973) entwickelte ein multimodales Therapiekonzept.
- Kanfer (Kanfer & Busemeyer, 1982; Kanfer et al. 2012) erweiterte die operante Konditionierung um den Aspekt der Selbstkontrolle.
- Meichenbaum (2012, 2003) entwickelte ein Selbstinstruktionstraining und ein Stressimmunisierungsprogramm.

Den Autoren ist die Überzeugung gemein, dass Affekte und Verhalten davon bestimmt werden, wie Menschen sich selbst, andere und die Welt bewerten. Demnach führen Wahrnehmungsverzerrungen, negative Sichtweisen und Fehlinterpretationen zur Entstehung psychischer Störungen. Der Ursprung der negativen Denkmuster wird in der Kindheit vermutet, in der diese Denkmuster durch soziales Lernen erworben wurden.

Denkmuster bei Depressiven

Unabhängig voneinander haben sich Ellis, Beck und Seligman im Rahmen ihrer Tätigkeit als Psychotherapeuten besonders mit den Denkmustern von Depressiven beschäftigt.

Abb. 33: Aaron Beck

So gehen Beck et al. (1999) etwa von einem Dreiklang an gedanklichen Fehlern aus; dieser zeichne sich durch ein negatives Selbstbild, eine negative Interpretation der Erfahrungen und eine nihilistische Sicht der Zukunft aus. Als typische Denkfehler, die psychischen Störungen vorausgehen, listen sie folgende auf:

- Maximieren und Minimieren: Ereignisse werden über- oder unterschätzt. Depressive überschätzen typischerweise Misserfolge und unterschätzen Erfolge.

- Übergeneralisieren: Ein einzelnes Ereignis wird verallgemeinert (einmal Pech haben bedeutet, dass immer alles schief geht).
- Personalisieren: Ereignisse werden auf die eigene Person bezogen (»Der Unfall ist die Strafe für mein unmoralisches Verhalten«).
- Schwarzweißdenken: Es gibt nur gut oder böse, Differenzierungen werden nicht gemacht.

Einen ähnlichen Ansatz vertritt Ellis (Ellis & Hoellen, 1995, S. 279ff; Ellis 1985), der zahlreiche Irrsätze bei depressiven Menschen entdeckte. Sie werden im Folgenden aufgelistet, weil sie in der Tat häufig in Beratungen/Therapien von Klientinnen mit unterschiedlichsten Problemen geäußert werden:

- Ich muss von jeder Person geliebt und anerkannt werden.
- Ich bin nur dann etwas wert, wenn ich kompetent, tüchtig und leistungsfähig bin.
- Es ist eine Katastrophe, wenn Dinge nicht so sind, wie ich sie haben möchte.
- Menschliches Leid hat oft äußere Ursachen und ich habe wenig Einfluss auf meinen Kummer.

Abb. 34: Albert Ellis

- Ich sollte dauernd an Gefahren denken und mir über sie Sorgen machen.
- Es ist leichter, Schwierigkeiten auszuweichen, anstelle sich ihnen zu stellen.
- Ich sollte mich auf andere verlassen und brauche einen »Starken«.
- Die eigene Vergangenheit hat entscheidenden Einfluss auf das Verhalten.
- Es gibt für jedes menschliche Problem die perfekte Lösung und es ist eine Katastrophe, diese Lösung nicht zu finden.

Hinter diesen Denkmustern vermuten Ellis und Hoellen (2004, S. 157 ff) ein Katastrophendenken, eine undifferenzierte, globale Sicht der Welt, eine geringe Frustrationstoleranz und eine negative Zukunftsperspektive. Aber ebenso wenig wie die klassischen Lerntheoretiker beschäftigt sich Ellis mit der Herkunft dieser negativen Sicht von sich selbst und der Welt, sondern versucht, die Denkweisen therapeutisch zu verändern (siehe nächstes Kapitel).

Das ABC-Schema von Ellis (Ellis & Hoellen, 2004, S. 26 ff) stellt eine Erweiterung des klassischen Lernmodells dar (▶ **Abb. 35**): Nicht der Reiz löst Verhalten aus, sondern die Interpretation des Reizes.

Als A bezeichnet Ellis das Ereignis, als C die Konsequenz, wobei die Meinung der betreffenden Person, dass A zu C führt, irrig ist. Zwischen A und C ist B, das »belief system« geschaltet. Dieses besteht – zumindest bei Depressiven – aus den oben genannten Irrsätzen, welche dann zu C (einer Depression) führen.

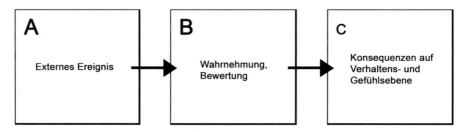

Abb. 35: Das ABC-Modell nach Ellis

Beispiel
Folgender Ablauf wäre nach Ellis eine rationale Verarbeitung eines Prüfungsmisserfolgs:
A: Durch die Prüfung gefallen
B: Rationale Bewertung: Ich hatte Pech
C: Gefühl der Enttäuschung
Bei einer dysfunktionalen Verarbeitung kommt es zu folgenden irrationalen Interpretationen:
iB (irrationale Überzeugung): Wie konnte ich nur so dumm sein? Ich bin eine Niete.
Diese Überzeugung hat folgende Emotionen zur Folge:
iC (unangemessene Konsequenz): Depression, Verzweiflung, Minderwertigkeitsgefühle.

Die Rational-Emotive-Therapie

Ellis entwickelte auf der Basis dieses Modells die Rational-Emotive-Therapie (RET). Im Rahmen dieser Therapie wird auf argumentativem Weg versucht, die irrationalen Denkmuster zu widerlegen. Deshalb spricht Ellis auch von einem »sokratischen Dialog«, in Anlehnung an den griechischen Philosophen Sokrates, der dafür berühmt war, in einem philosophischen Disput sein Gegenüber argumentativ von dessen unlogischer Einstellung zu überzeugen. Ellis, der ursprünglich eine Ausbildung zum Psychoanalytiker gemacht hatte, legt in seiner Konzeption der RET erstaunlicherweise keinen Wert auf die Ursachen der negativen Denkweise, ebenso wenig interessieren ihn andere Themen der Psychoanalyse wie Träume oder Abwehr. Die Therapeutin soll eine direktive Haltung einnehmen und mit der Kraft ihrer Argumente die Klientin von ihrer Denkweise befreien. Auf emotionale Einsicht legt Ellis keinen Wert, im Zentrum steht die kognitive Einsicht des vernunftbegabten Individuums.

Theorie der gelernten Hilflosigkeit nach Martin Seligman

Stellen wir uns einen Menschen vor, der mit Lärm konfrontiert wird, dem er nicht entrinnen kann, der mit Elektroschocks gequält wird, denen er nicht entweichen kann, und der mit Problemen konfrontiert wird, die nicht lösbar sind. Er wird lernen: »Ich bin Situationen hilflos ausgeliefert, ich habe keine Kontrolle über sie, ich kann Beschwerden nicht vermindern und Unangenehmes nicht abstellen.« Aufgrund dieser Einstellung wird er es in einer späteren Situation nicht fertig bringen, Lärm und Elektroschocks zu entkommen, indem er ein einfaches Problem löst.

Auf der Basis zahlreicher Experimente mit Tieren und Menschen entwickelte Seligman (Hiroto & Seligman, 1975; Seligman et al., 1979) das Modell der gelernten Hilflosigkeit als Ursache von Depressionen: Wenn eine Person zu der Überzeugung kommt, dass ihr keine Kontrollmöglichkeiten über eine Situation zur Verfügung stehen, verhält sie sich depressiv: Sie wird passiv und sucht nicht mehr nach Lösungsmöglichkeiten. Weiterhin stellten Seligman et al. (1979) fest, dass Depressive einen besonderen Attributionsstil bevorzugen, der eng mit dem Gefühl der Hilflosigkeit zusammenhängt: Misserfolge schreiben sie sich selbst zu, Erfolge dagegen den äußeren Umständen. Anders ausgedrückt ist als glücklicher Mensch derjenige zu bezeichnen, der überzeugt ist von seiner eigenen Einflussnahme auf sein Schicksal, der optimistisch in die Zukunft blickt, seine eigenen Fähigkeiten als hoch einschätzt und Erfolge auf diese zurückführt.

Abb. 36: Martin E. Seligman

Das Multimodale Therapiekonzept nach Arnold Lazarus

Lazarus (1973, 1996) erweiterte das kognitiv-verhaltenstherapeutische Konzept um weitere Komponenten, die er BASIC ID nennt. Aufgrund seiner therapeutischen Erfahrung geht er davon aus, dass Menschen auf verschiedenen Ebenen Probleme haben und diese sich auch auf verschiedenen Ebenen äußern. Demnach sollte eine Psychotherapie »multimodal« vorgehen. Sie sollte nicht nur auf das Verhalten (B = behavior) eingehen, sondern auch Emotionen (A = affects), Empfindungen (S = sensations), Vorstellungen (I = imagery), Kognitionen (C = cognitions), zwischenmenschliche Beziehungen (I = interpersonal relations) und den Gebrauch von Drogen (D = drugs) berücksichtigen. Das Lazarus-Modell kann als Versuch verstanden werden, den kognitiven Ansatz um Aspekte zu erweitern, die wenig berücksichtigt werden, und damit auch eine Öffnung zu anderen Ansätzen zu erreichen. Für einsichtsorientierte Therapeutinnen/Beraterinnen sind diese Aspekte selbstverständlicher Teil der Therapie.

Abb. 37: Arnold Lazarus

▶ **Abbildung 38** zeigt eine Auflistung möglicher Themen der multimodalen Therapie und entsprechende Behandlungsmaßnahmen, die sich im Wesentlichen auf verhaltenstherapeutische und rational-kognitive Methoden beschränken.

Bereich	Problem	Vorgeschlagene Behandlung
Verhalten	häufiges Weinen negative Selbstäußerungen	Nichtverstärkung Hausaufgabe: positive Selbstäußerungen

5.3 Theoretischer Hintergrund der Verhaltenstherapie

Bereich	Problem	Vorgeschlagene Behandlung
Emotionen	unfähig, offen Zorn zum Ausdruck zu bringen	Rollenspiel
	Mangel an Enthusiasmus und spontaner Freude	positive Vorstellungsverfahren
	Leere und Einsamkeit	Aufbau allgemeiner Beziehungen
Empfindung	kaum sinnliche Freuden	Methode der Empfindungsfokussierung
	häufig Kreuzschmerzen	orthopädische Übungen
Vorstellung	deprimierende Szenen des Begräbnisses der Schwester	Desensibilisierung
Denken	irrationale Selbstgespräche: »Ich bin schlecht« »Ich muss leiden« »Ich bin minderwertig«	beratendes rationales Gespräch und korrektives Selbstgespräch
Zwischenmenschliche Beziehungen	kindliche Abhängigkeit lässt sich leicht ausnutzen und ist unterwürfig	Selbständigkeitsaufgaben Selbstsicherheitstraining

Abb. 38: Themen einer multimodalen Therapie

Das Selbstinstruktionstraining von Donald Meichenbaum

Das Selbstinstruktionstraining von Meichenbaum (1994) ist ein Trainingsprogramm zum Umgang mit schwierigen Situationen. Es stellt eine Komponente eines komplexen Therapieplans – z. B. eines Selbstsicherheitstrainings – dar. Meichenbaum berücksichtigt neben kognitiven Faktoren auch sprachliche Formulierungen: Die

Abb. 39: Donald Meichenbaum

Klientin wird instruiert, die zu bewältigende Aufgabe bzw. das Problem in kleine Schritte aufzuteilen und zu formulieren; anschließend soll die Situationsbewältigung zunächst mit Hilfe lauter Selbstinstruktionen, später mit verinnerlichten Instruktionen erfolgen. Meichenbaum schildert besonders Erfolge mit dieser Technik bei hyperaktiven und aggressiven Kindern. Die Instruktionen werden gemeinsam mit der Klientin erarbeitet und von dieser dann selbst durchgeführt. Die Klientin soll zu ihrer eigenen Therapeutin werden und damit unabhängig von äußeren Anweisungen oder Verstärkern.

Stress-Impfungs-Training

Meichenbaum (2012) entwickelte weiterhin ein Stress-Impfungs-Training. Das Programm, das auf dem Stresskonzept von Richard Lazarus (Lazarus & Folkman, 1984) basiert, will Menschen, die sich in schwierigen Situationen befinden, hilfreiche Bewältigungsstrategien an die Hand geben, damit sie künftig mit ähnlich schwierigen Situationen besser fertig werden. Sie werden »immunisiert« gegen Stresssituationen. Damit kommt dem Programm auch eine präventive Funktion zu. Meichenbaum (2012, S. 107 ff) berichtet von einer breiten Anwendung des Programms, speziell im medizinischen Bereich (Operationsvorbereitung, Bewältigung von Schmerzen), aber auch bei Mitarbeiterinnen des Gesundheits- und Sozialwesens (Alten- und Krankenpflegepersonal, medizinisches Personal, Polizisten, Feuerwehrleute usw.), die erfahrungsgemäß gefährdet sind, ein Burn-Out-Syndrom zu entwickeln. Hier könnte sowohl präventiv mit einer Stressimmunisierung eingegriffen werden als auch zur Stressbewältigung nach kritischen Lebensereignissen oder traumatisierenden beruflichen Einsätzen oder bei beruflicher Dauerbelastung.

Das Programm ist in verschiedene Phasen eingeteilt, in denen Techniken wie Entspannungsübungen und Problemlösestrategien eingeübt werden. Zu diesen Strategien gehören die Informationssuche, die Problemdefinition, das Durchspielen von Alternativen, die Vorhersage der Konsequenzen, das Entscheidungstreffen und die Handlungsausführung. Ein wichtiger Teil ist auch die Diskussion über die in der Klientin ablaufenden Kognitionen (vgl. Meichenbaum, 2012). In der letzten Phase werden die erworbenen Bewältigungsstrategien in realen Situationen angewandt. Das – wie die meisten verhaltenstherapeutischen Trainings – sehr strukturierte Programm integriert eine Vielzahl klassischer und kognitiver verhaltenstherapeutischer Techniken und lässt sich nach Reinecker (1999, S. 284) gut im Rahmen anderer komplexer Trainingsprogramme anwenden.

Die Selbstmanagement-Therapie nach Frederick Kanfer: Die Klientin als Therapeutin

Die Selbstmanagement-Therapie (Kanfer et al., 2012) betont das Expertentum der Klientin. Sie soll lernen, selbständig verhaltenstherapeutische Strategien zur Veränderung ihrer Probleme anzuwenden. Die in der klassischen Verhaltenstherapie vorherrschende Fremdkontrolle (positive und negative Verstärker finden durch die Therapeutin statt) wird hier ersetzt durch die von der Klientin selbst durchgeführte

Kontrolle ihres Verhaltens. Die therapeutische Hilfestellung kann dadurch in den Hintergrund treten, die Klientin wird zur Therapeutin für sich selbst und ihr Problem. Kanfer geht es also weniger um die Entwicklung und Einsetzung neuer therapeutischer Verhaltensstrategien, sondern um einen neuen Ansatz, der die Eigenkompetenzen der Klientin in den Mittelpunkt stellt. Dieser Ansatz impliziert eine Reihe von Maßnahmen, u. a. wird die Klientin aufgefordert, ihr Verhalten zu beobachten und aufzuzeichnen. Sie muss Selbstverstärker und Selbstbestrafungen aufstellen und anwenden. Sie muss die Umwelt so gestalten, dass ihr erwünschtes Verhalten überhaupt möglich wird (Stimuluskontrolle). Das Selbstmanagement- bzw. Selbstkontrollkonzept ist heute aus der Verhaltenstherapie nicht mehr wegzudenken. Zahlreiche verhaltenstherapeutische Programme, etwa gegen Übergewicht, Rauchen oder Alkoholkonsum, haben das Selbstmanagementkonzept von Kanfer integriert: In einem Kurs zur Bekämpfung von Übergewicht werden beispielsweise zunächst die Teilnehmer/innen aufgefordert, Tagebuch über ihre Essgewohnheiten zu führen und alles zu protokollieren, was sie am Tag verzehren. Außerdem sind die Situationen, in denen gegessen wird bzw. die dem Essen vorausgehen, zu beschreiben. In einem weiteren Schritt sind Verstärker zu suchen, mit denen sich die Teilnehmer für das als erfolgreich definierte Verhalten belohnen. Die Teilnehmerinnen müssen Umweltstimuli kontrollieren, indem sie etwa den Kühlschrank abschließen und den Schlüssel einer anderen Person geben usw.

Betrachten wir das deterministische Menschenbild Skinners, in dem für freie Handlungen des Menschen kein Platz ist, dann ist die Perspektivenerweiterung durch die Kognitive Wende besonders mit Blick auf Kanfer als bemerkenswert zu bezeichnen.

Abb. 40: Frederick Kanfer

> **! Merke**
> Zusammenfassung und Schlussfolgerung für das Neurosenkonzept
> Die frühe Verhaltenstherapie, deren Vertreter Skinner, Watson und Pawlow sind, gewann ihre Erkenntnisse über Verhalten aus Experimenten an Tieren und Menschen. Der Fokus lag auf dem beobachtbaren Verhalten und der Beeinflussung desselben durch die Konditionierung auf Signalreize und den Auf- oder Abbau von Verhalten mithilfe von Verstärkern. Nicht-Beobachtbares, also Empfindungen, Interpretationen und Kognitionen, interessierten nicht.
> Bandura erweitert diese Perspektive um die soziale Lerntheorie: Der Mensch lernt durch Beobachtung und Interpretation des Beobachteten. Mit der »Kognitiven Wende« in den 1950er Jahren zog auch die Kognition als innerer Prozess in das Gedankengut der Lerntheoretiker ein. Die neue Erkenntnis lautete: Der Mensch reagiert nicht auf Reize, sondern auf die Wahrnehmung und Interpretation dieser Reize.
> Die Verhaltenslehre, aus der sich später die Verhaltenstherapie entwickelte, legt ein lerntheoretisches Verständnis von Störungen vor. Störungen werden auf der Verhaltensebene mit Methoden der experimentellen Psychologie analysiert und behandelt. Psychische Störungen werden als erlerntes Fehlverhalten definiert, das unter Belastungsbedingungen entstanden ist. Es ist in gleicher Weise erlernt worden wie alles Verhalten und unterliegt den gleichen Lerngesetzen. Demnach wird Fehlverhalten nach dem Gesetz der klassischen Konditionierung in traumatisierenden Situationen erworben, aufrechterhalten bleibt es durch operante Verstärkung. Das Symptom hat keinen »tieferen Sinn«, sondern kann durch direkte therapeutische Methoden wieder verlernt werden. Hierzu werden die gleichen Techniken angewandt, die für die Entstehung des Symptoms verantwortlich waren. Die Erweiterung des Konzepts um die Einbeziehung der Kognition bedeutet, dass der Mensch nicht mehr als passives, den Umweltreizen ausgeliefertes Wesen angesehen wird, sondern sein Leben durch eine Vielzahl von kognitiven Prozessen selbst steuert und kontrolliert. Und was ist mit den Emotionen, die sowohl in der Psychoanalyse als auch in den humanistischen Ansätzen eine bedeutende Rolle spielen?
> Abgesehen von ganz wenigen Ausnahmen (vgl. Arnold Lazarus) kommen sie nicht vor! Zwar werden in den kognitiven Ansätzen negative Emotionen als Resultat irrationaler Überzeugungen konzeptualisiert, aber einen Stellenwert haben sie nicht. Eine Theorie menschlicher Subjektivität fehlt.

Verständnisfragen
- Schildern Sie die Entstehung einer Angststörung durch klassisches Konditionieren anhand eines Beispiels.
- Was ist operante Konditionierung? Wie wird hierdurch Verhalten gesteuert?
- Nennen Sie ein Beispiel für einen negativen Verstärker.
- Was sagt das Zwei-Faktoren-Modell von Mowrer aus?
- »Kinder, die geschlagen wurden, schlagen später auch häufig ihre eigenen Kinder.« Vergleichen Sie den Erklärungsansatz der Psychoanalyse mit dem Erklärungsansatz der Lerntheorie (Bandura) in Bezug auf diese Aussage.

Kritisch denken!
- Der berühmte Klaps, der nicht schaden kann:
  In Umfragen wird immer wieder festgestellt, dass weite Teile der Bevölke-

rung gegen den »Klaps auf den Po« als Erziehungsmittel nichts einzuwenden haben. Wie ist der Klaps auf den Po nach den Forschungserkenntnissen Banduras einzuschätzen?
- Und abgesehen von Bandura und dem Modelllernen: Diskutieren Sie aus der Sicht der humanistischen Psychologie den Klaps auf den Po. Warum wäre Rogers dagegen, wie würde er argumentieren?
- Vergleichen Sie das verhaltenstheoretische Störungsmodell mit dem psychoanalytischen Störungsmodell. Arbeiten Sie die Unterschiede heraus. Könnten sich beide Konzepte ergänzen und, wenn ja, wie?
- Der Verhaltenstherapie wurde oft vorgeworfen, sie trage nicht zur Emanzipation des Menschen bei, da sie ihn dressiere und manipuliere mit Hilfe von Belohnung und Bestrafung. Damit schaffe sie keinen mündigen Menschen, sondern einen unselbständigen. Diskutieren Sie diese Kritik anhand der Aussagen von Skinner. Beziehen Sie weiterhin die kognitiven Erweiterungen insbesondere den Ansatz von Kanfer ein.

5.4 Wie sieht verhaltensorientierte Beratung/ Therapie aus?

Lassen Sie sich als Einstieg auf folgendes Fallbeispiel ein, an dem einige verhaltenstherapeutische Techniken deutlich gemacht und im Anschluss erläutert werden.

Ein Fallbeispiel
Ulrich H. ist 29 Jahre alt und wohnt bei seinen Eltern. Er arbeitet in einem Betrieb in der Rechnungsabteilung. Von Beruf ist er Betriebswirt. Anlass zur Therapie ist eine anstehende berufliche Veränderung. Er soll in Kürze einen anderen Arbeitsbereich übernehmen, in dessen Rahmen er eng mit mehreren Mitarbeitern zusammenarbeiten muss; weiterhin wird er sowohl Fortbildungen besuchen als auch Mitarbeiter fortbilden. Kurz: Er wird im Mittelpunkt des Geschehens stehen. Bisher war er eher als Einzelkämpfer tätig. Herr R. beschreibt sich selbst als sehr schüchtern. Er meide weitgehend berufliche und private Kontakte aus Angst, vor einer größeren Runde etwas sagen zu müssen und sich zu blamieren. Besonders schlimm sei die Vorstellung, vor einer Zuhörerschaft eine Rede zu halten. Eine solche Situation habe er seit Jahren vermieden. Der Gedanke daran löse bereits einen Schweißausbruch aus. Anderseits sei die berufliche Veränderung ein deutlicher Karriereschritt, den er nicht ablehnen könne.
Im Gespräch wird deutlich, dass er motiviert ist, sein Leben zu verändern: Er möchte selbstsicherer werden und vermisst manchmal einen Freundeskreis, er wünscht sich auch eine feste Freundin. Eine längere Beziehung hatte er noch nicht.
In einem weiteren Gespräch berichtet Herr H., dass sich seine Eltern aufgrund einer Erkrankung des Vaters mit dem Gedanken tragen, in baldiger Zukunft in ein Altersheim zu ziehen. Herr H. muss also notgedrungen demnächst auf eigenen Füßen stehen. Diese Perspektive verunsichert ihn zusätzlich. Anderseits hat Herr H. einen fünf Jahre älteren Bruder. Dieser ist schon lange verheiratet, lebt in einer anderen Stadt und wird bald Vater. Die Tatsache, dass er demnächst einen Neffen bzw. eine Nichte bekommen wird, motiviert ihn, mehr aus seinem eigenen Leben zu machen und vielleicht eines Tages auch eine eigene Familie zu gründen.

5.4.1 Verhaltensdiagnostik

Als erstes stellt die Verhaltenstherapeutin eine Verhaltensdiagnostik auf: Diese soll die Beschwerden präzise erfassen, beschreiben und die aufrechterhaltenden Bedingungen identifizieren. Sie versucht eine Antwort auf folgende Fragen zu erhalten:

- Bedingungsanalyse: Wie wurde das Verhalten erworben und welche Faktoren erhalten es aufrecht?
- Zielanalyse: Welches Verhalten soll verändert werden?
- Therapieplanung: Welches sind die besten Methoden dazu?

Im Gespräch mit Herrn H. lässt sich der Erwerb seiner sozialen Angst nicht klären. Es findet sich keine ursächliche Situation in seiner Biographie. Aufrechterhalten wird das Verhalten durch negative Verstärkung: Herr H. verlässt die Angst auslösenden Situationen; dadurch reduziert sich seine Angst und dies wirkt verstärkend für sein Vermeidungsverhalten. Meistens begibt er sich gar nicht erst in unangenehme Situationen, sodass gar keine Angst aufkommt. Durch sein erfolgreiches Vermeidungsverhalten hat er schon lange keine Erfahrung mehr mit Angst auslösenden Sozialkontakten gemacht.
Wie sieht das Verhalten von Herrn H. in entsprechenden Situationen aus?

Emotionale Ebene: Herr H. hat starke Angst.
Körperliche Ebene: Er hat Herzrasen, Atemnot, Schwindelgefühle.
Kognitive Ebene: Er sagt sich, dass er versagen wird, dass ihn alle auslachen werden, dass er für alle Zeiten blamiert sein wird.
Verhaltensebene: Er verlässt rechtzeitig die Situation oder er vermeidet entsprechende Situationen.

In der Zielanalyse wird das Verhalten genau beschrieben und die situativen Bedingungen erfasst; weiterhin interessiert der bisherige Umgang mit dem Problem, der Grad der Beeinträchtigung und der Umgang der Umwelt mit dem Problem.
Bei Herrn H. stellen sich zwei Problemkreise heraus:

1. Redeangst: Die Angst, vor einer Zuhörerschaft zu reden.
2. Schüchternheit: Er nimmt keinen Kontakt zu anderen auf aus Angst vor Blamage oder Zurückweisung.

Redeangst und Schüchternheit werden nun operationalisiert, d.h. beide Eigenschaften werden in entsprechende Verhaltensweisen umgesetzt und es wird analysiert, in welchen Situationen welches Verhalten stattfindet. Die Therapeutin und Herr H. sammeln gemeinsam eine Vielzahl von typischen Verhaltensweisen und Situationen.
Es zeigt sich, dass Herr H. sich seit etlichen Jahren mit seinen Ängsten arrangiert hat. Er hat sich zu Hause bei seinen Eltern einen angstfreien Raum eingerichtet, er

vermeidet ängstigende Situationen. Seine Eltern stellen keine Forderungen an ihn, sondern ersparen ihm im Gegenteil alle unangenehmen Situationen. So übernehmen sie in seinem Auftrag Behördengänge, Einkäufe, auch größere Anschaffungen oder Reklamationen führen sie für ihn durch.

Trotzdem ist Herr H. motiviert, eine Änderung herbeizuführen, weil ihn zunächst die äußeren Umstände dazu zwingen (Arbeitsplatzveränderung, Umzug der Eltern in ein Altenheim). Außerdem hat er auch den Wunsch nach Sozialkontakten und einer größeren Verhaltensfreiheit, weiß aber nicht, wie er diese erreichen soll.

Therapieplanung

Die Therapeutin vereinbart mit Herrn H. die Therapieziele, die in einer Reduzierung seiner Redeangst, einer Reduzierung seiner sozialen Ängste und damit in einem Aufbau von sozialer Selbstsicherheit bestehen. Weiterhin soll er eine Verselbständigung der Lebensführung (z.B. eigene Wohnung) erreichen. Dann schließt sie mit ihm einen Therapievertrag, der in der Vereinbarung besteht, dass Herr H. die gemeinsam aufgestellten Hausaufgaben durchführt. Die Hausaufgaben werden Herrn H. als zentral für den Erfolg der Therapie erläutert. Sie vereinbaren gemeinsam ein Belohnungssystem für erfolgreich durchgeführte Aufgaben und ein Bestrafungssystem (Entzug von Verstärkern) für nicht durchgeführte Aufgaben. Herr H. ist aufgefordert, selbst Verstärker zu finden, mit denen er sich für erfolgreiche Therapieschritte belohnt bzw. bei Vermeidung der Aufgaben bestraft. Die Therapeutin vermittelt Herrn H., dass er sich selbst am besten kennt und deshalb der Experte für sich selbst ist. Sie kann ihn lediglich mit ihrem Fachwissen unterstützen. Beide sind gleichberechtigte Partner. Der Erfolg der Therapie hängt von ihm und seiner Mitarbeitsbereitschaft ab.

Zunächst schlägt sie ihm eine systematische Desensibilisierung vor.

5.4.2 Systematische Desensibilisierung

Bei der systematischen Desensibilisierung erfolgt eine stufenweise Annäherung an die gefürchteten Situationen. Dazu wird gemeinsam mit der Klientin/dem Klienten eine individuelle Angst-Hierarchie dieser Situationen erstellt. Man beginnt mit einer Situation, welche keine Angst auslöst und die Zahl 0 bekommt, und endet mit der am meisten Angst auslösenden Situation (100).

Im Falle von Herrn H. werden zwei Hierarchien aufgestellt: Eine für seine Redeangst und eine weitere für seine Angst vor sozialen Kontakten.

Um die systematische Desensibilisierung durchzuführen, muss Herr H. ein Entspannungstraining erlernen. Zunächst wird er von der Therapeutin in mehreren Sitzungen mit einem Entspannungstraining vertraut gemacht (etwa mit progressiver Entspannung nach Jacobson). In einem zweiten Schritt erlernt er, sich selbst in diesen entspannten Zustand zu versetzen. Dann wird Herr H. in entspanntem Zustand mit dem kleinsten angstauslösenden Reiz in sensu konfrontiert, d.h. er soll sich die Situation möglichst anschaulich vorstellen. Bekommt er Angst, verlässt er die Situation gedanklich und entspannt sich wieder. Ein weiterer Versuch wird gestartet. Ziel ist, dass Herr H. alle Stufen der Hierarchie gedanklich angstfrei durchläuft und sich am Ende alle Situationen in entspanntem Zustand vorstellen kann. In einem weiteren Schritt erfolgt die systematische Desensibilisierung in vivo: Herr H. soll die Hierarchie Schritt für Schritt im realen Leben durchlaufen. Dazu sucht er sich die entsprechenden Gelegenheiten, bringt sich selbst in einen körperlich entspannten Zustand und bewältigt die Situation. Hierbei kann die Therapeutin ihn anfangs begleiten. Zum Beispiel können beide ein Café aufsuchen, wo Herr H. sich zu einer attraktiven Frau an den Tisch setzen und diese später auch ansprechen soll. Die Therapeutin kann alles von einem Nachbartisch beobachten und ihm später Feedback geben.

Systematische Desensibilisierung: Ein Prozess der Gegenkonditionierung
Es gibt verschiedene Erklärungen für die Wirkung der systematischen Desensibilisierung. Der stattfindende Prozess wird als Gegenkonditionierung oder reziproke Hemmung bzw. Löschung bezeichnet. Bei der systematischen Desensibilisierung werden zwei körperliche Reaktionen ausgelöst, die unvereinbar sind: Angst und Entspannung. Bei Angst ist der Sympathikus aktiv; er bewirkt eine Leistungssteigerung des Organismus und bereitet Angriffs- oder Fluchtverhalten vor. Sein Gegenspieler, der Parasympathikus oder »Ruhenerv«, sorgt für Erholung, Ruhe und Entspannung. Da die Angst sehr dosiert präsentiert wird, siegt der Parasympathikus (Entspannung) über den Sympathikus (Anspannung).

Eine alte Reiz-Reaktions-Verbindung (Reiz = Angst) wird also durch eine neue, stärkere Verbindung ersetzt (Reiz = Entspannung). Die systematische Desensibilisierung wird auch als Konfrontationsmethode bezeichnet und ist eine häufig eingesetzte Technik bei Ängsten und Phobien.

Weitere Konfrontationsmethoden
Eine weitere Konfrontationsmethode bei Phobien ist die Überflutung (flooding). Hier wird die Klientin der am meisten angstauslösenden Situation ausgesetzt und eine Fluchtreaktion verhindert. Albert etwa, der Angst vor Kaninchen hatte, würde hierbei in einen Raum voll von Kaninchen gesetzt und es würde verhindert, dass er den Raum verlässt. So wird er in die Lage versetzt, die Erfahrung zu machen, dass nichts Schlimmes passiert. Nach einer kurzen Zeit großer Angst würde das Angstniveau sinken. Auf der physiologischen Ebene hat dann ein Habituationsprozess (Gewöhnungsprozess) eingesetzt: Die lange Darbietungszeit führt zu einer langsamen Abnahme der körperlichen Erregung.

Vergleiche
Wie hier deutlich wird, setzt sich im Unterschied zu den bereits vorgestellten Therapiekonzepten bei der Verhaltenstherapie unser Klient mit den Angstauslösern oder anderen problematischen Situationen im Rahmen der Therapie real auseinander. Er muss die in der Therapie erlernten Strategien direkt anwenden. Während die Einsichtstherapien auf eine Übertragung der in der Therapie gewonnenen Einsichten auf den Alltag vertrauen und weiterhin davon ausgehen, dass die emotionale Einsicht in die Ursachen des Symptoms das Symptom überflüssig macht, wird hier die Anwendung auf den Alltag eingeübt. Besonders bedeutsam ist aber bei dieser Therapieform – denken wir etwa an das flooding – sowohl eine hohe

Motivation der Klienten/innen und eine Aufklärung über die Methoden als auch ein Einverständnis der Klienten/innen. Ohne Einverständnis wird keine der Methoden angewandt.

> **Merke**
> Das durch klassische Konditionierung entstandene Problemverhalten wird durch Konfrontationsmethoden (Systematische Desensibilisierung, flooding) vom Auslösereiz entkoppelt. Die Aufrechterhaltung des Problemverhaltens durch negative Verstärkung muss durch ein Verstärkerprogramm durchbrochen werden.

Zurück zu Herrn H.
Die Therapeutin ist zufrieden mit dem bisherigen Verlauf: Herr H. kann sich inzwischen gut selbst entspannen und wendet diese Technik an seinem Arbeitsplatz erfolgreich an. Einigen schwierigen Redesituationen hat er sich bereits gestellt und sie gut gemeistert. Allerdings übernimmt er im Alltag weiterhin keine ihm unangenehmen Aufgaben. Die Aufgaben werden von seinen Eltern erledigt, wodurch sein passives Verhalten und sein Rückzug positiv verstärkt werden. Die Therapeutin entscheidet sich also, die Eltern als Co-Therapeuten einzubeziehen. Sie lädt die Eltern zu einem Gespräch und instruiert sie, keine Aufgaben mehr für ihren Sohn zu übernehmen, sondern vielmehr ihm bestimmte Aufgaben zu übertragen. Die Eltern werden konkret aufgefordert, alle Situationen, in denen sie ihrem Sohn Verantwortung abnehmen, aufzulisten. Gemeinsam mit den Eltern werden alternative elterliche Verhaltensweisen erarbeitet. Die Motivierung der Eltern gelingt, da diese besorgt über den weiteren Werdegang des Sohnes wegen ihres eigenen baldigen Heimeintritts sind.

5.4.3 Operante Verstärker in der Anwendung

Wie an diesem Beispiel deutlich wird, können positive Verstärker aus der Umgebung des Klienten das Problemverhalten aufrechterhalten. In einem solchen Fall sollten nach Möglichkeit die Familienangehörigen in die Beratung/Therapie als Co-Therapeutinnen einbezogen werden.

Vergleiche
Der Einbezug der Eltern stellt von außen betrachtet eine Parallele zum systemischen Ansatz dar. Der systemische Ansatz geht davon aus, dass die Eltern, genauso wie der Klient (der nur Symptomträger ist), ein Problem haben; das Symptom des Symptomträgers ist ein familiäres Problem. Im Falle von Herrn H. könnte nach Stierlin eine Unterindividuation der Familienmitglieder vorliegen. Demnach hätten auch die Eltern einen Vorteil vom Verhalten des Sohnes und deshalb kein Interesse an einer Änderung. Nur gemeinsame Sitzungen mit der ganzen Familie könnten das Problem lösen und zwar dadurch, dass ein Entwicklungsprozess aller Familienmitglieder eingeleitet würde und das Familiensystem in ein neues Gleichgewicht gebracht würde. Im Gegensatz dazu verfolgt die Verhaltenstherapie einen individuellen Ansatz. Das Umfeld des Klienten wird nicht als Teil eines ungesunden

Systems angesehen, sondern vielmehr als Unterstützer des therapeutischen Prozesses einbezogen.

Die Therapeutin kann aber auch selbst Verstärkungsprogramme (Token Programme, s. u.) einsetzen. Positive Verstärker, auch wenn sie nicht bewusst als solche eingesetzt werden, spielen im Übrigen auch bei allen anderen Beratungsmodellen eine wichtige Rolle: Die Zuwendung und Unterstützung seitens der Therapeutin, ihre bejahende Einstellung und die vermittelte solidarische Haltung bilden einen wichtigen Faktor in jeder Beratungssituation.

Nach Reinecker (1999, S. 226) zählen operante Verstärker zu den bedeutsamsten Techniken der Verhaltenstherapie. Er unterscheidet Methoden zum Aufbau und Methoden zum Abbau von Verhalten (1999, S. 210 ff).

Mit positiven Verstärkern wird Verhalten aufgebaut (▶ Kap. 5.3.1.3). In der Verhaltenstherapie werden zahlreiche Bedingungen genannt, unter denen positive Verstärker besonders wirkungsvoll sind. Dazu zählt z. B. die enge zeitliche Kontingenz, d. h. dass der Verstärker direkt nach Auftreten des gewünschten Verhaltens verabreicht wird. Weiterhin sollten die Verstärker gemeinsam mit der Klientin festgelegt werden. Stabilisiert sich das gewünschte Verhalten, wird nur noch intermittierend verstärkt, später kann die Verstärkung ganz wegfallen: Denn wird das gewünschte Verhalten ausgeführt, hat das häufig einen selbstverstärkenden Effekt.

In unserem Fall bedeutet es, dass Herr H. stolz auf sich ist, wenn er erfolgreich einen kleinen Vortrag gehalten hat. Die positive Stimmungslage, die sich daraufhin einstellt, verstärkt das neue Verhalten. Auch wirken positive Reaktionen aus der sozialen Umwelt als Verstärker für das neu gezeigte Verhalten. Wichtig ist, dass Herr H. lernt, sich selbst zu verstärken. Im Sinne von Meichenbaum fördert dies die Selbstkontrolle und damit die Unabhängigkeit von der Therapeutin.

Herr H. wird zu seinem eigenen Therapeuten. Gemeinsam mit der Therapeutin erarbeitet er ein Verstärkerprogramm: Er entscheidet sich dafür, bei jedem Erfolg eine gewisse Summe Geld zurückzulegen. Die Erfolge werden genau definiert und die Größe der Geldsumme hängt vom Schwierigkeitsgrad der Aufgabe ab. Herr H. wird das gesparte Geld in sein Hobby, den Modellflug, stecken. Er wird sich mit teuren Modellen belohnen, die sonst niemals für ihn in Frage gekommen wären.

Token Systeme

Ein Token ist ein Objekt mit Tauschwert. Ein klassisches Token aus der Alltagswelt ist Geld; im therapeutischen Kontext können es Plastikmünzen sein, die gesammelt werden und ab einer gewissen Summe gegen Belohnungen eingetauscht werden. Angewendet wird diese Methode z. B. in Heimen zur Motivierung von Jugendlichen oder in Psychiatrien zur Aktivierung der Patienten und zum Aufbau von Verhalten. Auch die in Grundschulen noch verbreiteten Fleißkärtchen, die bei einer bestimmten gesammelten Anzahl gegen größere Bilder oder Ähnliches eingetauscht werden können, stellen ein Token System dar. Das Token System ist weiterhin ein Baustein in der Behandlung hyperaktiver Kinder in der Schulklasse. Mit einem Belohnungssystem für Stillsitzen wird das erwünschte Verhalten aufgebaut: Je länger das Stillsitzen, desto mehr Smileys malt die Lehrerin an die Tafel; diese werden später gegen reale Verstärker eingetauscht (vgl. Döpfner, 2001; Schröder, 2006).

Abbau von Verhaltensweisen

Bestrafung

Bestrafungsmethoden haben kaum einen Platz in der Verhaltenstherapie. Verfahren zum Abbau von Verhalten sind die

Löschung

Bei der Löschung fällt die Belohnung nach dem gezeigten Verhalten aus.
   In unserem Fall bedeutet dies, dass die Eltern auf passives Verhalten von Herrn H. (er macht keine Einkäufe, erledigt keine Behördengänge) nicht mit Erledigung dieser Dinge reagieren, sondern gar nichts tun. Der positive Verstärker bleibt aus und wird zur Löschung des passiven Verhaltens führen: Irgendwann muss Herr H. selbst aktiv werden.
   Im erzieherischen Kontext führt Nichtbeachtung eines unerwünschten Verhaltens häufig dann zur Löschung des Verhaltens, wenn das Motiv hinter dem Verhalten der Wunsch nach Beachtung ist. Reagiert man also mit Nichtbeachtung auf unerwünschtes Verhalten, sollte das Kind für erwünschtes Verhalten ausreichend Beachtung bekommen.

Time-Out

Nach Auftreten des Problemverhaltens wird die Person sofort aus der Situation entfernt, damit die Umgebung das Verhalten nicht verstärken kann: Der Jugendliche, der in der Gruppe mit einem Stock um sich schlägt, muss den Raum sofort verlassen und eine gewisse Zeit alleine in einem Raum verbringen.

Die operante Verstärkung im Alltag

Die operante Verstärkung ist im Alltag ein weit verbreitetes, zumeist intuitiv angewendetes Erziehungsmittel sowie ein ubiquitäres zwischenmenschliches Verhalten: Soziale Verstärker wie Lob, Zuwendung und Körperkontakt sind ständige Begleiter bei der Kindererziehung, in Liebesbeziehungen und allen anderen Beziehungen. Ebenso gehört auch die Nichtbeachtung oder der Entzug von Belohnungen zu unserem Verhaltensrepertoire. Wir steuern also ständig das Verhalten unseres Gegenübers durch die Art unserer Reaktion, ebenso werden auch wir von unserem Gegenüber auf diese Art beeinflusst.

5 Eine Einführung in den verhaltenstherapeutischen Ansatz

"As soon as one problem is solved, another rears its ugly head."

Abb. 41: Ein Problem kommt selten allein.

Zurück zu unserem Fall:

Herr H. hat bereits gute Fortschritte gemacht: Er konnte Ängste abbauen und sich Situationen, die für ihn schwierig waren, stellen. Dies gilt sowohl für Redesituationen als auch für das Ansprechen fremder Menschen. Allerdings stagniert der Prozess, was seine soziale Angst betrifft: Ihm gelingt es zwar inzwischen, eine fremde Person anzusprechen, ihm fehlen dann aber soziale Kompetenzen für den weiteren Ablauf: Er fühlt sich sehr unsicher und kann kein Gespräch in Gang halten. Es mangelt ihm an Selbstbewusstsein und Zuversicht, den Kontakt aufrechtzuerhalten und zu intensivieren. Er hat keine Übung darin, Menschen für sich zu gewinnen und um Sympathie zu werben. Seine Angst, sich zu blamieren, und seine Schüchternheit stehen ihm im Wege. Deshalb schlägt die Therapeutin Herrn H. vor, eine Gruppe zum Aufbau von Selbstsicherheit zu besuchen. Herr H. nimmt an.

5.4.4 Selbstsicherheitstraining

Das soziale Kompetenztraining oder Selbstsicherheitstraining dient nicht nur dem Abbau von sozialen Ängsten, sondern besonders dem Aufbau sozialer Fertigkeiten (Pfingsten, 2000, S. 475). Meist wird es im Rahmen von Gruppensitzungen angeboten, da das Modelllernen und das Feedback der Gruppe zentrale Elemente darstellen. Das Training umfasst in der Regel 10 bis 15 Sitzungen und wird meist nach einem strukturierten Übungsprogramm durchgeführt. Eins der ersten Pro-

5.4 Wie sieht verhaltensorientierte Beratung/Therapie aus?

gramme im deutschsprachigen Raum, welches sehr populär wurde, stammt von Ullrich de Munyck und Ullrich (1990). In zahlreichen Rollenspielen und in vivo Trainingssituationen (Hausaufgaben) werden folgende Bereiche sozialer Kompetenz eingeübt:

- Forderungen stellen
- Nein sagen und kritisieren
- Kontakt herstellen
- sich öffentlicher Beachtung aussetzen und sich Fehler erlauben.

Das Selbstsicherheitstraining enthält zahlreiche, bereits dargestellte verhaltenstherapeutische Techniken wie operante Verstärkung, Konfrontation mit bisher vermiedenen Situationen, Übung in lebensechten Situationen (Hausaufgaben), Entspannungsübungen, stufenweise Annäherung an angstbesetzte Situationen und zu Beginn die Abfassung eines Therapievertrags. Rollenspielen kommt eine wesentliche Bedeutung zu, weil sie zwischenmenschliche Interaktionen simulieren und weil konkrete Verhaltensweisen eingeübt werden können. Durch Rückmeldung der Gruppe und Video-Feedback lernt der Klient/die Klientin eine realistische Einschätzung des eigenen Verhaltens; weiterhin wird sein/ihr Verhalten über Verstärkung umgeformt.

Ein weiteres wichtiges Element ist das Modelllernen. Zunächst kommt der Therapeutin Modellfunktion zu. In der Art, wie sie die Gruppe leitet und wie sie ihren Part bei Rollenspielen ausfüllt, ist sie ein Vorbild für selbstsicheres Verhalten

Abb. 42: Selbstsicherheitstraining

in schwierigen Situationen. Außerdem zeigt sie modellhaft günstiges Bewältigungsverhalten in schwierigen Situationen. Aber auch das erfolgreiche Verhalten eines Gruppenmitglieds wird über das Modelllernen in das Verhaltensrepertoire der anderen übernommen.

 Merke
Wird Problemverhalten operant aufrechterhalten durch Belohnungen der Umwelt, bedeutet dies einen sekundären Krankheitsgewinn für den Klienten. Die Umwelt (im Fallbeispiel die Eltern) muss dann einbezogen werden. Auch durch negative Verstärkung wird das Problemverhalten aufrechterhalten. Ein wichtiger Schritt ist die Erarbeitung eines Verstärkungsprogramms, durch das der Klient lernt, sich selbst zu belohnen oder zu bestrafen; somit wird er sein eigener Therapeut und übernimmt die Verantwortung für seine Fortschritte. In einem Gruppentraining kann er zusätzlich neu aufgebautes Verhalten einüben und durch Modelllernen weitere Fortschritte machen.

5.4.5 Kognitive Umstrukturierung verzerrter Sichtweisen

Die Therapeutin, die sich nun nur noch in größeren Abständen mit Herrn H. trifft, bemerkt, dass Herr H. bei Berichten über die Ausführung seiner Hausaufgaben eine bestimmte, negative Sichtweise zeigt: So schlussfolgert er beispielsweise aus Merkmalen der Situation, dass das Gegenüber kein Interesse an ihm hat, ohne dass es dafür eine ausreichende Evidenz gibt. Als Beweise zieht er bestimmte Details aus einer komplexen Situation heran, ohne den Gesamtkontext der Situation zu berücksichtigen. Er neigt zu Übergeneralisierungen (»So ist es immer«) und er bezieht Ereignisse auf sich, ohne dass es dafür klare Hinweise gibt. Außerdem schreibt er eigene Erfolge äußeren Einflüssen zu, Misserfolge dagegen sich selbst.

Die Therapeutin entdeckt also bei Herrn H. das, was in der kognitiven Verhaltenstherapie als verzerrtes Denken (vgl. Ellis, Beck) und erlernte Hilflosigkeit (vgl. Seligman) bezeichnet wird. Deshalb fordert sie ihn auf, die automatisch ablaufenden Gedanken in den entsprechenden Situationen zu sammeln und aufzuschreiben. Ihm soll dadurch zunächst bewusst gemacht werden, dass diese Gedanken auftreten und seinen Gefühlszustand negativ beeinflussen. In einem weiteren Schritt soll Herr H. sich mit seinen Gedanken auseinandersetzen und diese rational beantworten. Die Therapeutin beginnt mit Herrn H. einen Dialog, in welchem sie ihn auf seine selbst schädigenden Denkmuster hinweist und ihn mit Gegenargumenten konfrontiert. Herr H. erlebt die Konfrontationen nicht als Angriff, da zwischen ihm und der Therapeutin ein vertrauensvolles Verhältnis entstanden ist und er die Interventionen der Therapeutin bisher als sehr hilfreich erlebt hat.

Der sokratische Dialog nach Beck
Im sokratischen Dialog werden die irrationalen Denkmuster des Gegenübers auf rationaler Ebene widerlegt (vgl. 5.3.1.6). Der folgende Dialogausschnitt zwischen Beck und einem Studenten mit Prüfungsangst zeigt die Vorgehensweise exemplarisch:

Kl.: »Ich bin damit einverstanden, wie Sie mich beschreiben, aber ich kann kaum zustimmen, dass mich meine Art zu denken depressiv machen soll.«
Beck: »Wie meinen Sie das?«
Kl.: »Ich werde depressiv, wenn etwas schief geht. Wenn ich z. B. durch eine Prüfung falle.«
Beck: »Wie kann Sie der Misserfolg bei einer Prüfung depressiv machen?«
Kl.: »Naja, wenn ich durchfalle, werde ich das Hauptstudium nicht beginnen können.«
Beck: »Es bedeutet Ihnen also viel, wenn Sie die Prüfung nicht bestehen. Aber wenn das Versagen bei einer Prüfung ernsthafte Depressionen auslösen könnte, müsste dann nicht jeder, der durchfällt, so depressiv werden, dass er eine Therapie bräuchte?«
Kl.: »Nein, aber das hängt davon ab, wie wichtig die Prüfung für diese Person ist.«
Beck: »Richtig, und wer entscheidet, wie wichtig die Prüfung ist?«
Kl.: »Ich.«
Beck: »Deshalb müssen wir prüfen, wie Sie die Prüfung sehen (oder wie Sie über die Prüfung *denken*) und wie dadurch Ihre Chancen, das Hauptstudium zu beginnen, beeinflusst werden. Sind Sie einverstanden?«
Kl.: »Ja.«
Beck: »Stimmen Sie mir zu, dass die Art, wie Sie die Prüfungsergebnisse interpretieren, Sie insgesamt beeinträchtigt? Sie sind möglicherweise deprimiert, haben Schlafstörungen und keinen Appetit und Sie denken vielleicht sogar daran, das Studium aufzugeben?«
Kl.: »Ich habe schon daran gedacht, dass ich es nicht schaffe. Ja, ich gebe Ihnen Recht.«
Beck: »Welche Bedeutung hätte der Misserfolg also?«
Kl.: (Unter Tränen) »Dass ich nicht ins Hauptstudium komme.«
Beck: »Und was bedeutet das für Sie?«
Kl.: »Dass ich einfach nicht klug genug bin.«
Beck: »Sonst noch etwas?«
Kl.: »Dass ich nie glücklich sein kann.«
Beck: »Und wie fühlen Sie sich bei diesem *Gedanken*?«
Kl.: »Sehr unglücklich.«
Beck: »Was Sie unglücklich macht, ist also die Bedeutung, die das Nichtbestehen einer Prüfung für Sie hat. Zu glauben, dass Sie nie glücklich sein können, ist tatsächlich ein wichtiger Faktor bei der Entstehung des Gefühls, unglücklich zu sein. Sie sind also in eine Falle geraten – nämlich dadurch, dass Sie Ihr mögliches Scheitern im Grundstudium mit »Ich kann nie mehr glücklich sein« gleichsetzen.«

(Myers, 2008, S. 774 f)

5.4.6 Diagnostik in der Verhaltenstherapie: Das Erstgespräch

Wie bereits anhand des Fallbeispiels dargestellt, dient das Erstgespräch der funktionalen Diagnostik oder auch Verhaltensanalyse. Die Therapeutin sammelt möglichst umfangreiche Informationen zum Problemverhalten und erarbeitet gemeinsam mit der Klientin die Bedingungsanalyse auf der Basis von Informationen zu folgenden Fragen: Welche Faktoren bedingen das Verhalten, welche Faktoren halten es aufrecht? Das Bedingungsmodell sollte das Problem umfassend beschreiben und dabei

die motorische,
die kognitive,

die emotionale,
die vegetativ-physiologische und
die interaktionelle Ebene erfassen.

Neben der Informationssuche sollte die Therapeutin auch Informationen an die Klientin weitergeben: Sie sollte das lerntheoretische Konzept der Krankheitsentstehung erläutern und den weiteren Ablauf der Therapie samt der geplanten Techniken vorstellen.

Beispiele für spezifische diagnostische Fragen eines Erstgesprächs, die in der Regel jedoch nicht erschöpfend im Rahmen eines Erstgesprächs geklärt werden können, sind im Folgenden aufgelistet:

- Welche konkreten psychischen und körperlichen Symptome treten auf?
- Dauer und Intensität der Symptome?
- Welche Kognitionen sind damit verbunden?
- Wie sieht das konkrete Verhalten der Klientin aus und welche Ziele verfolgt sie damit?
- Gibt es situative Abhängigkeiten oder andere Einflussfaktoren?
- Gibt es wichtige aufrechterhaltende Bedingungen?
- Wann und wie haben die Probleme begonnen?
- Welche auslösenden Faktoren lassen sich erkennen?
- Gab es vorher andere Schwierigkeiten?
- Wie sah der weitere Krankheitsverlauf aus bzw. gab es zwischenzeitliche Remissionen (Symptomfreiheit)?
- Welche Folgewirkungen liegen vor?
- Welche medizinischen Untersuchungsergebnisse gibt es?
- Welche Behandlungsversuche hat die Klientin bislang unternommen?
- Welche konkreten Änderungswünsche hat die Klientin?

(Frank und Frank, 2000, S. 377)

 Merke
In der Verhaltenstherapie findet eine differenzierte Diagnostik statt, die sich auf das symptomatische Verhalten bezieht (wie entsteht das Verhalten, welche Bedingungen halten es aufrecht?). Anschließend werden eine Zielanalyse und die Therapieplanung vorgenommen: Welches Verhalten soll verändert werden und mit welchen Mitteln?

5.4.7 Bemerkungen zum Beziehungsaspekt in der Verhaltenstherapie

Die Verhaltenstherapie hat lange Zeit den Beziehungsaspekt als einen subjektiven Faktor vernachlässigt. Lehrbücher zur Verhaltenstherapie diskutieren diesen Aspekt nur wenig (vgl. etwa Reinecker, 1999). Erst als im Rahmen der Psychotherapieforschung der Beziehungsfaktor als bedeutsamer Erfolgsfaktor einer Beratung/Psychotherapie deutlich wurde, befasste sich auch der verhaltenstherapeutische Ansatz vermehrt mit diesem Thema.

Häufig wird auf die klientenzentrierten Merkmale hilfreicher Gesprächsführung verwiesen, die auch im verhaltenstherapeutischen Kontext sinnvoll anwendbar seien (z. B. Seiderer-Hartig, 1996, S. 94). Frank und Frank (2000, S. 376 ff) widmen der Beziehungsgestaltung im Erstgespräch Raum und beschreiben als beziehungsaufbauende Strategien der Therapeutin das Ernstnehmen der Klientin und das Erzielen von Vertrauen und Offenheit durch das Herstellen emotionaler Nähe. Weiterhin sollte die Therapeutin sicher auftreten, Kompetenz vermitteln, aber auch der Klientin Kompetenz zuschreiben und ein hohes Maß an Transparenz leben. Der Transparenz wird allgemein in der Verhaltenstherapie eine große Bedeutung zugemessen.

Im Gegensatz zur Psychoanalyse, dem klientenzentrierten Ansatz und auch dem systemischen Ansatz, bei denen die Klientin das Konzept in der Regel nicht kennt und auch die Strategien nicht durchschaut (z. B. Übertragung, paradoxe Intervention, Spiegeln), verhält sich die Verhaltenstherapeutin transparent, sie bietet der Klientin ein Entstehungsmodell ihrer Störung an, klärt sie weiterhin über die geplanten Therapietechniken und deren Wirkweise auf, erstellt sogar mit ihr gemeinsam einen Therapieplan und verfolgt letztlich das Ziel, die Klientin zu ihrer eigenen Therapeutin zu machen. Dies erreicht sie zum Beispiel dadurch, dass die Klientin lernt, sich zunehmend selbst zu verstärken; damit wird sie unabhängig von der Therapeutin und erlebt durch die erfahrene Selbstkontrolle Autonomie. Außerdem fungiert die Therapeutin als positives Modell, in dem sie sich etwa selbstsicher und angstfrei in Situationen verhält, die für die Klientin angstbesetzt sind. Die Therapeutin nimmt also eine sehr aktive Rolle ein. Sie plant die Sitzungen, begleitet die Klientin unter Umständen in alltägliche »in vivo« Situationen, gibt Hausaufgaben und wertet diese gemeinsam mit der Klientin aus. Ist die Therapeutin kognitiv ausgerichtet, nimmt sie ebenfalls eine direktive Haltung ein: Sie diskutiert die verzerrten Annahmen der Klientin, versucht diese im sokratischen Dialog zu widerlegen und schlägt funktionalere Denkmuster vor. Abschließend ist mit Margraf (2009, S. 393), einem der wenigen Verhaltenstherapeuten, der den Beziehungsaspekt thematisiert, festzuhalten, dass ein gutes Zusammenspiel zwischen dem technischen Aspekt und dem Beziehungsaspekt eine wichtige Voraussetzung für eine erfolgreiche Behandlung ist. Wie allerdings der Beziehungsaspekt ausgestaltet sein sollte, auf welche Weise Vertrauen und emotionale Nähe aufgebaut werden, bleibt konzeptionell unklar.

Hier hat die Verhaltenstherapie sicher noch Arbeit zu leisten.

5.4.8 Das Setting

Der Gesprächsrahmen in der Verhaltenstherapie unterscheidet sich erheblich von den Rahmenbedingungen der anderen Ansätze. Nur die Verhaltenstherapeutin verlässt ihren Beratungsraum, um gemeinsam mit der Klientin Situationen aufzusuchen, die für diese problematisch sind. Sie gibt ihr direkt Hilfestellung bei der Bewältigung schwieriger Situationen.

> **Merke**
> Die Verhaltenstherapeutin nimmt im Vergleich zu allen anderen vorgestellten Ansätzen die aktivste Rolle ein. Diese Haltung bezieht sich nicht nur auf die Gesprächsführung. Sie begleitet die Klientin auch bei Therapieschritten, ist Vorbild bei Rollenspielen und vieles mehr. Gerade durch diese Aktivität wird ein enges Therapeutin/Klientin-Verhältnis gefördert. Umso wichtiger ist die Entwicklung eines differenzierten Konzepts zum Beziehungsaspekt. Daran mangelt es leider noch.

5.4.9 Gibt es in der Verhaltenstherapie Widerstand?

Die verhaltenstherapeutische Literatur thematisiert das Konzept des Widerstands nur selten. Eine Ausnahme stellt Margraf (2009, S. 388 ff) dar, der den Widerstand auf den Therapieerfolg bezieht. Der Therapieerfolg bedeutet u. U. einen Verlust des Krankheitsgewinnes, deshalb baut sich auch aus verhaltenstherapeutischer Sicht Widerstand dagegen auf. Auch eine Überschüttung der Klientin mit Hausaufgaben, Übungen und Trainings können nach Margraf einen Widerstand auslösen, der sich in Machtkämpfen, mangelnder Kooperation (Hausaufgaben nicht erledigt usw.) und Therapieabbruch Ausdruck verschaffen kann. Nach Margraf ist in solch einem Fall eine Zurücknahme der Therapeutin wichtig: Keine Vielzahl von Techniken und kein belehrender Nachweis von unlogischen Schlüssen im Rahmen des sokratischen Dialogs, sondern ein bedächtiges Vorgehen, welches der Klientin entdeckendes Lernen ermöglicht.

Widerstand aus verhaltenstherapeutischer Sicht entsteht also nicht aus Abwehr belastender Inhalte des Unbewussten, sondern aus Abwehr vor zu vielen Techniken und einer zu dominanten Rolle der Therapeutin. Therapeuten sollten sich nicht von der Vielfalt der Techniken verführen lassen, sondern die Klientin das Tempo bestimmen lassen.

5.4.10 Weiterentwicklungen

Die Verhaltenstherapie ist in Deutschland sehr verbreitet. Ein Grund ist in ihrer Kassenzulassung zu sehen. Sie findet sowohl einzeln als auch in Gruppen statt.

Gruppentrainings

Die Verhaltenstherapie hat zahlreiche Trainingsprogramme zum Aufbau von Verhaltensweisen (Selbstsicherheitstrainings) und zum Abbau von Verhaltensweisen (z. B. Raucherentwöhnungsprogramme), die in Gruppen durchgeführt werden, entwickelt.

Eine Reihe von Trainingsprogrammen zum Abbau unerwünschter Verhaltensweisen (Aggression) und Aufbau erwünschter Verhaltensweisen (positives Sozialverhalten) bei Kindern und Jugendlichen wurden von Petermann (z. B. 2009, 2012 a, 2012 b) entwickelt.

Verhaltensorientierte Familientherapie, Elterntrainings

Bei der verhaltensorientierten Familientherapie (Heekerens, 1993) werden mit Hilfe verhaltenstherapeutischer Techniken im System liegende Probleme verändert. Versucht beispielsweise der Sohn mit aggressivem Verhalten die Aufmerksamkeit des Vaters zu erhalten, lernt der Sohn mit Hilfe verhaltenstherapeutischer Techniken, mit angemessenem Verhalten Zuwendung zu erreichen.

Elterntrainings

Eine weite Verbreitung finden verhaltensorientierte Elterntrainings, denen unterschiedliche Konzeptionen zugrunde liegen. Teilweise werden Eltern zu »Experten« ausgebildet, die ihre Kinder mit Verstärkerprogrammen steuern, teilweise werden mit Eltern Problemlösestrategien eingeübt. Ein weit verbreiteter Elternkurs zur Hilfestellung bei Erziehungsproblemen, der Verhaltensänderungen anstrebt, ist der Triple P Kurs (Hahlweg, 2001).

Verhaltensorientierte Kindertherapie

Neben der psychoanalytischen Kinder- und Jugendlichentherapie wird auch die verhaltensorientierte Kinder- und Jugendlichentherapie angeboten.

Sie beruht auf den gleichen Annahmen wie die Erwachsenentherapie, die Vielfalt an Techniken kommt auch bei Kindern zum Einsatz.

Verständnisfragen
- Was ist systematische Desensibilisierung und wozu wird sie eingesetzt?
- Wozu werden demgegenüber Verstärker eingesetzt?
- Erklären Sie das Token System.
- Welche Ziele verfolgt ein Selbstsicherheitstraining?
- Für welche Informationen interessiert sich die verhaltenstherapeutische Diagnostik?
- Welche Bedeutung wird dem therapeutischen Beziehungsaspekt eingeräumt? Zu welchem Beratungskonzept gibt es hinsichtlich dieses Aspekts die größte Nähe?

Kritisch denken!
- In verhaltenstherapeutischen Lehrbüchern findet sich nur spärliche Information zur Beziehungsgestaltung zwischen Therapeutin und Klientin. Teilweise wird darauf hingewiesen, zur Beziehungsförderung die klientenzentrierten Basismerkmale anzuwenden.
  Was meinen Sie: Lässt sich das klientenzentrierte Konzept mit dem verhaltenstherapeutischen Konzept kombinieren? An welcher Stelle ist dies möglich, wo ergeben sich inhaltliche Widersprüche? Berücksichtigen Sie das jeweilige Menschenbild.
- In der Verhaltenstherapie werden u. U. Familienmitglieder als Co-Therapeuten einbezogen. Argumentieren Sie unter Einbeziehung der systemischen Perspektive kritisch das Pro und Contra.

Literatur

Ainsworth, M. (2006): Ein ethologischer Zugang zur Persönlichkeitsentwicklung. In: Grossmann, K. & Grossmann, K.: Bindungen – das Gefüge psychischer Sicherheit. Stuttgart: Klett-Cotta, S. 112–145
Andersen, T. (1996) (Hrsg.): Das reflektierende Team. Dortmund: Modernes Leben
Argelander, H. (1985): Psychoanalytische Beratung. Göttingen: Vandenhoeck & Ruprecht
Bamberger, G. (2010): Lösungsorientierte Beratung. Weinheim: Beltz
Bamberger, G.: (2004): Beratung unter lösungsorientierter Perspektive. In: Nestmann, F., Engel, F. & Sickendiek, U. (Hrsg.): Das Handbuch der Beratung. Band 2. Tübingen: dgvt, S. 737–748
Bandura, A. (1976): Lernen am Modell. Stuttgart: Klett-Cotta
Bandura, A. (1986): Social foundations of thought and action: A social cognitive theory. New York: Prentice-Hall
Bandura, A. & Walters, R. (1963): Social learning and personality development. New York: Holt, Rinehart & Winston
Bandura, A. (2001): Social cognitive theory: An agentic perspective. Annual Review of Psychology, 52, S. 1–26
Barabas, F. (2004): Gesetzliche Grundlagen der Beratung. In: Nestmann, F., Engel, F. & Sickendiek, U. (Hrsg.): Das Handbuch der Beratung. Band 2. Tübingen: dgvt, S. 1203–1211
Bateson, G., Jackson D., Laing, R., Lidz, T, & Wynne, L. (2002): Schizophrenie und Familie. Frankfurt: Suhrkamp.
Bateson, G., Jackson D. & Haley, J.: (1978): Auf dem Weg zu einer Schizophrenie-Theorie. In: Bateson, G., Jackson D., Laing, R., Lidz, T, & Wynne, L.: Schizophrenie und Familie. Frankfurt: Suhrkamp, S. 11–43
Beck, A., Rush, A., Schaw, B. & Emery G. (1981): Kognitive Therapie der Depression. München: Urban & Schwarzenberg
Becker, H. (1981): Konzentrative Bewegungstherapie. Stuttgart: Thieme
Berger, P. & Luckmann, T. (2010): Die gesellschaftliche Konstruktion der Wirklichkeit. Frankfurt am Main: Fischer
Biermann-Ratjen, E., Eckert, J. & Schwartz, H. (2003): Gesprächspsychotherapie. Stuttgart: Kohlhammer
Bodenman, G., Perrez, M., Schär, M. & Trepp, A. (2011): Klassische Lerntheorien. Bern: Huber
Boeck-Singelmann, C., Ehlers, B. & Hensel, T. (2002): Personzentrierte Psychotherapie mit Kindern und Jugendlichen. Band I–III. Göttingen: Hogrefe
Borg-Laufs, M. (2004): Verhaltensberatung nach dem kognitiv-behavioristischen Modell. In: Nestmann, F., Engel, F. & Sickendiek, U. (Hrsg.): Das Handbuch der Beratung. Band 2. Tübingen: dgvt, S. 629–640
Bosch, M. (1989): Die entwicklungs-orientierte Familientherapie nach Virginia Satir. Paderborn: Junfermann
Bowlby, J. (1984): Bindung. Frankfurt am Main: Fischer
Brenner, C. (1974): Grundzüge der Psychoanalyse. Frankfurt am Main: Fischer
Cohn, R. (1971): Living-learning encounters. The theme-centered interactional method. In: Blank, L. & Gottsegen, G.: Confrontations. New York: McMillan Com.

Dell, P. (1988): Von systemischer zur klinischen Epistemologie. Zeitschrift für systemische Therapie 2 (7), S. 147–171
Deserno, H. (2008): Arbeitsbündnis. In: Mertens, W. & Waldvogel, B.: Handbuch psychoanalytischer Begriffe. Stuttgart: Kohlhammer, S. 73–78
Dilling, H., Mombour, W. & Schmidt, M. (2011): Internationale Klassifikation psychischer Störungen: ICD 10. Bern: Huber
Donnerstein, E., Linz, D. & Penrod, S. (1987): The question of pornography. New York: Free Press
Döpfner, M. (2001): Verhaltenstherapeutische Ansätze bei der Behandlung von Kindern mit hyperkinetischen Störungen. In: Knöcker, U. (Hrsg.): Aufmerksamkeitsdefizit/Hyperaktivitätsstörungen (ADHS): Fakten und Legenden, Probleme und Lösungen. Bremen: Uni-Med. Verlag, S. 86–100
Dornes, M. (1999): Die frühe Kindheit. Frankfurt: Fischer
Dornes, M. (2007): Die emotionale Welt des Kindes. Frankfurt: Fischer
Dührssen, A. (2011): Die biographische Anamnese unter tiefenpsychologischem Aspekt. Göttingen: Vandenhoeck & Ruprecht
Ellis, A. (1995): Praxis der rational-emotiven Therapie. Weinheim: Beltz
Ellis A. & Hoellen, B. (2004): Die Rational-Emotive Verhaltenstherapie-Reflexionen und Neubestimmungen. Stuttgart: Pfeiffer
Ende, M. (2005): Momo. Stuttgart: Thienemann
Engel, F., Nestmann, F. & Sickendiek, U. (2004): »Beratung« – Ein Selbstverständnis in Bewegung. In: Nestmann, F., Engel, F. & Sickendiek, U. (Hrsg.): Das Handbuch der Beratung. Band 1. Tübingen: dgvt, S. 33–44
Erikson, E. (2011): Identität und Lebenszyklus. Frankfurt: Suhrkamp
Ermann, M. (2007): Psychosomatische Medizin und Psychotherapie. Stuttgart: Kohlhammer
Fahrenberg, J. (2008): Annahmen über den Menschen. Heidelberg: Asanger.
Fenichel, O. (1945): The Psychoanalytic Theory of Neurosis. New York: W. W. Norton
Finke, J. (1994): Empathie und Interaktion. New York: Thieme
Foerster, H. v. (1988): Abbau und Aufbau. In: Simon, F. (Hrsg.): Lebende Systeme. Berlin, Springer, S. 19–31
Frank, J. (1961): Persuasion and healing. Baltimore: Hopkins
Frank, M. & Frank, B. (2000): Das Erstgespräch in der Verhaltenstherapie. In: Margraf, J. (Hrsg): Lehrbuch der Verhaltenstherapie. Band 1. Berlin: Springer, S. 373–381
Freud, S. (1952): Gesammelte Werke. Band I. Imago Publishing: London
Freud, S. (1941): Gesammelte Werke. Band IV. London: Imago Publishing
Freud, S. (1946): Gesammelte Werke. Band V. London: Imago Publishing
Freud, S. (1940): Gesammelte Werke. Band VI. London: Imago Publishing
Freud, S. (1949): Gesammelte Werke. Band X. London: Imago Publishing
Freud, S. (1941): Gesammelte Werke. Band XI. London: Imago Publishing
Freud, S. (1940): Gesammelte Werke. Band XV. London: Imago Publishing
Furman, B. & Ahola, T. (1995): Die Zukunft ist das Leben, das niemandem gehört. Probleme lösen im Gespräch. Stuttgart: Klett
Gendlin, E. (1998): Focusing. Reinbek: Rowohlt
Gordon, Th. (2005): Managerkonferenz. Hamburg: Hoffmann und Campe
Gordon, Th. (2012a): Lehrer-Schüler-Konferenz. Hamburg: Hoffmann und Campe
Gordon, Th. (2012b): Familienkonferenz. Hamburg: Hoffmann und Campe
Grawe, K., Donati, R. & Bernauer, F. (1994): Psychotherapie im Wandel. Von der Konfession zur Profession. Göttingen: Hogrefe
Grawe, K. (1995): Grundriss einer allgemeinen Psychotherapie. Psychotherapeut 40, S. 130–145
Grawe, K. (1999): Gründe und Vorschläge für eine Allgemeine Psychotherapie. Psychotherapeut 44, S. 350–359
Grawe, K. (2000): Psychologische Therapie. Göttingen: Hogrefe
Grawe, K. (2011): Allgemeine Psychotherapie. In: Senf, W. & Broda, M. (Hrsg): Praxis der Psychotherapie. Stuttgart: Thieme, S. 120–133

Groddeck, N. (2011): Carl Rogers. Wegbereiter der modernen Psychotherapie. Darmstadt: Wissenschaftliche Buchgesellschaft
Großmaß, R. (2004): Psychotherapie und Beratung. In: Nestmann, F., Engel, F. & Sickendiek, U. (Hrsg.): Das Handbuch der Beratung. Band 1. Tübingen: dgvt, S. 89–102
Hahlweg, K. (2001): Bevor das Kind in den Brunnen fällt – Prävention von kindlichen Verhaltensstörungen. In: Deutsch, W. & Wenglorz, M. (Hrsg): Zentrale Entwicklungsstörungen bei Kindern und Jugendlichen – Aktuelle Erkenntnisse über die Entstehung, Therapie und Prävention. Stuttgart: Klett-Cotta, S. 189–241
Hall, C. (1954): A primer of Freudian Psychology. New York: Mentor
Hanke, O.: (2007): Konfliktlotse in 30 Tagen. München: Reinhardt
Harlow, H. (1958): The nature of love. American Psychologist 13, S. 673–685.
Hautzinger, M. (2007): Verhaltenstherapie und kognitive Therapie. In: Reimer, C., Eckert, E., Hautzinger, M. & Wilke, E.: Psychotherapie. Heidelberg: Springer, S. 167–227
Hautzinger, M. & Eckert, J. (2007): Wirkfaktoren und allgemeine Merkmale der Psychotherapie. In: Reimer, C., Eckert, E., Hautzinger, M. & Wilke, E.: Psychotherapie. Heidelberg: Springer, S. 18–31
Heekerens, H. (1993): Verhaltensorientierte Familientherapie. In: Steinhausen, C. & Aster, v. M.: Handbuch Verhaltenstherapie und Verhaltensmedizin bei Kindern und Jugendlichen. Weinheim: Beltz, S. 601–626
Hiroto, D. & Seligman, M. (1975): Generality of learned helplessness in man. Journal of Personality and Social Psychology 31, S. 311–327
Hoffmann, S. (1980): Psychoanalyse und davon abgeleitete Verfahren. In: Linster, H. & Wetzel, H.: Veränderung und Entwicklung der Person. Hamburg: Hoffmann & Campe, S. 43–88
Hoffmann, S. & Hochapfel, G. (2004): Neurosenlehre, Psychotherapeutische und Psychosomatische Medizin. Stuttgart: Schattauer
Hurrelmann, K. (2012): Lebensphase Jugend. Weinheim: Juventa
Imber-Black, E. (2006): Familien und größere Systeme. Heidelberg: Carl Auer
Jones, M. (1924): A laboratory study of fear. The case of Peter. Pedagogical Seminar, 31, S. 308–315
Kanfer, F. & Busemeyer, J. (1982): The use of problem solving and decision making in behavior therapy. Clinical Psychology Review, 2, S. 239–266
Kanfer, F., Reinecker, H. & Schmelzer, D. (2012): Selbstmanagement-Therapie. Heidelberg: Springer
Kirschenbaum, H. (1979): On becoming Carl Rogers. New York: Delacorte
Korn, J., Davis, R. & Davis, S. (1991): Historians and chairpersons judgments of eminence among psychologists. American Psychologist, 46, S. 789–792
Kriz, J. (2007): Grundkonzepte der Psychotherapie. Weinheim: Beltz
Kurtz-von Aschoff, J. (1995): Grundlagen der Klinischen Psychotherapie. Stuttgart: Kohlhammer
Laing, R. (1961): The Self and Other: Further Studies in Sanity and Madness. London: Tavistock
Lamers, C.-H. & Schneider, W. (2009): Die therapeutische Beziehung. Psychotherapeut 54, S. 469–485
Laplanche, J. & Pontalis, J. (2002): Das Vokabular der Psychoanalyse. Frankfurt: Suhrkamp
Lazar, R. (2008): Container-Contained. In: Mertens, W. & Waldvogel, B.: Handbuch psychoanalytischer Begriffe. Stuttgart: Kohlhammer, S. 114–118
Lazarus, A. (1973): Multimodal behaviour therapy. Treating the BASIC ID. Journal of Nervous and Mental Diseases, 156, S. 404–411
Lazarus, A. (1996): Multimodale Therapieplanung (BASIC-IC). In: Linden, M. & Hauzinger, M. (Hrsg.): Verhaltenstherapie, S. 47–51
Lazarus, R. (1983): The costs and benefits of denial. In: Breznitz, S. (Hrsg.): The denial of stress. New York: International universities Press, S. 1–30
Lazarus, R.: (1993): From psychological stress to the emotions. A history of changing outlooks. Annual Review of Psychology, 44, S. 1–21
Lazarus, R. & Folkman, S. (1984): Stress, appraisal and coping. New York: Springer

Leuner, H. (1985): Lehrbuch des Katathymen Bilderlebens. Stuttgart: Huber
Linster, H. & Wetzel, H. (1980): Veränderung und Entwicklung der Person. Hamburg: Hoffmann & Campe
Ludewig, K. (2007): Zum Menschenbild in der systemischen Therapie. Vortrag gehalten auf der 7. Wiss. Jahrestagung für Systemische Therapie, Neu-Ulm
Luhmann, N. (2006): Soziale Systeme: Grundriss einer allgemeinen Theorie. Frankfurt: Suhrkamp
Margraf, J. (Hrsg) (2009): Lehrbuch der Verhaltenstherapie. Band 1. Berlin: Springer
Margraf, J. (2009): Beziehungsgestaltung und Umgang mit Widerstand. In: Margraf, J. (Hrsg,): Lehrbuch der Verhaltenstherapie. Band 1. Berlin: Springer, S. 383–396
Martin, J. (1975): Gesprächspsychotherapie als Lernprozess. Salzburg: Otto Müller
Maturana, H. (1985): Erkennen: Die Organisation und Verkörperung von Wirklichkeit. Braunschweig: Vieweg
Massing, A., Reich, G. & Sperling, E. (2006): Die Mehrgenerationen-Familientherapie. Göttingen: Vandenhoeck & Ruprecht
McGoldrick, M. & Gerson, R. (2009): Genogramme in der Familienberatung. Bern: Huber
Meichenbaum, D. (1994): Kognitive Verhaltensmodifikation. Weinheim: Belz
Meichenbaum, D. (2012): Intervention bei Stress. Bern: Huber
Mertens, W. (2000): Einführung in die psychoanalytische Therapie. Band 1. Stuttgart: Kohlhammer
Mertens, W. (2012): Einführung in die psychoanalytische Therapie. Band 3. Stuttgart: Kohlhammer
Mertens, W. & Waldvogel, B. (Hrsg.) (2008): Handbuch psychoanalytischer Grundbegriffe. Stuttgart: Kohlhammer
Mertens, W. (2005): Psychoanalyse. Stuttgart: Kohlhammer
Moldzio, A. (2004): Das Menschenbild der systemischen Therapie. Heidelberg: Carl Auer Systeme Verlag
Mowrer, O. (1960): Learning theory and behaviour. New York: Wiley
Müller, P. & Wetzig-Würth, H. (2008): Psychotherapeutische Gespräche führen. Bern: Huber
Myers, D. (2008): Psychologie. Heidelberg: Springer
Nußbeck, S. (2010): Einführung in die Beratungspsychologie. München: Ernst Reinhardt
Neel, A. (1969): Handbuch der psychologischen Theorien. Frankfurt: Fischer
Nestmann, F., Sickendiek, U. & Engel, F. (2004): Statt einer »Einführung«: Offene Fragen »guter Beratung«. In: Nestmann, F., Engel, F. & Sickendiek, U. (Hrsg.): Das Handbuch der Beratung. Tübingen: dgvt. Band 2, S. 599–608
Osten, P. (2000): Die Anamnese in der Psychotherapie: Klinische Entwicklungspsychologie in der Praxis. Stuttgart: UTB
Papousek, H. & Papousek M. (1999): Symbolbildung, Emotionsregulierung und soziale Interaktion. In: Friedlmeier, W. & Holodynski, M.: Emotionale Entwicklung. Heidelberg, S. 197–218
Papousek, M. (1999): Regulationsstörungen in der frühen Kindheit. In: Oerter, R., Hagen, v. C., Röper, G. & Naan, G. (Hrsg): Klinische Entwicklungspsychologie. Weinheim: Beltz, S. 148–169
Petermann, F. (2009): Training mit sozial unsicheren Kindern. Weinheim: Beltz
Petermann, F. (2012 a): Sozialtraining in der Schule. Weinheim: Beltz.
Petermann, F. (2012 b): Training mit aggressiven Kindern. Weinheim: Beltz
Petzold, H. (1984): Wege zum Menschen. Band II. Paderborn: Junfermann
Pervin, L. (2005): Persönlichkeitstheorien. München: Ernst Reinhardt
Pfingsten, U. (2000): Training sozialer Kompetenzen. In: Margraf, J. (Hrsg): Lehrbuch der Verhaltenstherapie. Band 1. Berlin: Springer, S. 473–482
Rauchfleisch, U. (2004): Menschen in psychosozialer Not. Göttingen: Vandenhoeck & Ruprecht
Rauchfleisch, U. (2006): Tiefenpsychologische Grundlagen der Beratung. In: Steinebach, C. (Hrsg.): Handbuch der Beratung. Stuttgart: Klett-Cotta, S. 163–175
Reich, G. (2003): Familientherapie der Essstörungen. Göttingen: Hogrefe

Reimer, C. (2000): Tiefenpsychologisch fundierte Psychotherapie. In: Reimer, C., Eckert, J., Hautzinger, M. & Wilke, E.: Psychotherapie. Berlin: Springer, S. 80–133
Reinecker, H. (1999): Lehrbuch der Verhaltenstherapie. Tübingen: dgvt
Reinecker, H. (1999): Methoden der Verhaltenstherapie. In: Reinecker, H.: Lehrbuch der Verhaltenstherapie. Tübingen: dgvt, S. 147–334
Richter, H. (2007): Eltern, Kind, Neurose. Hamburg: Rowohlt
Richter, H. (2012): Patient Familie. Hamburg: Rowohlt
Riemann, F. (2011): Grundformen der Angst. München: Ernst Reinhardt
Rogers, C. (1959): A theory of therapy, personality, and interpersonal relationship as developed in the client-centered framework. In: Koch, S. (Hrsg,): A Study of a Science. Vol. 3. Formulations of the person and the social context. New York: McGraw Hill, S. 184–256
Rogers, C. (1972): Die nicht-direktive Beratung. München: Kindler
Rogers, C. (1975): Entwicklung und gegenwärtiger Stand meiner Ansichten über zwischenmenschliche Beziehungen. In: GWG (Hrsg.): Köln, S. 11–14
Rogers, C (1976): Eine neue Definition von Einfühlung. In: Jankowski, P., Tscheulin, D., Fietkau, H. & Mann, F. (Hrsg): Klientenzentrierte Psychotherapie heute. Göttingen: Hogrefe, S. 33–51
Rogers, C. (2012): Entwicklung der Persönlichkeit. Stuttgart: Klett-Cotta
Rogers, C. (1991a): Die Theorie der Psychotherapie, der Persönlichkeit und der zwischenmenschlichen Beziehungen. GWG (Hrsg.): Köln
Rogers, C. (1991b): Person-zentriert. Grundlagen von Theorie und Praxis. Mainz: Grünewald
Rogers, C. (2007): Therapeut und Klient. Frankfurt am Main: Fischer
Rogers, C. (2005): Die klientenzentrierte Gesprächspsychotherapie. Frankfurt am Main: Fischer
Rosenberg, M. (2011): Gewaltfreie Kommunikation. Paderborn: Junfermann
Rudolf, G. (2005): Psychotherapeutische Medizin und Psychotherapie. Stuttgart: Thieme
Rule, B. & Ferguson, T. (1986): The effects of media violence on attitudes, emotions, and cognitions. Journal of social issues 42 (3), S. 29–50
Sander, K. (1999): Personzentrierte Beratung. Weinheim: Beltz
Sander, K. (2010): Personzentrierte Beratung. In: Nestmann, F., Engel, F. & Sickendiek, U. (Hrsg.): Das Handbuch der Beratung. Band 1. Tübingen: dgvt, S. 331–344
Sachse, R. (1992): Zielorientierte Gesprächspsychotherapie. Göttingen: Hogrefe
Satir, V. (2011): Selbstwert und Kommunikation. München: Pfeifer
Satir, V. & Baldwin, M. (1999): Familientherapie in Aktion. Paderborn: Junfermann
Saß, H., Wittchen, H.-U. & Zaudig, M. (2003): Diagnostisches und statistisches Manual psychischer Störungen (DSM-IV-TR). Göttingen: Hogrefe
Schiepek, G. (1999): Die Grundlagen der systemischen Therapie. Göttingen: Vandenhoeck & Ruprecht
Schlippe, v. A. & Schweitzer, J. (2007): Lehrbuch der systemischen Therapie und Beratung. Göttingen: Vandenhoeck & Ruprecht
Schmid, P. (1989): Personale Begegnung: der personzentrierte Ansatz in Psychotherapie, Beratung, Gruppenarbeit und Seelsorge. Würzburg: Echter Verlag
Schmidbauer, W. (2010): Helfersyndrom und Burnout-Gefahr. München: Urban & Fischer
Schmidbauer, W. (2005): Die hilflosen Helfer. Die Problematik der helfenden Berufe. Hamburg: Rowohlt
Schmidt, G. (1997): Gestaltungsmöglichkeiten systemisch-lösungsorientierter Therapie-Verknüpfungen und Varianten. In: Hesse, J. (Hrsg): Systemisch-lösungsorientierte Kurztherapie. Göttingen: Vandenhoeck & Ruprecht, S. 75–95
Schmidtchen, S. (1999): Klientenzentrierte Spiel- und Familientherapie. Weinheim: PVU
Schröder, A. (2006): ADS in der Schule – Handreichung für Lehrerinnen und Lehrer. Göttingen: Hogrefe
Schulz von Thun, F. (2010a): Miteinander reden. Band 1. Hamburg: Rowohlt
Schulz von Thun, F. (2010b): Miteinander reden. Band 2. Hamburg: Rowohlt
Schulz von Thun, F. (2010c): Miteinander reden. Band 3. Hamburg: Rowohlt

Seiderer-Hartig, M (1996): Die Rolle des Therapeuten und die therapeutische Beziehung in der Verhaltenstherapie. In: Petzold, H. (Hrsg): Die Rolle des Therapeuten und die therapeutische Beziehung. Paderborn: Junfermann, S. 83–104
Seligman, M., Abramson, L., Semmel, A. & Bayer, v. C. (1979): Depressive attributional style. Journal of Abnormal Psychology, 88, S. 242–247
Selvini-Palazzoli, Boscolo, M, Cecchin, G. & Prata, G. (2011): Paradoxon und Gegenparadoxon. Stuttgart: Klett-Cotta
Senf, W. & Broda, M. (2011) (Hrsg): Praxis der Psychotherapie. Stuttgart: Thieme
Shazer, S. de (1989): Der Dreh. Überraschende Wendungen und Lösungen in der Kurzzeittherapie. Heidelberg: Carl Auer
Shazer, S. de (1997): Die Lösungsorientierte Kurztherapie – Ein neuer Akzent der Psychotherapie. In: Hesse, J. (Hrsg): Systemisch-lösungsorientierte Kurztherapie. Göttingen: Vandenhoeck & Ruprecht, S. 55–75
Shazer, S. de (2003): Wege der erfolgreichen Kurztherapie. Stuttgart: Klett-Cotta
Simon, F. (2005): Unterschiede, die Unterschiede machen. Klinische Epistemologie: Grundlagen einer systemischen Psychiatrie und Psychosomatik. Berlin: Springer
Simon, F. & Simon-Rech. C. (2012): Zirkuläres Fragen. Heidelberg: Carl Auer Verlag
Skinner, B. (1971): Erziehung als Verhaltensformung. München: Keimer
Skinner, B. (1972): Jenseits von Freiheit und Würde. Reinbek: Rowohlt
Skinner, B. (1948): Walden II. New York: McMillan (dt.: Futurum zwei. Reinbek: Rowohlt. 1972)
Slater, L. (2009): Von Menschen und Ratten. Weinheim: Beltz
Spangler, G. & Zimmermann, P. (2011): Die Bindungstheorie. Stuttgart: Klett-Cotta
Spitz, R. (1965): The first year of life. New York: International Universities Press
Stierlin, H. (1975): Von der Psychoanalyse zur Paartherapie. Stuttgart: Klett-Cotta
Stierlin, H. (1978): Delegation und Familie: Beiträge zum Heidelberger familiendynamischen Konzept. Frankfurt am Main: Suhrkamp
Stierlin, H. (1980): Eltern und Kinder: Das Drama von Trennung und Versöhnung. Frankfurt am Main: Suhrkamp
Stierlin, H. (1989): Individuation und Familie. Frankfurt am Main: Suhrkamp
Sydow, K. v. (2000): Systemische Psychotherapie mit Familien, Paaren und Einzelnen. In: Reimer, C., Eckert, E., Hautzinger M. & Wilke, E.: Psychotherapie. Heidelberg: Springer, S. 289–316
Sydow, K. v. (2007): Systemische Psychotherapie mit Familien, Paaren und Einzelnen. In: Reimer, C., Eckert, E., Hautzinger, M. & Wilke, E.: Psychotherapie. Heidelberg: Springer, S. 289–316
Tausch, R. & Tausch, A. (1979): Gesprächspsychotherapie. Göttingen: Hogrefe
Tausch, R. (1990): Gesprächspsychotherapie. Göttingen: Hogrefe
Ullrich de Muynck, R. & Ullrich, R. (1990): Das Assertiveness-Training-Programm (ATP). Drei Bände. München: Pfeiffer
Watzlawick, P. (2011): Anleitung zum Unglücklichsein. München: Piper
Watzlawick, P., Weakland, J. & Fish, H. (2009): Lösungen: Zur Theorie und Praxis menschlichen Wandels. Bern: Huber
Watzlawick, P. (2006): Die erfundene Wirklichkeit. München: Piper
Watzlawick, P., Beavin, J. & Jackson, D. (2007): Menschliche Kommunikation. Bern: Huber
Watson, J. (1968): Psychologie, wie sie der Behaviorist sieht. In: Watson, J.: Behaviorismus. Köln: Kiepenheuer und Witsch
Watson, J. & Rayner, R. (1920): Conditioned emotional reactions. Journal of Experimental Psychology, 3, S. 1–14
Weber, G. & Stierlin, H. (2001): In Liebe entzweit. Hamburg: Rowohlt
Weber, W. (2000): Wege zum hilfreichen Gespräch. München: Ernst Reinhardt
Weinberger, S. (2011): Klientenzentrierte Gesprächsführung. Weinheim: Juventa
Weiss, Th. (2008): Familientherapie ohne Familie. München: Kösel
Willi, J. (2010): Die Zweierbeziehung. Spannungsursachen – Störungsmuster – Klärungsprozesse – Lösungsmodelle. Hamburg: Rowohlt
Willi, J. (2008): Therapie der Zweierbeziehung. Hamburg: Rowohlt

Wilke, H. (1993): Systemtheorie. Stuttgart: Fischer
Winnicott, D. (1965): Familie und individuelle Entwicklung. München: Kindler
Winnicott, D. (2012): Vom Spiel zur Kreativität. Stuttgart: Klett-Cotta

Stichwortverzeichnis

A
Abhängigkeitsbedürfnis 47, 49
Ablösung 37, 50–51, 119
– zentrifugale 119
– zentripetale 119
Abstinenzregel 57–58
Abwehr 47–48, 88, 90–92, 184
Abwehr eigener Bedürfnisse 48
Abwehrmechanismen 36, 39, 41, 43, 48, 54, 62–63, 115
Acht-Monats-Angst 47
Adoleszenz 52, 119
Aggression 34, 43, 50, 57, 146, 159, 184
Aggressionsentstehung 146
Agieren 54, 58, 61
aktives Zuhören 97–98
Aktualisierungstendenz 72, 74
– Def. 72
Allparteilichkeit 130–132, 135
Anamnese 62–63
Angst 36–37, 40–41, 43, 54, 153, 158
Angststörungen 158
Ansatz, klientenzentrierter 19
Appellaspekt 113
Arbeitsbündnis 57–59, 130, 132
Asymmetrie 57
Autonomie 37, 72, 105, 129, 140
Autonomieentwicklung 50
Autopoiese 105

B
Balint-Gruppe 30
Behaviorismus 68, 70
Belohnung 143, 154, 171, 177
Belohnungshäufigkeit 143
Belohnungssystem 173, 176
Beobachtung 159
Beratung 14, 17–18
Beratung/Psychotherapie, Abgrenzung 18
Bestrafung 143, 154, 177
Bestrafungssystem 173
Bewältigung 44
– innerpsychische 36
Bewältigungsstrategien 40, 75, 168
Bewältigungsverhalten 180

Beziehung, reale 58–59
Beziehungsaspekt 23, 47, 91, 182–184
Beziehungserfahrung 56, 58
Beziehungsklären 86–87
Beziehungskonflikt 66, 108
Beziehungsmuster 63, 117, 127
Beziehungsprobleme 95
Beziehungstherapie 78
Bezugsrahmen, innerer 79, 82, 85
Bindung 47, 49–50, 56, 61, 119
Bindungsforschung 56
Bindungsmuster 56, 119
Bindungssystem 46
Black-box-Modell 149
Burnout-Syndrom 48–49

C
Container-Modell 56

D
Delegation 120–121, 134
Denkmuster 156, 161–162, 164, 180, 183
– verzerrte 161
Desensibilisierung 167, 173
– systematische 173–174
Determinismus 31
– reziproker 150
Deutung 55, 60–61, 91
Diagnostik, therapiebegleitende 95–96
Diskriminierung 152
Double-Bind 100–101, 115
Durcharbeiten 59–60, 120, 125

E
Echtheit 14, 58, 79, 85–86, 89–91, 97
Einsicht 60–61, 64, 91, 124, 165
Einsichtstherapie 174
Einwegscheibe 128, 132
Eisbergmodell 34, 115
Elektrakonflikt 51
Eltern-Kind-Konflikt 117–118
Empathie 79–80, 82–85, 92, 125
Entstehung des Über-Ichs 51

Entwicklung 46, 78, 93, 150
- psychoanalytische 46, 53
- psychosexuelle 46
Entwicklungsphasen 46, 52, 122
Entwicklungspsychologie 46–47, 49, 56, 76
Erinnern 59, 61, 120
erlernte Hilflosigkeit 161, 165, 180
erogene Zone 46, 50
Erstgespräch 63, 95
Erstinterview 62
- biographisches 62
Es 33–37, 41, 63

F
Familienskulpturen 130
Familientherapie 18
- psychoanalytische 99
- systemische 99
- verhaltensorientierte 100, 185
- wachstumsorientierte 98–99
Fehlleistung 29, 41–43, 60
Fixierung 43, 46, 121
flooding 174
Focusing 97
Fragen
- Einführung einer zeitlichen Dimension 127
- Hypothesenbildung 126
- Kontextualisierung 127
- nach Unterschieden 126
- ressourcenbetonende 127
- triadische 127
- Verdeutlichung der gegenseitigen Bedingungen 127
- Verflüssigung von Unterschieden 126
- zu Beziehungen 127
freie Assoziation 27, 58, 61
Freudscher Versprecher 42
fully functioning person 76, 86, 93

G
Gegenkonditionierung 153, 174
Gegenübertragung 19–20, 23, 54, 56–57, 62–63, 89
Generalisierung 152–153
genitale Reife 52
Genogramm 133–134
gleich schwebende Aufmerksamkeit 58, 60

H
Hausaufgaben 129–130, 132, 135, 138–140, 173, 179–180, 183–184
Heilung 55, 61
hilflose Helfer 48

Hypnose 27–28
Hysterikerinnen 27

I
Ich 33, 35–36, 63
Identifizierung 51, 130
Identität 51–52
Identitätsentwicklung 121
Individuation 118–121, 125, 134
- bezogene 119, 134
Inkongruenz 19, 74–77, 88, 92, 94
Intellektualisierung 38
Interpunktion 109
Irrsätze 163–164
Isolierung vom Affekt 39

J
joining 132

K
Katharsis 27, 160
Kognition 150, 161, 182
kognitive Theorien 158
Kognitive Wende 150, 158, 161
Kollusion 121–123
- Def. 121
Kommunikation 104, 106–108, 114, 134
- analoge 108
- digitale 108
- komplementäre 108
- symmetrische 108
Kommunikationsgesetz 107–109
Kommunikationsmodell 107, 113–116
Kommunikationsstile 121
Kommunikationsstörung 107
Kommunikationstheorie 102, 104, 106, 111
Komplexität 105
Konditionierung 68, 170
- klassische 145, 151–154, 158, 175
- operante (instrumentelle) 73, 143, 151, 154, 158, 162
Konflikt 122, 128
- abgewehrter 61
- frühkindlicher 44, 53–54, 59
- unbewusster 62, 66
- zentraler 65
Konfrontation 60, 86–88, 91, 158
Konfrontationsmethode 174
Kongruenz 79, 81, 85–86, 88–89, 91–92
Konstruktivismus 102, 104, 111–112, 116, 125
- Def. 112
Kontingenz 148, 154

Konversion 37
Krankheitsgewinn 45–46, 184
– primärer 63
– sekundärer 46, 54, 180
Kybernetik 103–105

L
Latenzphase 51
Lernen 159
– soziales 158, 160
Lerngeschichte 150
Lerngesetze 144
Lernprinzipien 143
Lernprozess 143
Lerntheorien 146, 150, 161
Libido 28
Löschung (Extinktion) 152–154, 158, 174, 177
Lösungen
– erster Ordnung 109–110
– zweiter Ordnung 109–110
lösungsorientiert 135–136, 139–141
Loyalitätskonflikt 51, 118–120
Lustprinzip 31, 34

M
Mediation 97
Mehrgenerationenperspektive 120–121, 134
Menschenbild 68
– Def. 21–22
– deterministisches 169
– humanistisches 70–71, 78, 98–99, 149
– psychoanalytisches 30–31
– sozial-kognitives 150
– systemisches 102–103
– verhaltenstheoretisches 146–147
Meta-Ebene 130
Metakommunikation 101, 115–116
– Def. 115
Minimalintervention 140
Mittwochszirkel 28
Modelllernen 146, 158–160, 178–180
Motivation 22, 133
multimodale Therapie 162, 166–167

N
Neurose
– Def. 43
– experimentell erzeugte 153
Neurosemodell 123
Nichtdirektivität 91

O
Objektbeziehung 52
Objektbeziehungstheorie 46–47
Ödipuskomplex 32, 34
Ödipuskonflikt 51
Operationalisierung 172
Organisationsberatung 135
Organismus 72–74, 76

P
paradoxe Intervention 183
paradoxe Verschreibung 128–129
paradoxer Appell 110, 132
Parentifizierung 118, 121
Passungsmodell 23
Passungsproblem 24
Persönlichkeitsentwicklung 27, 64, 69, 93
Persönlichkeitsinstanzen 33
Persönlichkeitsstruktur 63, 115–116
phallische (ödipale) Phase 50, 122
Phase 43
– anale 50, 122
– genitale 52
– orale 46–48, 122
Phobie 37
Primärprozess 34–35, 41
Problemaktualisierung 23
Problemanalyse 139
Problembewältigung 23
Projektion 19, 37–38, 76, 82
– narzisstische 117
Prophezeiung, selbst erfüllende 112, 116
Psychoanalyse 15, 18, 20
Psychologie, humanistische 70–71
psychosexuelle Identität 50
psychosoziale Anwendungsfelder 14
Psychotherapie 14
– Anwendungsfelder 14
– Def. 14–15
Pubertät 51–52

R
Rational-Emotive-Therapie 164
Rationalisierung 38
Reaktion 109, 149–152, 161
– konditionierte 151–153
Reaktionsbildung 38, 47–48
Realitätsprinzip 36, 63
Redekur 27
Redundanz 105
reflecting team 128, 130
Reflex 155
– bedingter 145
Reflexion 57, 150
reframing 128
Regression 38, 57, 65

197

Reiz   109, 149, 151–154, 158, 161, 174
- konditionierter   151–152
- negativer   158
- neutraler   151, 154, 158
- unkonditionierter   153
Ressourcen   23, 71, 75, 125, 128, 131, 135–136, 138, 140
- Aktivierung   128
Rituale   129–130
Rivalitätskonflikt   51
Rollenzuschreibung   121, 123
- unbewusste   117–118, 121–122

S
Säuglingsforschung   47
sekundärer Krankheitsgewinn   63
Sekundärprozess   35
Selbstaktualisierung   73–74, 77
Selbstbestimmung   68
Selbsteinbringung   87–88
Selbstexploration   83, 89, 92–95
Selbstexploration in sieben Phasen   93
Selbstinstruktionstraining   167
Selbstkontrolle   162
Selbstkonzept   72–77, 79, 92–95
Selbstmanagement-Therapie   168–169
Selbstoffenbarung   85, 113–114
Selbstreferenz   105
Selbstsicherheitstraining   167, 178–179
Selbstverwirklichung   71–72
Selbstwirksamkeit   140, 146, 160
Setting   61
Sexualität   27–28, 30, 32, 46, 51–52
Situation   150
sokratischer Dialog   164, 180, 183
soziale Identität   50
Stimulus   109, 149, 153–154, 158, 161, 169, 174
Streitschlichtung   97
Stressimmunisierung   168
Strukturmodell   33
Sublimation   39
Subsystem   105
Sündenbock-Mechanismus   38, 117–118
Supervision   29, 68, 95, 132, 135
Symbolisierung
- Def.   72
- verzerrte   72
symmetrische Eskalation   108, 134
Symptom   45, 54, 60, 62, 126, 128–129, 131, 133–134, 170
- als Lösungsversuch   44
Symptombildung   43, 53, 75
Symptomfreiheit   63
Symptomträger   102, 106, 124, 126, 128–129, 132, 175

Symptomverschreibung   111, 128
System   104–106, 126, 131, 136, 139, 175–176, 183
- selbstorganisierendes   105, 125

T
talking cure   27
Thanatos   28
Theorie, implizite   21
Therapievertrag   173, 179
Therapieziel   61, 63, 173
Time-Out   156, 177
Todestrieb   28
Token Systeme   176
topographisches Modell   33
Traum   29–30, 41
Trauma   45, 52
Traumatisierung, sexuelle   29
Trieb   31, 36
Triebbefriedigung   46, 50
Triebdynamik   33
Triebenergie   31
Triebmodell   31
Triebwünsche   42

U
Über-Ich   33–35, 63
Überdeterminiertheit   40
Überindividuation   119
Übertragung   19–20, 55–56, 58–59, 64, 66, 90, 117, 183
- negative   55
- positive   55
Umweltreiz   144, 147, 150, 170
unbedingte Wertschätzung   82
Unbewusstes   27, 29–30, 41–43, 53, 56, 58, 60–61, 63, 118, 121, 184
- Konzept   54
Ungeschehenmachen   39
Unterindividuation   119, 125, 175
Urmisstrauen   47
Urvertrauen   47

V
Verdrängung   32, 37, 40
Verflüssigung
- von Eigenschaften   124, 128
- von Unterschieden   126
Verhalten   124, 143, 147, 149–150
Verhaltensformung   158
Verhaltenstherapie   18
Verleugnung   39–41, 120
Verschiebung   37
Verstärker   109, 143, 149, 155, 170, 173, 177
- Def.   155

- intermittierender 154, 176
- negativer 155–156, 158, 168, 172, 180
- positiver 148–149, 154–156, 158–159, 168, 175–177
- primärer 155
- sekundärer 155
- sozialer 175
- stellvertretender 159
verzerrte Wahrnehmung 40
via regia 41
Vorbewusstes 33

W

Wendung gegen das Selbst 37
Wertschätzung, unbedingte 79, 82, 92
Widerstand 54–55, 58, 60–61, 132, 184
Wiederholung 55–56, 59
Wiederholungszwang 51, 54, 122, 160
– Def. 45
– intrafamiliär 120
Willensfreiheit 31
Wirkfaktoren 22–24
Wünsche 41
Wunscherfüllung 41

Z

Zensor 41
zirkuläres Fragen 125–126
Zirkularität 109–111, 123–125
Zuwendung
– positive 75
– unbedingte 75
Zwei-Faktoren-Modell 158

Nachweis der Abbildungen

Abb. 1	Säulen der Psychotherapie und Grundlagen der psychosozialen Beratung . . . . *eigene Darstellung*	14
Abb. 1 a	Stärkung von Ressourcen durch die Beraterperson . . . . . *aus: Biedermann, H. (1994): Vorsicht Psychologen. München: Quintessenz*	17
Abb. 2	Wirkfaktoren und Passungen im therapeutisch/beraterischen Prozess . . . . *aus: Reimer, C.; Eckert, J.; Hautzinger, M.; Wilke, E. (2007): Psychotherapie. Heidelberg: Springer*	24
Abb. 3	Freud mit seiner Tochter Anna . . . . *Sigmund Freud Copyrights, London*	26
Abb. 4	Das Eisbergmodell der Psychoanalyse . . . . *eigene Darstellung in Anlehnung an bekannte Darstellungen*	34
Abb. 5	Die Besetzungsliste des nächtlichen Dramas . . . . *aus: Mankoff, R. (2004): The complete cartoons of the New Yorker. New York: Black & Leventhal*	42
Abb. 6	Edel, hilfreich und gut . . . . *aus: Schulz von Thun, F. (1989): Miteinander reden. Band 2. Hamburg: Rowohlt*	48
Abb. 7	Burning Out . . . . *aus: Biedermann, H. (1994): Vorsicht Psychologen. München: Quintessenz*	49
Abb. 8	Psychoanalytische Behandlungsziele im Vergleich zu den Behandlungszielen anderer Therapierichtungen	64
Abb. 9	Carl Ransom Rogers . . . . *aus: Groddeck, N. (2002): Carl Rogers. Wegbereiter der modernen Psychotherapie. Darmstadt: WBG*	67
Abb. 10	Der Zusammenhang zwischen Aktualisierung und Selbstaktualisierung und die Bewertungsprozesse beider Tendenzen *aus: Weinberger, S. (2011): Klientenzentrierte Gesprächsführung. Lern- und Praxisanleitung für psychosoziale Berufe. Weinheim und München: Juventa, S. 25*	73

Abb. 11	Keine bedingungslose Wertschätzung	80
	Worth Publisher, New York	
Abb. 12	Wichtige Einzelmerkmale, die das Konzept der Echtheit charakterisieren	90
	aus: Sander, K. (1999): Personzentrierte Beratung. Weinheim: Beltz	
Abb. 13	Bielefelder Klientenfragebogen: Ein Beispiel für die Begleitdiagnostik der klientenzentrierten Therapie	96
	eigenes Archiv	
Abb. 14	Paul Watzlawick	106
	aus: http://www.sfgate.com/cgibin/object/article?f=/c/a/ 2007/04/04/BAGG2P27TK1.DTL&o=0	
Abb. 15	Alles Verhalten ist zirkulär	109
	aus: Reimer, C.; Eckert, J.; Hautzinger, M.; Wilke, E. (2007): Psychotherapie. Heidelberg: Springer	
Abb. 16	Vier Seiten einer Nachricht	113
	aus: Schulz von Thun, F. (1981): Miteinander reden. Band I. Hamburg: Rowohlt	
Abb. 17	Hören mit vier Ohren	114
	aus: Schulz von Thun, F. (1981): Miteinander reden. Band 1. Hamburg: Rowohlt	
Abb. 18	Das Eisbergmodell der Kommunikation, angelehnt an das psychoanalytische Vorbild	115
	eigene Darstellung in Anlehnung an bekannte Darstellungen	
Abb. 19	Die »Feldherrenhügel« der Metakommunikation: Sender und Empfänger machen die Art, wie sie miteinander umgehen, zum Gegenstand des Gespräches	116
	aus: Schulz von Thun, F. (1981): Miteinander reden. Band 1. Hamburg: Rowohlt	
Abb. 20	Zirkuläres Fragen erzeugt Informationen im System	126
	aus: Schlippe, v. A. & Schweitzer, J. (2007): Lehrbuch der systemischen Therapie und Beratung. Göttingen: Vandenhoeck & Ruprecht, S. 141	
Abb. 20a	Positive Bewertung eines Problems	129
	aus: Schlippe, v. A. & Schweitzer, J. (2007): Lehrbuch der systemischen Therapie und Beratung. Göttingen: Vandenhoeck & Ruprecht	
Abb. 21	Familiendynamik	133
	aus: Gaymann, P. (2001): Ich will dich glücklich machen. Frankfurt am Main: Eichborn; © www.gaymann.de	

Abb. 22	Genogramm eines 13 jährigen Jugendlichen . . . . *eigenes Archiv*	134
Abb. 23	Burrhus Frederic Skinner . . . . *Worth Publisher, New York*	142
Abb. 24	Iwan Petrowitsch Pawlow . . . . *aus: Davison, G. & Neale, J. (1979): Klinische Psychologie. Weinheim: Beltz*	144
Abb. 25	John B. Watson . . . . *Worth Publisher, New York*	145
Abb. 26	Albert Bandura . . . . *aus: Davison, G. & Neale, J. (1979): Klinische Psychologie. Weinheim: Beltz*	146
Abb. 27	Das Black-box-Modell der Behavioristen . . . . *eigene Darstellung in Anlehnung an bekannte Darstellungen*	149
Abb. 28	Die Entstehung der klassischen Konditionierung I . . . . . *eigene Darstellung*	151
Abb. 29	Die Entstehung der klassischen Konditionierung II . . . . . *eigene Darstellung*	152
Abb. 30	Reizgeneralisierung . . . . *Worth Publisher, New York*	152
Abb. 31	Verhaltensmodifikation . . . . *aus: Biedermann, H. (1994): Vorsicht Psychologen. München: Quintessenz*	157
Abb. 32	Nachahmung von Gewaltmodellen . . . . *Worth Publisher, New York*	159
Abb. 33	Aaron Beck . . . . *aus: http://www:beckinstitute.org/Library/Images/Image Library/ATB%20-%20Website%20Photo%20611x900.jpg*	162
Abb. 34	Albert Ellis . . . . *aus: Davison, G. & Neale, J. (1979): Klinische Psychologie. Weinheim: Beltz*	163
Abb. 35	Das ABC-Modell nach Ellis . . . . *eigene Darstellung*	164
Abb. 36	Martin E. Seligman . . . . *aus: http://www.ppc.sas.upenn.edu/bio.htm*	165
Abb. 37	Arnold Lazarus . . . . *aus: Davison, G. & Neale, J. (1979): Klinische Psychologie. Weinheim: Beltz*	166

Abb. 38	Themen einer multimodalen Therapie . . . . *aus: Davison, G. & Neale, J. (1979): Klinische Psychologie.* © *1979 Beltz PVU in der Verlagsgruppe Beltz, Weinheim & Basel*	167
Abb. 39	Donald Meichenbaum . . . . *aus: http://www.nacbt.org/leadersincbt.htm*	167
Abb. 40	Frederick Kanfer . . . . *University of Illinois*	169
Abb. 41	Ein Problem kommt selten allein. . . . . *aus: Mankoff, R. (2004): The complete cartoons of the New Yorker. New York: Black & Leventhal*	178
Abb. 42	Selbstsicherheitstraining . . . . *aus: Biedermann, H. (1994): Vorsicht Psychologen. München: Quintessenz*	179

Aus der Reihe **Lindauer Beiträge zur Psychotherapie und Psychosomatik**

Michael Ermann
Freud und die Psychoanalyse
Entdeckungen, Entwicklungen, Perspektiven

2008. 132 Seiten mit 47 Abb. und 16 Tab. Kart.
€ 17,90
ISBN 978-3-17-019939-2
E-Book-Version (PDF):
€ 17,99
ISBN 978-3-17-022793-4

»Wer immer angesichts des komplizierten Werks des Begründers der Psychoanalyse Orientierung und Verständnis sucht, sollte zu dieser 130 Seiten umfassenden anschaulichen Darstellung greifen.«

Rundbrief Internationale Erich-Fromm-Gesellschaft, Juni 2008

Michael Ermann
Psychoanalyse in den Jahren nach Freud
Entwicklungen 1940–1975

2. Auflage 2012
128 Seiten mit 16 Abb. und 26 Tab. Kart.
€ 18,90
ISBN 978-3-17-022190-1
E-Book-Version (PDF):
€ 16,99
ISBN 978-3-17-023532-8

Nach der Diskriminierung durch den Nationalsozialismus und Freuds Tod im Londoner Exil gingen von den USA, London und Paris Entwicklungen aus, die den »klassischen Freud« grundsätzlich erneuerten.

Michael Ermann
Psychoanalyse heute
Entwicklungen seit 1975 und aktuelle Bilanz

2. Auflage 2012
122 Seiten mit 18 Abb. und 28 Tab. Kart.
€ 18,90
ISBN 978-3-17-022622-7
E-Book-Version (PDF):
€ 16,99
ISBN 978-3-17-023533-5

Dieses Buch schließt an die Bände »Freud und die Psychoanalyse« und »Psychoanalyse in den Jahren nach Freud« an und schildert, wie die Psychoanalyse über die Ich- und Objektbeziehungs-Psychologie hinausgewachsen ist und heute immer stärker die Bedeutung aktueller Beziehungen hervorhebt.

Leseproben und weitere Informationen unter www.kohlhammer.de

W. Kohlhammer GmbH · 70549 Stuttgart
vertrieb@kohlhammer.de